普通高等教育应用技术本科规划教材

线性代数

（第2版）

主　编　朱长青　杨策平
副主编　张凯凡　常　涛

同济大学出版社
TONGJI UNIVERSITY PRESS

内 容 提 要

本书是根据当前科学技术发展形势的需要，结合编者多年来对线性代数教学内容和教学方法改革与创新的成果而编写的. 全书共分 5 章，分别是行列式、矩阵、向量组的线性相关性与线性方程组、特征值与特征向量、二次型. 本书的主要特点是注重数学与工程技术的有机结合，其中的许多例题和习题本身就是来自实际的应用. 同时，对数学中纯理论性概念、定理、方法的介绍注意结合学生的实际，尽量采用学生易于理解、容易接受的方式，进行深入浅出的讲解，从而最大限度地降低学生学习的难度.

本书可作为普通高等院校理工科各专业的应用型人才，包括应用技术类、经济管理类等专业作为教材，也可供其他专业和广大自学者参考阅读.

图书在版编目(CIP)数据

线性代数 / 朱长青，杨策平主编. —2 版. -- 上海：同济大学出版社，2016.8

ISBN 978-7-5608-6487-7

Ⅰ.①线… Ⅱ.①朱…②杨… Ⅲ.①线性代数 Ⅳ.①O151.2

中国版本图书馆 CIP 数据核字(2016)第 193887 号

普通高等教育应用技术本科规划教材

线性代数(第 2 版)

主编 朱长青 杨策平 副主编 张凯凡 常 涛

责任编辑 陈佳蔚 **责任校对** 徐春莲 **封面设计** 潘向蓁

出版发行 同济大学出版社 www.tongjipress.com.cn

(地址：上海市四平路 1239 号 邮编：200092 电话：021-65985622)

经 销 全国各地新华书店

印 刷 同济大学印刷厂

开 本 787 mm×960 mm 1/16

印 张 9.25

印 数 1—3 100

字 数 185 000

版 次 2016 年 8 月第 2 版 2016 年 8 月第 1 次印刷

书 号 ISBN 978-7-5608-6487-7

定 价 29.00 元

前　言

本书是在第1版的基础上，根据我们近几年的教学改革实践，按照新形式下应用技术型大学本科教材改革的精神进行修改的。在修订中，我们保留了原教材的传统和风格及其结构严谨、逻辑清晰、叙述详细、通俗易懂、例题较多、便于自学等优点，同时注意吸收了当前教材改革中一些成功的改革举措，使得新版教材能更适合当前教学的需要，成为适应时代要求，符合改革精神又继承传统优点的教材。

为更好地体现新形式下应用技术型大学本科教材的特点，新版教材在每章都增加了适当的应用。在每章的开始给出了利用本章知识解决问题的实例，并在每章的结尾（习题之前）都给出了详细的解答，便于学生理解本章知识的作用之所在。

本次修订中，很多老师提出了许多宝贵的意见和建议，我们在此表示诚挚的谢意，由于编者水平有限仍存在问题，如有不妥之处，欢迎广大专家、同行和读者批评指正。

编　者

2016年8月

第 1 版前言

当人类进入 21 世纪之后，随着社会的进步、经济的发展、计算机技术的广泛应用，数学在其中的作用变得越来越突出，科学技术研究中所用到的数学方法越来越高深，数学化已成为当今社会发展中各个研究领域中的重要趋势。

为赶超世界先进水平，近年来我国高等院校积极开展高等教育的教育教学改革，努力向国外先进水平看齐，其中大学数学的教学内容和教学方法改革首当其冲，这大大提高了大学数学的适用性。

本书是根据当前科学技术发展形势的需要，结合我们多年来对线性代数教学内容和教学方法改革与创新的成果而编写的，其主要特点是注重数学与工程技术的有机结合，其中的许多例题和习题本身就是来自于实际的应用。同时，我们对数学中的纯理论性的东西如概念、定理、方法的介绍注意结合学生的实际，尽量采用学生易于理解、容易接受的方式，进行深入浅出的讲解，从而最大限度地降低学生学习的难度。

本书由朱长青、杨策平主编，张凯凡、常涛任副主编。参加编写的人员有：杨策平、朱长青、王红、张凯凡、常涛、朱玲、徐循、李家雄、耿亮、胡二琴、朱莹、曾莹等老师，最后由杨策平、朱长青统稿定稿。

由于编者水平有限，加上时间仓促，本书不妥之处在所难免，恳请广大读者提出批评、建议，以便再版时予以修订。

编　者

2014 年 8 月

目　录

第1章 行 列 式

行列式是数学中最重要的基本概念之一，也是线性代数主要研究对象之一．本章主要介绍 n 阶行列式的定义、性质及求解 n 元线性方程组的克拉姆法则．

§1.1 行列式的概念

一、二阶和三阶行列式

1. 二阶行列式

在中学用加减消元法解二元一次线性方程组

$$\begin{cases} a_{11}x_1 + a_{12}x_2 = b_1, \\ a_{21}x_1 + a_{22}x_2 = b_2. \end{cases}$$

当 $a_{11}a_{22} - a_{12}a_{21} \neq 0$ 时，此方程组有唯一解，即

$$x_1 = \frac{b_1a_{22} - a_{12}b_2}{a_{11}a_{22} - a_{12}a_{21}}, \quad x_2 = \frac{a_{11}b_2 - b_1a_{21}}{a_{11}a_{22} - a_{12}a_{21}}.$$

记

$$D = \begin{vmatrix} a_{11} & a_{12} \\ a_{21} & a_{22} \end{vmatrix} = a_{11}a_{22} - a_{12}a_{21},$$

$$D_1 = \begin{vmatrix} b_1 & a_{12} \\ b_2 & a_{22} \end{vmatrix} = b_1a_{22} - a_{12}b_2,$$

$$D_2 = \begin{vmatrix} a_{11} & b_1 \\ a_{21} & b_2 \end{vmatrix} = a_{11}b_2 - b_1a_{21},$$

则

$$x_1 = \frac{D_1}{D}, \quad x_2 = \frac{D_2}{D}.$$

在引入上述记号中，横排称为**行**，竖排称为**列**，所以称为**二阶行列式**. 数 a_{ij} 称为行列式的**元素**，其中，第一个下标 i 称为**行标**，表明该元素位于第 i 行，第二个下标 j 称为**列标**，表明该元素位于第 j 列.

上述二阶行列式的定义，可用对角线法则来记忆，如图 1-1 所示.

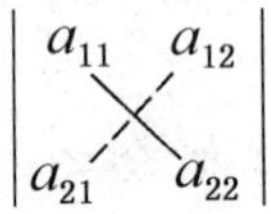

图 1-1

实线称为主对角线，虚线称为副对角线. 于是二阶行列式便是主对角线上两元素之积减去副对角线上两元素之积所得的差.

2. 三阶行列式

与二阶行列式类似，引入三阶行列式

$$\begin{vmatrix} a_{11} & a_{12} & a_{13} \\ a_{21} & a_{22} & a_{23} \\ a_{31} & a_{32} & a_{33} \end{vmatrix} = a_{11}a_{22}a_{33}+a_{12}a_{23}a_{31}+a_{13}a_{21}a_{32}-a_{11}a_{23}a_{32}-a_{12}a_{21}a_{33}-a_{13}a_{22}a_{31}.$$

其定义符合图 1-2 所示的对角线法则：三条实线看作是平行于主对角线的联线，三条虚线看作是平行于副对角线的联线，实线上的元素乘积冠以正号，虚线上的元素乘积冠以负号.

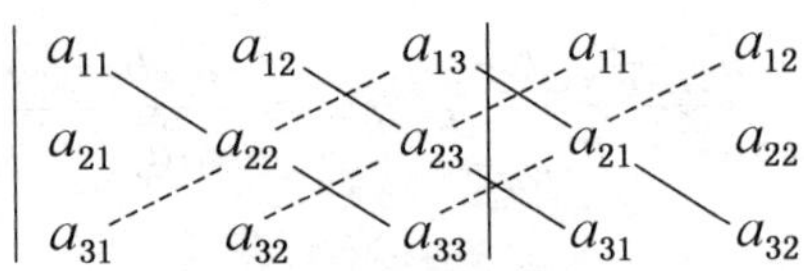

图 1-2

对角线法则只适用于二阶和三阶行列式，对于更高阶行列式，需要借助全排列的知识.

二、全排列及其逆序数

在中学数学中，把 n 个不同的元素排成一列，称为这 n 个元素的全排列（简称排列），用 P_n 表示 n 个不同元素所有排列的种数.

定义 1 在一个排列中，如果两个数的前后位置与大小顺序相反，即前面的数大于后面的数，那么它们就称为一个**逆序**，一个排列中逆序的总数称为这个排列的

逆序数,记作 $\tau(i_1 i_2 \cdots i_n)$.

例如,排列 321 有 3 个逆序,为 32, 31, 21,则 $\tau(321)=3$.

定义 2 逆序数为奇数的排列称为**奇排列**,逆序数为偶数的排列称为**偶排列**.

例如,321 是奇排列,312 是偶排列.

例 1 求排列 25341 的逆序数.

解 在排列 25341 中,2 的后面比 2 小的数有 1 个,即 1,故逆序数是 1;5 的后面比 5 小的数有 3 个,即 3, 4, 1,故逆序数是 3; 3 的后面比 3 小的数有 1 个,即 1,故逆序数是 1; 4 的后面比 4 小的数有 1 个,即 1,故逆序数是 1; 1 排在末位,后面没有比 1 小的数,故逆序数为 0,于是这个排列的逆序数为

$$\tau(25341)=1+3+1+1+0=6.$$

定义 3 把一个排列中某两个数的位置互换,而其余的数不动,就得到另一个排列. 这种变换称为**对换**.

例如,经过 1, 2 对换,排列 321 就变成了 312. 显然,如果连续施行两次相同的对换,那么排列就还原了.

关于排列的奇偶性,我们有下面的定理.

定理 1 一个排列中的任意两个元素对换,排列改变奇偶性.

定理 2 任意一个 n 级排列与排列 $12\cdots n$ 都可以经过一系列对换互变,并且所作对换的个数与这个排列有相同的奇偶性.

三、*n* 阶行列式的概念

为了给出 n 阶行列式的定义,先来研究三阶行列式的规律. 三阶行列式的定义为

$$\begin{vmatrix} a_{11} & a_{12} & a_{13} \\ a_{21} & a_{22} & a_{23} \\ a_{31} & a_{32} & a_{33} \end{vmatrix} = a_{11}a_{22}a_{33}+a_{12}a_{23}a_{31}+a_{13}a_{21}a_{32}- a_{11}a_{23}a_{32}-a_{12}a_{21}a_{33}-a_{13}a_{22}a_{31}.$$

容易看出三阶行列式有如下特点:

(1) 三阶行列式是 3!项的代数和;

(2) 三阶行列式的每项都是不同行不同列的三个元素的乘积;

(3) 每项都按下列规则带有确定的符号:若记一般项为 $a_{1j_1}a_{2j_2}a_{3j_3}$ 的形式,则 $a_{1j_1}a_{2j_2}a_{3j_3}$ 的符号为 $(-1)^{\tau(j_1 j_2 j_3)}$.

这样,三阶行列式可以写成

$$\begin{vmatrix} a_{11} & a_{12} & a_{13} \\ a_{21} & a_{22} & a_{23} \\ a_{31} & a_{32} & a_{33} \end{vmatrix} = \sum_{j_1 j_2 j_3} (-1)^{\tau(j_1 j_2 j_3)} a_{1j_1} a_{2j_2} a_{3j_3}.$$

由此,给出 n 阶行列式的一般情形.

定义 4 n 阶行列式

$$\begin{vmatrix} a_{11} & a_{12} & \cdots & a_{1n} \\ a_{21} & a_{22} & \cdots & a_{2n} \\ \vdots & \vdots & & \vdots \\ a_{n1} & a_{n2} & \cdots & a_{nn} \end{vmatrix}$$

等于所有取自不同行不同列的 n 个元素的乘积 $a_{1i_1} a_{2i_2} \cdots a_{ni_n}$ 的代数和,当 $i_1 i_2 \cdots i_n$ 是偶排列时,$a_{1i_1} a_{2i_2} \cdots a_{ni_n}$ 带正号;当 $i_1 i_2 \cdots i_n$ 是奇排列时,$a_{1i_1} a_{2i_2} \cdots a_{ni_n}$ 带负号. 即

$$\begin{vmatrix} a_{11} & a_{12} & \cdots & a_{1n} \\ a_{21} & a_{22} & \cdots & a_{2n} \\ \vdots & \vdots & & \vdots \\ a_{n1} & a_{n2} & \cdots & a_{nn} \end{vmatrix} = \sum_{i_1 i_2 \cdots i_n} (-1)^{\tau(i_1 i_2 \cdots i_n)} a_{1i_1} a_{2i_2} \cdots a_{ni_n}.$$

其中,$\sum\limits_{i_1 i_2 \cdots i_n}$ 表示对所有 n 级排列求和.

按此定义的二阶、三阶行列式,与用对角线法则定义的二阶、三阶行列式,显然是一致的. 当 $n = 1$ 时,一阶行列式 $|a| = a$,注意不要与绝对值的记号相混淆.

定理 3 n 阶行列式也可以定义为

$$\begin{vmatrix} a_{11} & a_{12} & \cdots & a_{1n} \\ a_{21} & a_{22} & \cdots & a_{2n} \\ \vdots & \vdots & & \vdots \\ a_{n1} & a_{n2} & \cdots & a_{nn} \end{vmatrix} = \sum_{i_1 i_2 \cdots i_n} (-1)^{\tau(i_1 i_2 \cdots i_n)} a_{i_1 1} a_{i_2 2} \cdots a_{i_n n}$$

或

$$\begin{vmatrix} a_{11} & a_{12} & \cdots & a_{1n} \\ a_{21} & a_{22} & \cdots & a_{2n} \\ \vdots & \vdots & & \vdots \\ a_{n1} & a_{n2} & \cdots & a_{nn} \end{vmatrix} = \sum (-1)^{\tau(i_1 i_2 \cdots i_n) + \tau(j_1 j_2 \cdots j_n)} a_{i_1 j_1} a_{i_2 j_2} \cdots a_{i_n j_n}.$$

例 2 计算下列四阶行列式的值:

$$D=\begin{vmatrix} a & 0 & 0 & b \\ 0 & c & d & 0 \\ 0 & e & f & 0 \\ 0 & 0 & 0 & h \end{vmatrix}.$$

解 D 的一般项可以写成 $a_{1j_1}a_{2j_2}a_{3j_3}a_{4j_4}$,因为第 4 行的元素除第 4 列的元素外,其余元素均为零,故 j_4 只能取 4,而第 1 行的元素除第 1 和第 4 列的元素外,其余元素均为零.因此,对于行列式中可能的非零项来说,j_1 只能取 1, j_4 只能取 4,于是当 $j_1=1$, $j_4=4$ 时,

$$\begin{cases} j_2=2, & j_3=3, \\ j_2=3, & j_3=2, \end{cases}$$

所以,这个四阶行列式的 $4!=24$ 项的乘积和只有以下 2 项不为零,即

$$a_{11}a_{22}a_{33}a_{44}, \quad a_{11}a_{23}a_{32}a_{44}.$$

这 2 项的符号分别由 $(-1)^{\tau(1234)}$, $(-1)^{\tau(1324)}$ 来决定,故

$$D=acfh-adeh.$$

例 3 计算下列 n 阶上三角行列式的值:

$$\begin{vmatrix} a_{11} & a_{12} & \cdots & a_{1n} \\ 0 & a_{22} & \cdots & a_{2n} \\ \vdots & \vdots & & \vdots \\ 0 & 0 & \cdots & a_{nn} \end{vmatrix}.$$

解 当 $i>j$ 时,$a_{ij}=0$. 只需求出非零项即可,按行列式的定义,非零项的 n 个元素在第 1 列只能取 a_{11}(否则该项为零),第 2 列只能取 a_{22}, …,第 n 列只能取 a_{nn}. 于是,此行列式除 $a_{11}a_{22}\cdots a_{nn}$ 外,其余各项均为零,所以行列式的值为

$$(-1)^{\tau(12\cdots n)}a_{11}a_{22}\cdots a_{nn}=a_{11}a_{22}\cdots a_{nn}.$$

对角线以下(上)的元素全为零的行列式称为**上(下)三角行列式**,其值都等于主对角线上各元素之积. 特别地,对于主对角线以外的元素全为零的对角行列式来说,它的值与三角行列式一样,即

$$\begin{vmatrix} a_{11} & & & \\ & a_{22} & & \\ & & \ddots & \\ & & & a_{nn} \end{vmatrix} = a_{11}a_{22}\cdots a_{nn}.$$

利用行列式的定义，同理可得

$$\begin{vmatrix} 0 & \cdots & 0 & a_{1n} \\ 0 & \cdots & a_{2,n-1} & a_{2n} \\ \vdots & & \vdots & \vdots \\ a_{n1} & a_{n2} & \cdots & a_{nn} \end{vmatrix} = (-1)^{\frac{n(n-1)}{2}} a_{1n}a_{2,n-1}\cdots a_{n1}.$$

副对角线以下(上)的元素全为零的行列式称为**次上(下)三角行列式**. 特别地，对于副对角线以外的元素全为零的次对角行列式来说，有

$$\begin{vmatrix} & & & l_1 \\ & & l_2 & \\ & \iddots & & \\ l_n & & & \end{vmatrix} = (-1)^{\frac{n(n-1)}{2}} l_1 l_2 \cdots l_n.$$

§1.2　行列式的性质

用行列式定义计算一般的行列式，是十分复杂甚至是不可能的事情，因此需要研究行列式的性质，并用性质简化行列式的计算.

一、行列式的基本运算性质

记

$$D = \begin{vmatrix} a_{11} & a_{12} & \cdots & a_{1n} \\ a_{21} & a_{22} & \cdots & a_{2n} \\ \vdots & \vdots & & \vdots \\ a_{n1} & a_{n2} & \cdots & a_{nn} \end{vmatrix}, \quad D^{\mathrm{T}} = \begin{vmatrix} a_{11} & a_{21} & \cdots & a_{n1} \\ a_{12} & a_{22} & \cdots & a_{n2} \\ \vdots & \vdots & & \vdots \\ a_{1n} & a_{2n} & \cdots & a_{nn} \end{vmatrix},$$

行列式 D^{T} 称为行列式 D 的**转置行列式**.

性质 1　行列式与它的转置行列式相等.

此性质说明，行列式中的行和列有相同的地位，行列式的性质凡是对行成立

的,对列也成立,反之亦然.

利用性质1,可知下三角行列式

$$\begin{vmatrix} a_{11} & 0 & \cdots & 0 \\ a_{21} & a_{22} & \cdots & 0 \\ \vdots & \vdots & & \vdots \\ a_{n1} & a_{n2} & \cdots & a_{nn} \end{vmatrix} = a_{11}a_{22}\cdots a_{nn}.$$

性质2 交换行列式两行(列)的位置,行列式变号.

以 r_i 表示行列式的第 i 行,以 c_i 表示行列式的第 i 列. 交换行列式的 i, j 两行,记作 $r_i \leftrightarrow r_j$,交换行列式的 i, j 两列,记作 $c_i \leftrightarrow c_j$. 例如

$$\begin{vmatrix} a_{21} & a_{22} & \cdots & a_{2n} \\ a_{11} & a_{12} & \cdots & a_{1n} \\ \vdots & \vdots & & \vdots \\ a_{n1} & a_{n2} & \cdots & a_{nn} \end{vmatrix} \xlongequal{r_1 \leftrightarrow r_2} - \begin{vmatrix} a_{11} & a_{12} & \cdots & a_{1n} \\ a_{21} & a_{22} & \cdots & a_{2n} \\ \vdots & \vdots & & \vdots \\ a_{n1} & a_{n2} & \cdots & a_{nn} \end{vmatrix}.$$

推论1 如果行列式有两行(列)完全相同,则此行列式等于零. 即

$$\begin{vmatrix} a_{11} & a_{12} & \cdots & a_{1n} \\ \vdots & \vdots & & \vdots \\ a_{i1} & a_{i2} & \cdots & a_{in} \\ \vdots & \vdots & & \vdots \\ a_{i1} & a_{i2} & \cdots & a_{in} \\ \vdots & \vdots & & \vdots \\ a_{n1} & a_{n2} & \cdots & a_{nn} \end{vmatrix} \begin{matrix} \\ \\ (i) \\ \\ (j) \\ \\ \\ \end{matrix} = 0.$$

性质3 一个数乘以行列式等于用这个数乘以行列式中的任意一行(列).

第 i 行(列)乘以 k,记作 $r_i \times k(c_i \times k)$.

推论2 行列式中某行(列)的公因子 k 可以提到行列式符号外面.

第 i 行(列)提出公因子 k,记作 $r_i \div k(c_i \div k)$.

性质4 若一个行列式中有两行(列)对应元素成比例,或有一行(列)元素全为零,则行列式等于零.

性质5 若 n 阶行列式 D 中第 i 行(列)元素都是两数之和,则 D 可以分拆成两个行列式的和: $D = D_1 + D_2$, 其中 D_1 和 D_2 中第 i 行(列)的元素分别取第一个和第二个数,而 D_1 和 D_2 中其余的元素均与 D 相同. 即

$$D=\begin{vmatrix} a_{11} & a_{12} & \cdots & a_{1n} \\ \vdots & \vdots & & \vdots \\ a_{i1}+a_{i1'} & a_{i2}+a_{i2'} & \cdots & a_{in}+a_{in'} \\ \vdots & \vdots & & \vdots \\ a_{n1} & a_{n2} & \cdots & a_{nn} \end{vmatrix}=D_1+D_2$$

$$=\begin{vmatrix} a_{11} & a_{12} & \cdots & a_{1n} \\ \vdots & \vdots & & \vdots \\ a_{i1} & a_{i2} & \cdots & a_{in} \\ \vdots & \vdots & & \vdots \\ a_{n1} & a_{n2} & \cdots & a_{nn} \end{vmatrix}+\begin{vmatrix} a_{11} & a_{12} & \cdots & a_{1n} \\ \vdots & \vdots & & \vdots \\ a_{i1'} & a_{i2'} & \cdots & a_{in'} \\ \vdots & \vdots & & \vdots \\ a_{n1} & a_{n2} & \cdots & a_{nn} \end{vmatrix}.$$

性质 6 把行列式某一行(列)的各元素乘以同一个数后加到另一行(列)对应的元素上,行列式的值不变.

例如,以数 k 乘第 j 行加到第 i 行上(记作 r_i+kr_j),有

$$\begin{vmatrix} a_{11} & a_{12} & \cdots & a_{1n} \\ \vdots & \vdots & & \vdots \\ a_{i1} & a_{i2} & \cdots & a_{in} \\ \vdots & \vdots & & \vdots \\ a_{j1} & a_{j2} & \cdots & a_{jn} \\ \vdots & \vdots & & \vdots \\ a_{n1} & a_{n2} & \cdots & a_{nn} \end{vmatrix} \xlongequal{r_i+kr_j} \begin{vmatrix} a_{11} & a_{12} & \cdots & a_{1n} \\ \vdots & \vdots & & \vdots \\ a_{i1}+ka_{j1} & a_{i2}+ka_{j2} & \cdots & a_{in}+ka_{jn} \\ \vdots & \vdots & & \vdots \\ a_{j1} & a_{j2} & \cdots & a_{jn} \\ \vdots & \vdots & & \vdots \\ a_{n1} & a_{n2} & \cdots & a_{nn} \end{vmatrix} \quad (i\neq j).$$

例 1 计算行列式

$$D=\begin{vmatrix} 3 & 1 & 1 & 1 \\ 1 & 3 & 1 & 1 \\ 1 & 1 & 3 & 1 \\ 1 & 1 & 1 & 3 \end{vmatrix}.$$

解

$$D \xlongequal{c_1+c_2+c_3+c_4} \begin{vmatrix} 6 & 1 & 1 & 1 \\ 6 & 3 & 1 & 1 \\ 6 & 1 & 3 & 1 \\ 6 & 1 & 1 & 3 \end{vmatrix} \xlongequal{c_1\div 6} \begin{vmatrix} 1 & 1 & 1 & 1 \\ 1 & 3 & 1 & 1 \\ 1 & 1 & 3 & 1 \\ 1 & 1 & 1 & 3 \end{vmatrix}$$

$$\xlongequal[r_4-r_1]{\substack{r_2-r_1\\r_3-r_1}} 6\begin{vmatrix}1&1&1&1\\0&2&0&0\\0&0&2&0\\0&0&0&2\end{vmatrix}=48.$$

例 2 证明行列式

$$\begin{vmatrix}a^2&(a+1)^2&(a+2)^2&(a+3)^2\\b^2&(b+1)^2&(b+2)^2&(b+3)^2\\c^2&(c+1)^2&(c+2)^2&(c+3)^2\\d^2&(d+1)^2&(d+2)^2&(d+3)^2\end{vmatrix}=0.$$

证明

$$D\xlongequal[c_4-c_1]{\substack{c_2-c_1\\c_3-c_1}}\begin{vmatrix}a^2&2a+1&4a+4&6a+9\\b^2&2b+1&4b+4&6b+9\\c^2&2c+1&4c+4&6c+9\\d^2&2d+1&4d+4&6d+9\end{vmatrix}\xlongequal[c_4-3c_2]{c_3-2c_2}\begin{vmatrix}a^2&2a+1&2&6\\b^2&2b+1&2&6\\c^2&2c+1&2&6\\d^2&2d+1&2&6\end{vmatrix}=0.$$

二、行列式按行(列)展开

一般说来,低阶行列式的计算比高阶行列式的计算要简便,于是,将高阶行列式的计算转化为低阶行列式的计算问题. 为此,先引入余子式和代数余子式的概念.

定义 在 n 阶行列式中,把元素 a_{ij} 所在的第 i 行和第 j 列划去后,留下来的元素构成 $n-1$ 阶行列式称为元素 a_{ij} 的**余子式**,记作 M_{ij},且记 $A_{ij}=(-1)^{i+j}M_{ij}$,A_{ij} 称为元素 a_{ij} 的**代数余子式**.

例如,四阶行列式

$$D=\begin{vmatrix}a_{11}&a_{12}&a_{13}&a_{14}\\a_{21}&a_{22}&a_{23}&a_{24}\\a_{31}&a_{32}&a_{33}&a_{34}\\a_{41}&a_{42}&a_{43}&a_{44}\end{vmatrix}$$

中元素 a_{23} 的余子式和代数余子式分别为

$$M_{23}=\begin{vmatrix}a_{11}&a_{12}&a_{14}\\a_{31}&a_{32}&a_{34}\\a_{41}&a_{42}&a_{44}\end{vmatrix},\quad A_{23}=(-1)^{2+3}M_{23}=-M_{23}.$$

引理 一个 n 阶行列式,如果其中第 i 行所有元素除 a_{ij} 外都为零,则这个行列式等于 a_{ij} 与它的代数余子式的乘积,即

$$D=\begin{vmatrix} a_{11} & \cdots & a_{1j} & \cdots & a_{1n} \\ \vdots & & \vdots & & \vdots \\ 0 & \cdots & a_{ij} & \cdots & 0 \\ \vdots & & \vdots & & \vdots \\ a_{n1} & \cdots & a_{nj} & \cdots & a_{nn} \end{vmatrix}=a_{ij}A_{ij}.$$

定理 1 行列式等于它的任一行(列)的各元素与其对应的代数余子式的乘积之和,即

$$D=a_{i1}A_{i1}+a_{i2}A_{i2}+\cdots+a_{in}A_{in}=\sum_{k=1}^{n}a_{ik}A_{ik}\quad(i=1,\ 2,\ \cdots,\ n)$$

或

$$D=a_{1j}A_{1j}+a_{2j}A_{2j}+\cdots+a_{nj}A_{nj}=\sum_{k=1}^{n}a_{kj}A_{kj}\quad(j=1,\ 2,\ \cdots,\ n).$$

下面用此法计算例 1 的

$$D=\begin{vmatrix} 3 & 1 & 1 & 1 \\ 1 & 3 & 1 & 1 \\ 1 & 1 & 3 & 1 \\ 1 & 1 & 1 & 3 \end{vmatrix}.$$

把第 1 列保留 a_{41},其余元素化为零,然后按第 1 列展开:

$$\begin{aligned} D&=\begin{vmatrix} 3 & 1 & 1 & 1 \\ 1 & 3 & 1 & 1 \\ 1 & 1 & 3 & 1 \\ 1 & 1 & 1 & 3 \end{vmatrix}\xlongequal[r_3-r_4]{\substack{r_1-3r_4\\ r_2-r_4}}\begin{vmatrix} 0 & -2 & -2 & -8 \\ 0 & 2 & 0 & -2 \\ 0 & 0 & 2 & -2 \\ 1 & 1 & 1 & 3 \end{vmatrix} \\ &=(-1)^{4+1}\begin{vmatrix} -2 & -2 & -8 \\ 2 & 0 & -2 \\ 0 & 2 & -2 \end{vmatrix} \\ &=\begin{vmatrix} 2 & 2 & 8 \\ 2 & 0 & -2 \\ 0 & 2 & -2 \end{vmatrix}\xlongequal{r_2-r_1}\begin{vmatrix} 2 & 2 & 8 \\ 0 & -2 & -10 \\ 0 & 2 & -2 \end{vmatrix} \\ &=2\begin{vmatrix} -2 & -10 \\ 2 & -2 \end{vmatrix}=2\times(4+20)=48. \end{aligned}$$

定理 2 n 阶行列式

$$\begin{vmatrix} a_{11} & a_{12} & \cdots & a_{1n} \\ \vdots & \vdots & & \vdots \\ a_{i1} & a_{i2} & \cdots & a_{in} \\ \vdots & \vdots & & \vdots \\ a_{j1} & a_{j2} & \cdots & a_{jn} \\ \vdots & \vdots & & \vdots \\ a_{n1} & a_{n2} & \cdots & a_{nn} \end{vmatrix}$$

的任一行(列)的元素与另外一行(列)对应元素的代数余子式的乘积之和等于零,即

$$D = a_{i1}A_{j1} + a_{i2}A_{j2} + \cdots + a_{in}A_{jn} = \sum_{k=1}^{n} a_{ik}A_{jk} = 0 \quad (i \neq j).$$

综合定理 1 和定理 2,可得行列式与其代数余子式的重要性质:

$$\sum_{k=1}^{n} a_{ik}A_{jk} = a_{i1}A_{j1} + a_{i2}A_{j2} + \cdots + a_{in}A_{jn} = \begin{cases} D, & i = j, \\ 0, & i \neq j \end{cases}$$

或

$$\sum_{k=1}^{n} a_{ki}A_{kj} = a_{1i}A_{1j} + a_{2i}A_{2j} + \cdots + a_{ni}A_{nj} = \begin{cases} D, & i = j, \\ 0, & i \neq j. \end{cases}$$

例 3 证明范德蒙德(Vandermonde)行列式

$$D_n = \begin{vmatrix} 1 & 1 & 1 & 1 \\ x_1 & x_2 & \cdots & x_n \\ x_1^2 & x_2^2 & \cdots & x_n^2 \\ \vdots & \vdots & & \vdots \\ x_1^{n-1} & x_2^{n-1} & \cdots & x_n^{n-1} \end{vmatrix} = \prod_{1 \leqslant j < i \leqslant n} (x_i - x_j),$$

其中,符号“$\prod$”表示全体同类因子的乘积.

证明 用数学归纳法证明. 当 $n = 2$ 时,

$$D_2 = \begin{vmatrix} 1 & 1 \\ x_1 & x_2 \end{vmatrix} = x_2 - x_1 = \prod_{1 \leqslant j < i \leqslant 2} (x_i - x_j),$$

所以,当 $n = 2$ 时成立. 现在假设对于 $n-1$ 阶范德蒙德行列式结论成立,下证对于

n 阶范德蒙德行列式结论也成立.

为此,从最后一行开始,每行减去其前一行的 x_1 倍,有

$$D_n = \begin{vmatrix} 1 & 1 & 1 & \cdots & 1 \\ 0 & x_2 - x_1 & x_3 - x_1 & \cdots & x_n - x_1 \\ 0 & x_2(x_2 - x_1) & x_3(x_3 - x_1) & \cdots & x_n(x_n - x_1) \\ \vdots & \vdots & \vdots & & \vdots \\ 0 & x_2^{n-2}(x_2 - x_1) & x_3^{n-2}(x_3 - x_1) & \cdots & x_n^{n-2}(x_n - x_1) \end{vmatrix},$$

按第 1 列展开,并把每项公因子 $(x_i - x_1)$ 提出,就有

$$D_n = (x_2 - x_1)(x_3 - x_1)\cdots(x_n - x_1)\begin{vmatrix} 1 & 1 & \cdots & 1 \\ x_2 & x_3 & \cdots & x_n \\ \vdots & \vdots & & \vdots \\ x_2^{n-2} & x_3^{n-2} & \cdots & x_n^{n-2} \end{vmatrix}.$$

上式右端是一个 $n-1$ 阶范德蒙德行列式,按归纳法假设,它等于所有 $(x_i - x_j)$ 因子的乘积,其中 $2 \leqslant j < i \leqslant n$. 故

$$D_n = (x_2 - x_1)(x_3 - x_1)\cdots(x_n - x_1)\prod_{2 \leqslant j < i \leqslant n}(x_i - x_j) = \prod_{1 \leqslant j < i \leqslant n}(x_i - x_j).$$

§1.3 行列式的计算

一、利用行列式定义

例 1 计算行列式

$$D = \begin{vmatrix} 0 & a_{12} & a_{13} & 0 & 0 \\ a_{21} & a_{22} & a_{23} & a_{24} & a_{25} \\ a_{31} & a_{32} & a_{33} & a_{34} & a_{35} \\ 0 & a_{42} & a_{43} & 0 & 0 \\ 0 & a_{52} & a_{53} & 0 & 0 \end{vmatrix}.$$

解 设行列式 D 中的一般项为 $a_{1j_1}a_{2j_2}a_{3j_3}a_{4j_4}a_{5j_5}$,对于行列式中可能的非零项来说:

$$j_1=2,3,\quad j_2=1,2,3,4,5,\quad j_3=1,2,3,4,5,$$
$$j_4=2,3,\quad j_5=2,3.$$

而选取上述的列标值,则一个5元排列 $j_1j_2j_3j_4j_5$ 也不能组成,因此行列式的一般项都含有零元素,所以行列式 $D=0$.

评注 本例是从一般项入手,将行标按标准顺序排列,讨论列标的所有可能取到的值,并注意每一项的符号,这是用定义计算行列式的一般方法.

例2 设

$$D_1=\begin{vmatrix} a_{11} & a_{12} & \cdots & a_{1n} \\ a_{21} & a_{22} & \cdots & a_{2n} \\ \vdots & \vdots & & \vdots \\ a_{n1} & a_{n2} & \cdots & a_{nn} \end{vmatrix},\quad D_2=\begin{vmatrix} a_{11} & a_{12}b^{-1} & \cdots & a_{1n}b^{1-n} \\ a_{21}b & a_{22} & \cdots & a_{2n}b^{2-n} \\ \vdots & \vdots & & \vdots \\ a_{n1}b^{n-1} & a_{n2}b^{n-2} & \cdots & a_{nn}b \end{vmatrix}.$$

证明:$D_1=D_2$.

证明 由行列式的定义知

$$D_1=\sum_{i_1i_2\cdots i_n}(-1)^{\tau(i_1i_2\cdots i_n)}a_{1i_1}a_{2i_2}\cdots a_{ni_n},$$

$$\begin{aligned} D_2&=\sum_{i_1i_2\cdots i_n}(-1)^{\tau(i_1i_2\cdots i_n)}(a_{1i_1}b^{1-i_1})(a_{2i_2}b^{2-i_2})\cdots(a_{ni_n}b^{n-i_n}) \\ &=\sum_{i_1i_2\cdots i_n}(-1)^{\tau(i_1i_2\cdots i_n)}a_{1i_1}a_{2i_2}\cdots a_{ni_n}b^{(1+2+\cdots+n)-(i_1+i_2+\cdots+i_n)}, \end{aligned}$$

而 $1+2+\cdots+n=i_1+i_2+\cdots+i_n$,所以 $D_1=D_2$.

评注 本题证明两个行列式相等,即证明两点:一是两个行列式有完全相同的项;二是每一项所带的符号相同.这是用定义证明两个行列式相等的常用方法.

二、利用范德蒙德行列式

利用范德蒙德行列式计算行列式,应根据范德蒙德行列式的特点,将所给行列式化为范德蒙德行列式,然后根据范德蒙德行列式计算出结果.

例3 计算行列式

$$D_n=\begin{vmatrix} 1 & 1 & \cdots & 1 \\ 2 & 2^2 & \cdots & 2^n \\ 3 & 3^2 & \cdots & 3^n \\ \vdots & \vdots & & \vdots \\ n & n^2 & \cdots & n^n \end{vmatrix}.$$

解 D_n 中各行元素分别是一个数的不同方幂，方幂次数自左向右按递升次序排列，但不是从零变到 $n-1$，于是得到

$$D_n = n!\begin{vmatrix} 1 & 1 & \cdots & 1 \\ 1 & 2 & \cdots & 2^{n-1} \\ 1 & 3 & \cdots & 3^{n-1} \\ \vdots & \vdots & & \vdots \\ 1 & n & \cdots & n^{n-1} \end{vmatrix} = n!\prod_{n\geqslant i>j\geqslant 1}(x_i - x_j)$$

$$= n!(2-1)(3-1)\cdots(n-1)\cdot(3-2)(4-2)\cdots(n-2)\cdots[n-(n-1)]$$

$$= n!(n-1)!(n-2)!\cdots 2!1!.$$

评注 本题所给行列式各行(列)都是某元素的不同方幂，而其方幂次数或其排列与范德蒙德行列式不完全相同，需要利用行列式的性质[如提取公因子、调换各行(列)的次序等]，将此行列式化成范德蒙德行列式.

三、利用三角行列式

例 4 计算行列式

$$D_{n+1} = \begin{vmatrix} x & a_1 & a_2 & a_3 & \cdots & a_n \\ a_1 & x & a_2 & a_3 & \cdots & a_n \\ a_1 & a_2 & x & a_3 & \cdots & a_n \\ \vdots & \vdots & \vdots & \vdots & & \vdots \\ a_1 & a_2 & a_3 & a_4 & \cdots & x \end{vmatrix}.$$

解 将第 2, 3, …, $n+1$ 列都加到第 1 列，得

$$D_{n+1} = \begin{vmatrix} x+\sum_{i=1}^{n}a_i & a_1 & a_2 & a_3 & \cdots & a_n \\ x+\sum_{i=1}^{n}a_i & x & a_2 & a_3 & \cdots & a_n \\ x+\sum_{i=1}^{n}a_i & a_2 & x & a_3 & \cdots & a_n \\ \vdots & \vdots & \vdots & \vdots & & \vdots \\ x+\sum_{i=1}^{n}a_i & a_2 & a_3 & a_4 & \cdots & x \end{vmatrix}.$$

提取第 1 列的公因子，得

$$D_{n+1}=(x+\sum_{i=1}^{n}a_i)\begin{vmatrix}1 & a_1 & a_2 & a_3 & \cdots & a_n\\ 1 & x & a_2 & a_3 & \cdots & a_n\\ 1 & a_2 & x & a_3 & \cdots & a_n\\ \vdots & \vdots & \vdots & \vdots & & \vdots\\ 1 & a_2 & a_3 & a_4 & \cdots & x\end{vmatrix},$$

分别将第 1 列的$(-a_i)$倍加到第 $i+1$ 列,其中 $i=1,2,\cdots,n$,得

$$D_{n+1}=(x+\sum_{i=1}^{n}a_i)\begin{vmatrix}1 & 0 & 0 & 0 & \cdots & 0\\ 1 & x-a_1 & 0 & 0 & \cdots & 0\\ 1 & a_2-a_1 & x-a_2 & 0 & \cdots & 0\\ \vdots & \vdots & \vdots & \vdots & & \vdots\\ 1 & a_2-a_1 & a_3-a_2 & a_4-a_3 & \cdots & x-a_n\end{vmatrix}$$

$$=(x+\sum_{i=1}^{n}a_i)\prod_{i=1}^{n}(x-a_i).$$

评注 本题利用行列式的性质,采用"化零"的方法,逐步将所给行列式化为三角行列式. 化零时一般尽量选含有 1 的行(列)及含零较多的行(列);若没有 1,则可适当选取便于化零的数,或利用行列式性质将某行(列)中的某元素化为 1;若所给行列式中元素间具有某些特点,则应充分利用这些特点,再利用行列式性质,将其化为三角行列式并计算出结果.

例 5 计算行列式

$$D_n=\begin{vmatrix}1 & 1 & \cdots & 1 & 1\\ 0 & 0 & \cdots & 2 & 1\\ \vdots & \vdots & & \vdots & \vdots\\ 0 & n-1 & \cdots & 0 & 1\\ n & 0 & \cdots & 0 & 1\end{vmatrix}.$$

解

$$D_n\xlongequal{c_n-\sum_{j=2}^{n}\frac{1}{j}c_{n+1-j}}\begin{vmatrix}1 & 1 & \cdots & 1 & 1-\frac{1}{2}-\cdots-\frac{1}{n}\\ 0 & 0 & \cdots & 2 & 0\\ \vdots & \vdots & & \vdots & \vdots\\ 0 & n-1 & \cdots & 0 & 0\\ n & 0 & \cdots & 0 & 0\end{vmatrix}$$

$$=(-1)^{\frac{n(n-1)}{2}}n!\left(1-\frac{1}{2}-\cdots-\frac{1}{n}\right).$$

评注 对于所谓箭形(或爪型)行列式,可直接利用行列式的性质,将其一般化为零,转化为三角或次三角行列式计算行列式的值.

四、用降阶法

例 6 计算行列式

$$D_4=\begin{vmatrix} a & b & c & d \\ b & a & d & c \\ c & d & a & b \\ d & c & b & a \end{vmatrix}.$$

解 将 D_4 的第 2, 3, 4 行都加到第 1 行,从第 1 行中提取公因子 $a+b+c+d$,得

$$D_4=(a+b+c+d)\begin{vmatrix} 1 & 1 & 1 & 1 \\ b & a & d & c \\ c & d & a & b \\ d & c & b & a \end{vmatrix}.$$

再将第 1 列的 (-1) 倍分别加到第 2, 3, 4 列,得

$$D_4=(a+b+c+d)\begin{vmatrix} 1 & 0 & 0 & 0 \\ b & a-b & d-b & c-b \\ c & d-c & a-c & b-c \\ d & c-d & b-d & a-d \end{vmatrix}.$$

按第 1 行展开,得

$$D_4=(a+b+c+d)\begin{vmatrix} a-b & d-b & c-b \\ d-c & a-c & b-c \\ c-d & b-d & a-d \end{vmatrix},$$

将上面行列式第 2 行加到第 1 行,再提取公因子 $a-b-c+d$,得

$$D_4=(a+b+c+d)(a-b-c+d)\begin{vmatrix} 1 & 1 & 0 \\ d-c & a-c & b-c \\ c-d & b-d & a-d \end{vmatrix},$$

再将第 1 列的 (-1) 倍分别加到第 2 列,得

$$D_4=(a+b+c+d)(a-b-c+d)\begin{vmatrix}1&0&0\\d-c&a-d&b-c\\c-d&b-c&a-d\end{vmatrix},$$

按第1行展开，得

$$\begin{aligned}D_4&=(a+b+c+d)(a-b-c+d)\begin{vmatrix}a-d&b-c\\b-c&a-d\end{vmatrix}\\&=(a+b+c+d)(a-b-c+d)[(a-d)^2-(b-c)^2]\\&=(a+b+c+d)(a-b-c+d)(a-b+c-d)(a+b-c-d).\end{aligned}$$

评注 本题是利用行列式的性质将所给行列式的某行(列)化成只含有一个非零元素，然后按此行(列)展开，每展开一次，行列式的阶数可降低1阶，如此继续进行，直到行列式能直接计算出来为止(一般展开成二阶行列式). 这种方法对阶数不高的行列式比较适用.

五、用递推法

例7 计算行列式

$$D_n=\begin{vmatrix}a+x_1&a&\cdots&a\\a&a+x_2&\cdots&a\\\vdots&\vdots&&\vdots\\a&a&\cdots&a+x_n\end{vmatrix}.$$

解 依第 n 列将行列式拆成两个行列式之和

$$\begin{aligned}D_n&=\begin{vmatrix}a+x_1&a&\cdots&a\\a&a+x_2&\cdots&a\\\vdots&\vdots&&\vdots\\a&a&\cdots&a\end{vmatrix}+\begin{vmatrix}a+x_1&a&\cdots&0\\a&a+x_2&\cdots&0\\\vdots&\vdots&&\vdots\\a&a&\cdots&x_n\end{vmatrix}\\&=A_1+A_2.\end{aligned}$$

在行列式 A_1 中，将第 n 列的(-1)倍分别加到第1, 2, …, $n-1$ 列，在行列式 A_2 中，按第 n 列展开，可得

$$D_n=\begin{vmatrix}x_1&0&\cdots&0&a\\0&x_2&\cdots&0&a\\\vdots&\vdots&&\vdots&\vdots\\0&0&\cdots&x_{n-1}&a\\0&0&\cdots&0&a\end{vmatrix}+x_nD_{n-1}=x_1x_2\cdots x_{n-1}a+x_nD_{n-1}.$$

由此递推得

$$\begin{aligned}D_n &= x_1x_2\cdots x_{n-1}a + x_1x_2\cdots x_{n-2}ax_n + \cdots + x_1x_2ax_4\cdots x_n + x_nx_{n-1}\cdots x_3D_2 \\ &= x_1x_2\cdots x_{n-1}a + x_1x_2\cdots x_{n-2}ax_n + \cdots + x_1x_2ax_4\cdots x_n + \\ &\quad x_nx_{n-1}\cdots x_3(ax_1 + ax_2 + x_1x_2) \\ &= x_1x_2\cdots x_{n-1}x_n + a(x_1x_2\cdots x_{n-1} + x_1x_2\cdots x_{n-2}x_n + \cdots + x_1x_3\cdots x_{n-1}x_n + \\ &\quad x_2\cdots x_{n-1}x_n).\end{aligned}$$

当 $x_1x_2\cdots x_n \neq 0$ 时,上式也可改写成

$$D_n = x_1x_2\cdots x_n\left[1 + a\left(\frac{1}{x_1} + \frac{1}{x_2} + \cdots + \frac{1}{x_n}\right)\right].$$

评注 本题是利用行列式的性质,将行列式 D_n 用同样形式的 $n-1$ 阶行列式表示,建立了 D_n 与 D_{n-1} 的递推关系,这样依次类推,得到行列式的计算结果.

六、用数学归纳法

例 8 证明

$$D_n = \begin{vmatrix} \cos\alpha & 1 & 0 & \cdots & 0 & 0 \\ 1 & 2\cos\alpha & 1 & \cdots & 0 & 0 \\ 0 & 1 & 2\cos\alpha & \cdots & 0 & 0 \\ \vdots & \vdots & \vdots & & \vdots & \vdots \\ 0 & 0 & 0 & \cdots & 2\cos\alpha & 1 \\ 0 & 0 & 0 & \cdots & 1 & 2\cos\alpha \end{vmatrix} = \cos n\alpha.$$

证明 用数学归纳法证明.

当 $n = 1$ 时,$D_1 = \cos\alpha$;当 $n = 2$ 时,

$$D_2 = \begin{vmatrix} \cos\alpha & 1 \\ 1 & 2\cos\alpha \end{vmatrix} = 2\cos^2\alpha - 1 = \cos 2\alpha,$$

所以,当 $n = 1, 2$ 时,结论成立. 假设对阶数小于 n 的行列式,结论都成立,下证对于阶数等于 n 的行列式也成立. 将 D_n 按最后一行展开,得

$$D_n = 2\cos\alpha D_{n-1} - D_{n-2},$$

由归纳假设,

$$D_{n-1} = \cos(n-1)\alpha,\ D_{n-2} = \cos(n-2)\alpha,$$

$$\begin{aligned}D_n &= 2\cos\alpha\cos(n-1)\alpha - \cos(n-2)\alpha \\ &= [\cos n\alpha + \cos(n-2)\alpha] - \cos(n-2)\alpha \\ &= \cos n\alpha.\end{aligned}$$

所以,结论对一切自然数都成立.

评注 为了将 D_n 展开成能用同型的 D_{n-1}, D_{n-2} 表示,本例必须按第 n 行(或第 n 列)展开,不能按第 1 列展开,否则所得的低阶行列式不是与 D_n 同型的低阶行列式.

一般来说,当行列式的结果已知,而要证明与自然数有关的结论时,可考虑用数学归纳法来证明.如果结论未知,也可先猜想其结果,然后用数学归纳法证明其猜想的结果成立.

§1.4 克拉默法则

含有 n 个未知数 n 个方程的线性方程组

$$\begin{cases} a_{11}x_1 + a_{12}x_2 + \cdots + a_{1n}x_n = b_1, \\ a_{21}x_1 + a_{22}x_2 + \cdots + a_{2n}x_n = b_2, \\ \qquad\qquad\qquad\qquad\vdots \\ a_{n1}x_1 + a_{n2}x_2 + \cdots + a_{nn}x_n = b_n \end{cases} \tag{1}$$

与二、三元线性方程组相类似,它的解可以用 n 阶行列式表示,即有以下定理.

定理(克拉默法则) 如果线性方程组(1)的系数行列式不等于零,即

$$D = \begin{vmatrix} a_{11} & a_{12} & \cdots & a_{1n} \\ a_{21} & a_{22} & \cdots & a_{2n} \\ \vdots & \vdots & & \vdots \\ a_{n1} & a_{n2} & \cdots & a_{nn} \end{vmatrix} \neq 0,$$

则线性方程组(1)有唯一解

$$x_1 = \frac{D_1}{D},\ x_2 = \frac{D_2}{D},\ \cdots,\ x_n = \frac{D_n}{D}.$$

其中,D_j 是将 D 中第 j 列换成常数项 b_1, b_2, $\cdots$, b_n 所得的行列式,即

$$D_j = \begin{vmatrix} a_{11} & \cdots & a_{1,\,j-1} & b_1 & a_{1,\,j+1} & \cdots & a_{1n} \\ \vdots & & \vdots & \vdots & \vdots & & \vdots \\ a_{n1} & \cdots & a_{n,\,j-1} & b_n & a_{n,\,j+1} & \cdots & a_{nn} \end{vmatrix}.$$

(证明略.)

例 1 解线性方程组

$$\begin{cases}2x_1-x_2+3x_3+2x_4=6,\\3x_1-3x_2+3x_3+2x_4=5,\\3x_1-x_2-x_3+2x_4=3,\\3x_1-x_2+3x_3-x_4=4.\end{cases}$$

解

$$D=\begin{vmatrix}2&-1&3&2\\3&-3&3&2\\3&-1&-1&2\\3&-1&3&-1\end{vmatrix}\xlongequal[r_4-\frac{3}{2}r_1]{\substack{r_2-r_4\\r_3-r_4}}\begin{vmatrix}2&-1&3&2\\0&-2&0&3\\0&0&-4&3\\0&\frac{1}{2}&-\frac{3}{2}&-4\end{vmatrix}$$

$$=2\begin{vmatrix}-2&0&3\\0&-4&3\\\frac{1}{2}&-\frac{3}{2}&-4\end{vmatrix}\xlongequal{r_3\div\frac{1}{2}}2\times\frac{1}{2}\begin{vmatrix}-2&0&3\\0&-4&3\\1&-3&-8\end{vmatrix}$$

$$\xlongequal{r_1+2r_3}\begin{vmatrix}0&-6&-13\\0&-4&3\\1&-3&-8\end{vmatrix}=\begin{vmatrix}-6&-13\\-4&3\end{vmatrix}=-70,$$

$$D_1=\begin{vmatrix}6&-1&3&2\\5&-3&3&2\\3&-1&-1&2\\4&-1&3&-1\end{vmatrix}=-70,$$

$$D_2=\begin{vmatrix}2&6&3&2\\3&5&3&2\\3&3&-1&2\\3&4&3&-1\end{vmatrix}=-70,$$

$$D_3=\begin{vmatrix}2&-1&6&2\\3&-3&5&2\\3&-1&3&2\\3&-1&4&-1\end{vmatrix}=-70,$$

$$D_4=\begin{vmatrix}2&-1&3&6\\3&-3&3&5\\3&-1&-1&3\\3&-1&3&4\end{vmatrix}=-70.$$

由克拉默法则,可得方程组的解为

$$x_1=1,\quad x_2=1,\quad x_3=1,\quad x_4=1.$$

注意 克拉默法则只适用于系数行列式不为零的 n 元 n 式线性方程组,至于方程组的系数行列式为零的情形,将在后面的一般情形中讨论.

常数项全为零的线性方程组称为齐次线性方程组.显然,对于齐次线性方程组

$$\begin{cases}a_{11}x_1+a_{12}x_2+\cdots+a_{1n}x_n=0,\\a_{21}x_1+a_{22}x_2+\cdots+a_{2n}x_n=0,\\\qquad\qquad\vdots\\a_{n1}x_1+a_{n2}x_2+\cdots+a_{nn}x_n=0.\end{cases}\tag{2}$$

$x_1=x_2=\cdots=x_n=0$ 一定是它的解,这个解称为齐次线性方程组(2)的零解.如果一组不为零的数是方程组(2)的解,则这个解称为齐次线性方程组(2)的非零解.

推论1 如果齐次线性方程组(2)的系数行列式 $D\neq0$,则该方程组只有唯一零解.

推论2 如果齐次线性方程组(2)有非零解,则它的系数行列式必为零.

例2 当 λ 取何值时,齐次线性方程组

$$\begin{cases}\lambda x_1+x_2+x_3=0,\\x_1+\mu x_2+x_3=0,\\x_1+2\mu x_2+x_3=0\end{cases}\tag{3}$$

有非零解?

解 由推论2可知,齐次线性方程组(3)有非零解,则方程组(3)的系数行列式必为零.而

$$D=\begin{vmatrix}\lambda&1&1\\1&\mu&1\\1&2\mu&1\end{vmatrix}=\mu(1-\lambda),$$

由 $D=0$,得 $\lambda=1$ 或 $\mu=0$.

不难验证,当 $\lambda=1$ 或 $\mu=0$ 时,齐次线性方程组(3)确有非零解.

习 题 1

一、填空题

1. 排列 51243 的逆序数是________,故该排列是________(奇或偶)排列.
2. 若 $a_{23}a_{31}a_{5i}a_{12}a_{4j}$ 为五阶行列式中带正号的一项,则 $i=$ ________, $j=$ ________.

3. $\begin{vmatrix} 0 & a & 0 & b \\ c & 0 & 0 & 0 \\ 0 & d & e & 0 \\ 0 & 0 & f & 0 \end{vmatrix} =$ ________.

4. 多项式 $f(x)=\begin{vmatrix} 2 & x & 3 & x \\ 3 & 4 & 2x & 5 \\ 1 & -x & 0 & 1 \\ 4x & 4 & x & 1 \end{vmatrix}$ 中 x^4 项的系数为________.

5. 行列式 $\begin{vmatrix} 1 & 1 & 1 & 1 \\ 3 & 2 & 1 & a \\ 9 & 4 & 1 & a^2 \\ 27 & 8 & 1 & a^3 \end{vmatrix}$ 的值等于________.

6. 设 $a, b, c \in \mathbf{Z}$，若 $\begin{vmatrix} a & b & 0 \\ b & -a & 0 \\ 1\,000 & 0 & -1 \end{vmatrix} = 0$，则 $a=$ ________，$b=$ ________.

7. 已知四阶行列式之值为 11，其中第 3 行元素依次为 2，-1，t，5，它们的余子式依次为 3，9，-3，-1，则 $t=$ ________.

8. n 阶行列式 $D_n=\begin{vmatrix} a & 0 & 0 & \cdots & 0 & b \\ 0 & a & 0 & \cdots & 0 & 0 \\ \vdots & \vdots & \vdots & & \vdots & \vdots \\ 0 & 0 & 0 & \cdots & a & 0 \\ b & 0 & 0 & \cdots & 0 & a \end{vmatrix} =$ ________.

9. 若 n 元齐次线性方程组有唯一解，则这个解是____________.

10. 已知齐次线性方程组 $\begin{cases} 3x_1 - x_2 + kx_3 = 0, \\ 2kx_1 + x_2 + 3x_3 = 0, \\ x_1 + kx_2 + x_3 = 0 \end{cases}$ 有非零解，则 $k=$ ________.

二、选择题

1. $\tau[(n-1)(n-2)\cdots 21n]=$（　　）.

A. $\dfrac{(n-1)n}{2}$　　B. $(n-1)n$　　C. $\dfrac{(n-1)(n-2)}{2}$　　D. $n(n+1)$

2. 四阶行列式中带正号的项为（　　）.

A. $a_{11}a_{24}a_{33}a_{42}$　　B. $a_{43}a_{24}a_{31}a_{12}$　　C. $a_{12}a_{21}a_{33}a_{44}$　　D. $a_{31}a_{14}a_{22}a_{43}$

3. 四阶行列式 $\begin{vmatrix} a_1 & 0 & 0 & b_1 \\ 0 & a_2 & b_2 & 0 \\ 0 & b_3 & a_3 & 0 \\ b_4 & 0 & 0 & a_4 \end{vmatrix}$ 的值等于（　　）.

A. $a_1a_2a_3a_4 - b_1b_2b_3b_4$　　B. $a_1a_2a_3a_4 + b_1b_2b_3b_4$

C. $(a_1a_2-b_1b_2)(a_3a_4-b_3b_4)$　　D. $(a_1a_4-b_1b_4)(a_2a_3-b_2b_3)$

4. n 阶行列式 $\begin{vmatrix} 0 & 0 & \cdots & 0 & 1 \\ 0 & 0 & \cdots & 2 & 0 \\ \vdots & \vdots & & \vdots & \vdots \\ 0 & n-1 & \cdots & 0 & 0 \\ n & 0 & \cdots & 0 & 0 \end{vmatrix}$ 的值为(　　).

A. $n!$　　B. $-n!$

C. $(-1)^{\frac{n(n-1)}{2}}n!$　　D. $(-1)^{\frac{n^2-n+2}{2}}n!$

5. 若 n 阶行列式中有 n^2-n+1 个零元素,则此行列式的值(　　).

A. 等于零　　B. 一定大于零

C. 可能等于零,也可能不等于零　　D. 一定小于零

三、计算题

1. 按自然数从小到大的顺序为标准顺序,求下列排列的逆序数,并讨论奇偶性:

(1) 4　1　3　2;

(2) $(2k)1(2k-1)2(2k-2)3(2k-3)\cdots(k+1)k$.

2. 写出五阶行列式中含有因子 $a_{13}a_{25}$ 且带负号的所有项.

3. 计算下列行列式.

(1) $\begin{vmatrix} 1 & 2 & 3 \\ 2 & 3 & 1 \\ 3 & 1 & 2 \end{vmatrix}$;　　(2) $\begin{vmatrix} 3 & 1 & 2 & 6 \\ 1 & 2 & 0 & 3 \\ 4 & 0 & 8 & 7 \\ 2 & 6 & 5 & 7 \end{vmatrix}$;

(3) $\begin{vmatrix} 2 & 3 & 0 & 0 & 0 \\ 1 & 2 & 0 & 0 & 0 \\ 0 & 0 & 0 & 0 & 1 \\ 0 & 0 & 0 & 1 & 0 \\ 0 & 0 & 1 & 0 & 0 \end{vmatrix}$;　　(4) $\begin{vmatrix} x & a & a & \cdots & a \\ a & x & a & \cdots & a \\ a & a & x & \cdots & a \\ \vdots & \vdots & \vdots & & \vdots \\ a & a & a & \cdots & x \end{vmatrix}$.

4. 证明:

(1) $\begin{vmatrix} ax+by & ay+bz & az+bx \\ ay+bz & az+bx & ax+by \\ az+bx & ax+by & ay+bz \end{vmatrix} = (a^3+b^3)\begin{vmatrix} x & y & z \\ y & z & x \\ z & x & y \end{vmatrix}$;

(2) $\begin{vmatrix} 1 & 1 & 1 & 1 \\ a & b & c & d \\ a^2 & b^2 & c^2 & d^2 \\ a^4 & b^4 & c^4 & d^4 \end{vmatrix} = (a-b)(a-c)(a-d)(b-c)(b-d)(c-d)(a+b+c+d)$.

5. 用克拉默法则解下列方程.

(1) $\begin{cases} 2x_1 + x_2 + x_3 = 1, \\ x_1 + 2x_2 + x_3 = 2, \\ x_1 + x_2 + 2x_3 = 3; \end{cases}$

(2) $\begin{cases} 5x_1 + 6x_2 = 1, \\ x_1 + 5x_2 + 6x_3 = 0, \\ x_2 + 5x_3 + 6x_4 = 0, \\ x_3 + 5x_4 + 6x_5 = 0, \\ x_4 + 5x_5 = 1. \end{cases}$

6. 问λ取何值时，齐次线性方程组

$$\begin{cases} (1-\lambda)x_1 - 2x_2 + 4x_3 = 0, \\ 2x_1 + (3-\lambda)x_2 + x_3 = 0, \\ x_1 + x_2 + (1-\lambda)x_3 = 0 \end{cases}$$

有非零解？

四、设水银密度h和温度t的关系为

$$h = a_0 + a_1 t + a_2 t^2 + a_3 t^3,$$

由实验测定，得以下数据：

t/℃	0	10	20	30
h	13.60	13.57	13.55	13.52

求$t = 40$℃时的水银密度(准确到小数点后两位).

第2章 矩 阵

在线性代数中，矩阵是一个重要的概念，它是从许多实际问题的计算中抽象出来的一个数学概念，是研究线性函数的有力工具. 它在数学的其他分支以及自然科学、现代经济学、管理学和工程技术领域等方面具有广泛的应用.

◆ **应用实例:矩阵在保密通信中的应用**

我们知道，密码学有着悠久的历史与广泛用途，在很久以前，人们就利用密码传送秘密消息. 在密码学中，称原来的消息为明文，经过伪装的明文称为密文. 由明文变成密文的过程称为加密. 由密文变成明文的过程称为译密. 改变明文的方法称为密码. 密码在军事和商业上是一种保密通信技术. 现在，随着计算机和信息技术的发展，保密通信技术广泛应用在社会和经济活动中.

假设小王的朋友给小王发来一封密信，它是一个三阶方阵 $\begin{pmatrix} 207 & 210 & 135 \\ 231 & 318 & 135 \\ 244 & 161 & 175 \end{pmatrix}$.
他们约定：消息的每一个英文字母用一个整数来表示，即将 26 个字母 $a, b, c, \cdots, y, z$ 依次对应数字 $1, 2, 3, \cdots, 25, 26$. 另外，用 0 表示空格. 约定好的密码矩阵是 $\begin{pmatrix} 4 & 3 & 7 \\ 9 & 0 & 10 \\ 0 & 7 & 6 \end{pmatrix}$，试求小王的朋友发的密信内容.

§2.1 矩阵的概念

矩阵是数(或函数)的矩形阵表. 在工程技术、生产活动和日常生活中，常常用数表表示一些量或关系，如工厂中的产量统计表，市场上的价目表，等等. 在给出定义之前，我们先看两个例子.

例 1 某户居民第三季度每个月水(单位:t)、电(单位:kW·h)、天然气(单位:m^3)的使用情况，可以用一个三行三列的数表表示为

$$\begin{array}{c} \\ 7\text{月} \\ 8\text{月} \\ 9\text{月} \end{array}\begin{array}{c} \quad\text{水}\quad\text{电}\quad\text{气} \\ \begin{pmatrix} 10 & 190 & 15 \\ 10 & 195 & 16 \\ 9 & 165 & 14 \end{pmatrix} \end{array}.$$

例 2 含有 n 个未知量、m 个方程的线性方程组

$$\begin{cases} a_{11}x_1 + a_{12}x_2 + \cdots + a_{1n}x_n = b_1, \\ a_{21}x_1 + a_{22}x_2 + \cdots + a_{2n}x_n = b_2, \\ \qquad\qquad\qquad\vdots \\ a_{m1}x_1 + a_{m2}x_2 + \cdots + a_{mn}x_n = b_m. \end{cases}$$

如果把它的系数和常数项按原来的顺序写出，就可以得到一个 m 行、$n+1$ 列的数表

$$\begin{pmatrix} a_{11} & a_{12} & \cdots & a_{1n} & b_1 \\ a_{21} & a_{22} & \cdots & a_{2n} & b_2 \\ \vdots & \vdots & & \vdots & \vdots \\ a_{m1} & a_{m2} & \cdots & a_{mn} & b_m \end{pmatrix}.$$

那么，这个数表就可以清晰地表达这一线性方程组.

定义 由 $m\times n$ 个数 a_{ij} $(i=1, 2, \cdots, m;\ j=1, 2, \cdots, n)$ 排成的 m 行 n 列，并括以圆括弧(或方括弧)的数表，记作

$$\boldsymbol{A} = \begin{pmatrix} a_{11} & a_{12} & \cdots & a_{1n} \\ a_{21} & a_{22} & \cdots & a_{2n} \\ \vdots & \vdots & & \vdots \\ a_{m1} & a_{m2} & \cdots & a_{mn} \end{pmatrix},$$

称为 m 行 n 列矩阵，简称 **$m\times n$ 矩阵**. 矩阵通常用大写字母 $\boldsymbol{A}, \boldsymbol{B}, \boldsymbol{C}\cdots$ 表示，这 $m\times n$ 个数称为矩阵 $\boldsymbol{A}$ 的元素，简称为**元**，数 a_{ij} 称为矩阵 $\boldsymbol{A}$ 的**第 i 行第 j 列元素**. 一个 $m\times n$ 矩阵 $\boldsymbol{A}$ 也可简记为

$$\boldsymbol{A} = A_{m\times n} = (a_{ij})_{m\times n} \quad \text{或} \quad \boldsymbol{A} = (a_{ij}).$$

元素是实数的矩阵称为**实矩阵**，元素是复数的矩阵称为**复矩阵**，本书中的矩阵都指实矩阵(除非有特殊说明).

所有元素均为零的矩阵称为**零矩阵**，记为 $\boldsymbol{O}$.

所有元素均为非负数的矩阵称为**非负矩阵**.

若矩阵 $\boldsymbol{A}=(a_{ij})$ 的行数与列数都等于 n，则称 $\boldsymbol{A}$ 为 **n 阶方阵**，记为 $\boldsymbol{A}_n$.

如果两个矩阵具有相同的行数与相同的列数，则称这两个矩阵为**同型矩阵**.

如果矩阵 $\boldsymbol{A}$, $\boldsymbol{B}$ 是同型矩阵，且对应元素均相等，则称矩阵 $\boldsymbol{A}$ 与矩阵 $\boldsymbol{B}$ 相等，记为 $\boldsymbol{A}=\boldsymbol{B}$.

只有一行的矩阵

$$\boldsymbol{A}=(a_1 \quad a_2 \quad \cdots \quad a_n)$$

称为**行矩阵**或**行向量**. 为避免元素间的混淆，行矩阵也记作

$$\boldsymbol{A}=(a_1,\ a_2,\ \cdots,\ a_n).$$

只有一列的矩阵

$$\boldsymbol{B}=\begin{pmatrix} b_1 \\ b_2 \\ \vdots \\ b_m \end{pmatrix}$$

称为**列矩阵**或**列向量**.

n 阶方阵

$$\begin{pmatrix} 1 & 0 & \cdots & 0 \\ 0 & 1 & \cdots & 0 \\ \vdots & \vdots & & \vdots \\ 0 & 0 & \cdots & 1 \end{pmatrix}$$

称为 **n 阶单位矩阵**，简记为 $\boldsymbol{E}$ 或 $\boldsymbol{I}$. 这个方阵的特点是：从左上角到右下角的直线（叫做主对角线）上的元素都是 1，其他的元素都是零，即单位阵 $\boldsymbol{E}$ 的元$(i,\ j)$

$$\delta_{ij}=\begin{cases} 1, & i=j, \\ 0, & i\neq j \end{cases} \ (i,\ j=1,\ 2,\ \cdots,\ n).$$

n 阶方阵

$$\begin{pmatrix} \lambda_1 & 0 & \cdots & 0 \\ 0 & \lambda_2 & \cdots & 0 \\ \vdots & \vdots & & \vdots \\ 0 & 0 & \cdots & \lambda_n \end{pmatrix}$$

称为 **n 阶对角阵**. 其特点是：不在主对角线上的元素都是零，对角阵也记为

$$A = \mathrm{diag}(\lambda_1, \lambda_2, \cdots, \lambda_n).$$

当一个 n 阶对角矩阵 A 的对角元素全部相等且等于某一数 a 时，称 A 为 **n 阶数量矩阵**，即

$$A = \begin{pmatrix} a & 0 & \cdots & 0 \\ 0 & a & \cdots & 0 \\ \vdots & \vdots & & \vdots \\ 0 & 0 & \cdots & a \end{pmatrix}.$$

n 阶方阵

$$A = \begin{pmatrix} a_{11} & a_{12} & \cdots & a_{1n} \\ 0 & a_{22} & \cdots & a_{2n} \\ \vdots & \vdots & & \vdots \\ 0 & 0 & \cdots & a_{mn} \end{pmatrix}$$

称为**上三角形矩阵**. 其特点是:位于主对角线下方的元素都是零.

n 阶方阵

$$A = \begin{pmatrix} b_{11} & 0 & \cdots & 0 \\ b_{21} & b_{22} & \cdots & 0 \\ \vdots & \vdots & & \vdots \\ b_{n1} & b_{n2} & \cdots & b_{nn} \end{pmatrix}$$

称为**下三角形矩阵**. 其特点是:位于主对角线上方的元素都是零.

§2.2 矩阵的运算

一、矩阵的加法

定义 1 设有两个 $m \times n$ 矩阵 $A = (a_{ij})$ 和 $B = (b_{ij})$，矩阵 A 与 B 的和记作 $A + B$，规定为

$$A + B = (a_{ij} + b_{ij})_{m\times n} = \begin{pmatrix} a_{11}+b_{11} & a_{12}+b_{12} & \cdots & a_{1n}+b_{1n} \\ a_{21}+b_{21} & a_{22}+b_{22} & \cdots & a_{2n}+b_{2n} \\ \vdots & \vdots & & \vdots \\ a_{m1}+b_{m1} & a_{m2}+b_{m2} & \cdots & a_{mn}+b_{mn} \end{pmatrix}.$$

注 只有两个矩阵是同型矩阵时，才能进行矩阵的加法运算. 两个同型矩阵的和，即为两个矩阵对应位置元素相加得到的矩阵.

矩阵加法满足下列运算规律(设 $\boldsymbol{A}, \boldsymbol{B}, \boldsymbol{C}$ 都是 $m\times n$ 矩阵)：

(1) **交换律** $\boldsymbol{A}+\boldsymbol{B}=\boldsymbol{B}+\boldsymbol{A}$;

(2) **结合律** $(\boldsymbol{A}+\boldsymbol{B})+\boldsymbol{C}=\boldsymbol{A}+(\boldsymbol{B}+\boldsymbol{C})$.

设矩阵 $\boldsymbol{A}=(a_{ij})$，记

$$-\boldsymbol{A}=(-a_{ij}),$$

称 $-\boldsymbol{A}$ 为矩阵 $\boldsymbol{A}$ 的**负矩阵**，显然有

$$\boldsymbol{A}+(-\boldsymbol{A})=\boldsymbol{O}.$$

由此规定矩阵的**减法**为

$$\boldsymbol{A}-\boldsymbol{B}=\boldsymbol{A}+(-\boldsymbol{B}).$$

二、数与矩阵相乘

定义 2 数 k 与矩阵 $\boldsymbol{A}$ 的乘积，记作 $k\boldsymbol{A}$ 或 $\boldsymbol{A}k$，规定为

$$k\boldsymbol{A}=\boldsymbol{A}k=(ka_{ij})=\begin{pmatrix} ka_{11} & ka_{12} & \cdots & ka_{1n} \\ ka_{21} & ka_{22} & \cdots & ka_{2n} \\ \vdots & \vdots & & \vdots \\ ka_{m1} & ka_{m2} & \cdots & ka_{mn} \end{pmatrix}.$$

数乘矩阵满足下列运算规律(设 $\boldsymbol{A}, \boldsymbol{B}$ 都是 $m\times n$ 矩阵，k, l 是常数)：

(1) $(kl)\boldsymbol{A}=k(l\boldsymbol{A})$;

(2) $(k+l)\boldsymbol{A}=k\boldsymbol{A}+l\boldsymbol{A}$;

(3) $k(\boldsymbol{A}+\boldsymbol{B})=k\boldsymbol{A}+k\boldsymbol{B}$.

注意 矩阵的数乘与行列式的不同，矩阵的数乘是数乘矩阵的每一个元素，行列式的数乘是数乘行列式的某一行(列)的每一个元素.

矩阵的加法与矩阵的数乘两种运算合起来统称为**矩阵的线性运算**.

例 1 已知 $\boldsymbol{A}=\begin{pmatrix} 3 & -1 & 2 & 0 \\ 1 & 5 & 7 & 9 \\ 2 & 4 & 6 & 8 \end{pmatrix}$，$\boldsymbol{B}=\begin{pmatrix} 7 & 5 & -2 & 4 \\ 5 & 1 & 9 & 7 \\ 3 & 2 & -1 & 6 \end{pmatrix}$，且 $\boldsymbol{A}+2\boldsymbol{X}=\boldsymbol{B}$，求 $\boldsymbol{X}$.

解 $\boldsymbol{X}=\dfrac{1}{2}(\boldsymbol{B}-\boldsymbol{A})$

$$= \frac{1}{2}\begin{pmatrix} 4 & 6 & -4 & 4 \\ 4 & -4 & 2 & -2 \\ 1 & -2 & -7 & -2 \end{pmatrix} = \begin{pmatrix} 2 & 3 & -2 & 2 \\ 2 & -2 & 1 & -1 \\ \frac{1}{2} & -1 & -\frac{7}{2} & -1 \end{pmatrix}.$$

三、矩阵与矩阵相乘

定义 3 设

$$\boldsymbol{A} = (a_{ij})_{m\times s} = \begin{pmatrix} a_{11} & a_{12} & \cdots & a_{1s} \\ a_{21} & a_{22} & \cdots & a_{2s} \\ \vdots & \vdots & & \vdots \\ a_{m1} & a_{m2} & \cdots & a_{ms} \end{pmatrix},$$

$$\boldsymbol{B} = (b_{ij})_{s\times n} = \begin{pmatrix} b_{11} & b_{12} & \cdots & b_{1n} \\ b_{21} & b_{22} & \cdots & b_{2n} \\ \vdots & \vdots & & \vdots \\ b_{s1} & b_{s2} & \cdots & b_{sn} \end{pmatrix}.$$

矩阵 $\boldsymbol{A}$ 与矩阵 $\boldsymbol{B}$ 的乘积,记作 $\boldsymbol{AB}$,规定为

$$\boldsymbol{AB} = (c_{ij})_{m\times n} = \begin{pmatrix} c_{11} & c_{12} & \cdots & c_{1n} \\ c_{21} & c_{22} & \cdots & c_{2n} \\ \vdots & \vdots & & \vdots \\ c_{m1} & c_{m2} & \cdots & c_{mn} \end{pmatrix}.$$

其中, $c_{ij} = a_{i1}b_{1j} + a_{i2}b_{2j} + \cdots + a_{is}b_{sj} = \sum_{k=1}^{s} a_{ik}b_{kj} \quad (i = 1, 2, \cdots, m;\ j = 1, 2, \cdots, n)$.

记号 $\boldsymbol{AB}$ 常读作 $\boldsymbol{A}$ 左乘 $\boldsymbol{B}$ 或 $\boldsymbol{B}$ 右乘 $\boldsymbol{A}$.

注 只有当左边矩阵的列数等于右边矩阵的行数时,两个矩阵才能进行乘法运算.

若 $\boldsymbol{C} = \boldsymbol{AB}$, 则矩阵 $\boldsymbol{C}$ 的元素 c_{ij} 即为矩阵 $\boldsymbol{A}$ 的第 i 行元素与矩阵 $\boldsymbol{B}$ 的第 j 列对应元素乘积的和. 即

$$c_{ij} = (a_{i1}, a_{i2}, \cdots, a_{is})\begin{pmatrix} b_{1j} \\ b_{2j} \\ \vdots \\ b_{sj} \end{pmatrix} = a_{i1}b_{1j} + a_{i2}b_{2j} + \cdots + a_{is}b_{sj}.$$

例2 求矩阵 $\boldsymbol{A}=\begin{pmatrix}4&3&1\\2&1&3\\3&1&2\end{pmatrix}$ 与 $\boldsymbol{B}=\begin{pmatrix}2&3\\1&3\\0&1\end{pmatrix}$ 的积 $\boldsymbol{AB}$.

$$
\begin{aligned}
\boldsymbol{AB}&=\begin{pmatrix}4&3&1\\2&1&3\\3&1&2\end{pmatrix}\begin{pmatrix}2&3\\1&3\\0&1\end{pmatrix}\\
&=\begin{pmatrix}4\times2+3\times1+1\times0 & 4\times3+3\times3+1\times1\\2\times2+1\times1+3\times0 & 2\times3+1\times3+3\times1\\3\times2+1\times1+2\times0 & 3\times3+1\times3+2\times1\end{pmatrix}\\
&=\begin{pmatrix}11&22\\5&12\\7&14\end{pmatrix}.
\end{aligned}
$$

由于 $\boldsymbol{B}$ 的列数不等于 $\boldsymbol{A}$ 的行数，所以 $\boldsymbol{BA}$ 无意义.

例3 设 $\boldsymbol{A}=\begin{pmatrix}-2&4\\1&-2\end{pmatrix}$，$\boldsymbol{B}=\begin{pmatrix}2&4\\-3&-6\end{pmatrix}$，求 $\boldsymbol{AB}$，$\boldsymbol{BA}$.

解 $\boldsymbol{AB}=\begin{pmatrix}-2&4\\1&-2\end{pmatrix}\begin{pmatrix}2&4\\-3&-6\end{pmatrix}=\begin{pmatrix}-16&-32\\8&16\end{pmatrix}$，

$$\boldsymbol{BA}=\begin{pmatrix}2&4\\-3&-6\end{pmatrix}\begin{pmatrix}-2&4\\1&-2\end{pmatrix}=\begin{pmatrix}0&0\\0&0\end{pmatrix}.$$

由以上两例，不难看出：

(1) $\boldsymbol{AB}$ 有意义时，$\boldsymbol{BA}$ 不一定有意义.

(2) 即使 $\boldsymbol{AB}$ 与 $\boldsymbol{BA}$ 都有意义，也可能 $\boldsymbol{AB}\neq\boldsymbol{BA}$，即矩阵乘法不满足交换律，因此，矩阵相乘时必须注意顺序，如果两矩阵相乘，有 $\boldsymbol{AB}=\boldsymbol{BA}$，这时称 $\boldsymbol{A}$ 与 $\boldsymbol{B}$ 是**可交换**的.

(3) 两个非零矩阵的乘积可能是零矩阵，故不能从 $\boldsymbol{AB}=\boldsymbol{O}$ 得出 $\boldsymbol{A}=\boldsymbol{O}$ 或 $\boldsymbol{B}=\boldsymbol{O}$ 的结论.

此外，矩阵乘法一般也不满足消去律，即若 $\boldsymbol{AC}=\boldsymbol{BC}$，且 $\boldsymbol{C}\neq\boldsymbol{O}$ 不能消去矩阵 $\boldsymbol{C}$，得到 $\boldsymbol{A}=\boldsymbol{B}$. 即在等式两边不能消去同一矩阵. 例如，设

$$\boldsymbol{A}=\begin{pmatrix}1&2\\0&3\end{pmatrix},\quad \boldsymbol{B}=\begin{pmatrix}1&0\\0&4\end{pmatrix},\quad \boldsymbol{C}=\begin{pmatrix}1&1\\0&0\end{pmatrix},$$

则

$$AC=\begin{pmatrix}1&2\\0&3\end{pmatrix}\begin{pmatrix}1&1\\0&0\end{pmatrix}=\begin{pmatrix}1&1\\0&0\end{pmatrix},$$

$$BC=\begin{pmatrix}1&0\\0&4\end{pmatrix}\begin{pmatrix}1&1\\0&0\end{pmatrix}=\begin{pmatrix}1&1\\0&0\end{pmatrix}.$$

但 $\boldsymbol{A}\neq\boldsymbol{B}$.

矩阵的乘法满足下列运算规律(假定运算都是可行的):

(1) **结合律** $(\boldsymbol{AB})\boldsymbol{C}=\boldsymbol{A}(\boldsymbol{BC})$;

$k(\boldsymbol{AB})=(k\boldsymbol{A})\boldsymbol{B}=\boldsymbol{A}(k\boldsymbol{B})$;

(2) **右乘分配律** $(\boldsymbol{A}+\boldsymbol{B})\boldsymbol{C}=\boldsymbol{AC}+\boldsymbol{BC}$;

(3) **左乘分配律** $\boldsymbol{C}(\boldsymbol{A}+\boldsymbol{B})=\boldsymbol{CA}+\boldsymbol{CB}$.

注 对于单位矩阵 $\boldsymbol{E}$,容易证明

$$\boldsymbol{E}_m\boldsymbol{A}_{m\times n}=\boldsymbol{A}_{m\times n},\quad \boldsymbol{A}_{m\times n}\boldsymbol{E}_n=\boldsymbol{A}_{m\times n},$$

或简写成

$$\boldsymbol{EA}=\boldsymbol{AE}=\boldsymbol{A}.$$

可见单位矩阵 $\boldsymbol{E}$ 在矩阵的乘法中的作用类似于数 1.

有了矩阵的乘法,就可以定义 n 阶方阵的幂,设 $\boldsymbol{A}$ 为 n 阶方阵,规定

$$\boldsymbol{A}^0=\boldsymbol{E},\quad \boldsymbol{A}^k=\overbrace{\boldsymbol{A}\cdot\boldsymbol{A}\cdot\cdots\cdot\boldsymbol{A}}^{k\text{个}},\quad k\text{ 为自然数}.$$

$\boldsymbol{A}^k$ 称为 $\boldsymbol{A}$ 的 **k 次幂**,显然只有方阵,它的幂才有意义.

由于矩阵乘法适合结合律,所以方阵的幂满足以下运算规律:

(1) $\boldsymbol{A}^m\boldsymbol{A}^n=\boldsymbol{A}^{m+n}$ (m, n 为非负整数);

(2) $(\boldsymbol{A}^m)^n=\boldsymbol{A}^{mn}$.

注 因为矩阵乘法一般不满足交换律,一般来说 $(\boldsymbol{AB})^m\neq\boldsymbol{A}^m\boldsymbol{B}^m$,但若 $\boldsymbol{AB}=\boldsymbol{BA}$,则有 $(\boldsymbol{AB})^m=\boldsymbol{A}^m\boldsymbol{B}^m$. 类似可知,例如只有 $\boldsymbol{AB}=\boldsymbol{BA}$ 时才有 $(\boldsymbol{A}+\boldsymbol{B})^2=\boldsymbol{A}^2+2\boldsymbol{AB}+\boldsymbol{B}^2$, $(\boldsymbol{A}-\boldsymbol{B})^2=\boldsymbol{A}^2-2\boldsymbol{AB}+\boldsymbol{B}^2$, $(\boldsymbol{A}+\boldsymbol{B})(\boldsymbol{A}-\boldsymbol{B})=(\boldsymbol{A}-\boldsymbol{B})(\boldsymbol{A}+\boldsymbol{B})=\boldsymbol{A}^2-\boldsymbol{B}^2$ 成立.

例 4 证明:

$$\begin{pmatrix}1&\lambda\\0&1\end{pmatrix}^n=\begin{pmatrix}1&n\lambda\\0&1\end{pmatrix}\quad(n=1,2,3,\cdots).$$

证明 用数学归纳法证.

当 $n=1$ 时,等式显然成立. 设 $n=k$ 时成立,即

$$\begin{pmatrix}1 & \lambda\\0 & 1\end{pmatrix}^k=\begin{pmatrix}1 & k\lambda\\0 & 1\end{pmatrix}\quad (k=1,\ 2,\ \cdots).$$

要证 $n=k+1$ 时成立，此时有

$$\begin{pmatrix}1 & \lambda\\0 & 1\end{pmatrix}^{k+1}=\begin{pmatrix}1 & \lambda\\0 & 1\end{pmatrix}^k\begin{pmatrix}1 & \lambda\\0 & 1\end{pmatrix}=\begin{pmatrix}1 & k\lambda\\0 & 1\end{pmatrix}\begin{pmatrix}1 & \lambda\\0 & 1\end{pmatrix}=\begin{pmatrix}1 & (k+1)\lambda\\0 & 1\end{pmatrix}.$$

于是等式得证.

设有线性方程组

$$\begin{cases}a_{11}x_1+a_{12}x_2+\cdots+a_{1n}x_n=b_1,\\a_{21}x_1+a_{22}x_2+\cdots+a_{2n}x_n=b_2,\\\qquad\qquad\vdots\\a_{m1}x_1+a_{m2}x_2+\cdots+a_{mn}x_n=b_m.\end{cases}\tag{1}$$

若记

$$\boldsymbol{A}=\begin{pmatrix}a_{11} & a_{12} & \cdots & a_{1n}\\a_{21} & a_{22} & \cdots & a_{2n}\\\vdots & \vdots & & \vdots\\a_{m1} & a_{m2} & \cdots & a_{mn}\end{pmatrix},\quad \boldsymbol{x}=\begin{pmatrix}x_1\\x_2\\\vdots\\x_n\end{pmatrix},\quad \boldsymbol{b}=\begin{pmatrix}b_1\\b_2\\\vdots\\b_m\end{pmatrix},$$

则利用矩阵的乘法，线性方程组(1)可表示为矩阵形式：

$$\boldsymbol{Ax}=\boldsymbol{b}.\tag{2}$$

其中，矩阵 $\boldsymbol{A}$ 称为线性方程组(1)的**系数矩阵**. 方程(2)又称为**矩阵方程**.

这样，对线性方程组(1)的讨论便等价于对矩阵方程(2)的讨论. 特别地，齐次线性方程组可以表示为

$$\boldsymbol{Ax}=\boldsymbol{O}.$$

将线性方程组写成矩阵方程的形式，不仅书写方便，而且可以把线性方程组的理论与矩阵理论联系起来，这给线性方程组的讨论带来很大的便利.

四、矩阵的转置

定义 4　把矩阵 $\boldsymbol{A}$ 的行换成同序数的列得到的新矩阵，称为 $\boldsymbol{A}$ 的**转置矩阵**，记作 $\boldsymbol{A}^{\mathrm{T}}$(或 $\boldsymbol{A}'$). 即若

$$\boldsymbol{A}=\begin{pmatrix}1 & 2 & 0\\3 & -1 & 1\end{pmatrix},$$

则

$$A^{\mathrm{T}}=\begin{pmatrix}1 & 3\\ 2 & -1\\ 0 & -1\end{pmatrix}.$$

矩阵的转置也是一种运算，满足以下运算规律(假设运算都是可行的)：

(1) $(\boldsymbol{A}^{\mathrm{T}})^{\mathrm{T}}=\boldsymbol{A}$;

(2) $(\boldsymbol{A}+\boldsymbol{B})^{\mathrm{T}}=\boldsymbol{A}^{\mathrm{T}}+\boldsymbol{B}^{\mathrm{T}}$;

(3) $(k\boldsymbol{A})^{\mathrm{T}}=k\boldsymbol{A}^{\mathrm{T}}$;

(4) $(\boldsymbol{AB})^{\mathrm{T}}=\boldsymbol{B}^{\mathrm{T}}\boldsymbol{A}^{\mathrm{T}}$.

下面只证明(4).

设 $\boldsymbol{A}=(a_{ij})_{m\times s}$, $\boldsymbol{B}=(b_{ij})_{s\times n}$，记 $\boldsymbol{AB}=\boldsymbol{C}=(c_{ij})_{m\times n}$, $\boldsymbol{B}^{\mathrm{T}}\boldsymbol{A}^{\mathrm{T}}=\boldsymbol{D}=(d_{ij})_{n\times m}$，于是由矩阵的乘法规则，有

$$c_{ji}=\sum_{k=1}^{s}a_{jk}b_{ki}.$$

而 $\boldsymbol{B}^{\mathrm{T}}$ 的第 i 行为 $(b_{1i},\cdots,b_{si})$, $\boldsymbol{A}^{\mathrm{T}}$ 的第 j 列为 $(a_{j1},\cdots,a_{js})^{\mathrm{T}}$，因此

$$d_{ij}=\sum_{k=1}^{s}b_{ki}a_{jk}=\sum_{k=1}^{s}a_{jk}b_{ki}.$$

所以, $d_{ij}=c_{ji}(i=1,2,\cdots,n;\ j=1,2,\cdots,m)$. 即 $\boldsymbol{D}=\boldsymbol{C}^{\mathrm{T}}$，亦即

$$\boldsymbol{B}^{\mathrm{T}}\boldsymbol{A}^{\mathrm{T}}=(\boldsymbol{AB})^{\mathrm{T}}.$$

例 5 已知 $\boldsymbol{A}=\begin{pmatrix}4 & -1\\ 0 & 2\\ -3 & 2\end{pmatrix}$, $\boldsymbol{B}=\begin{pmatrix}2 & 1\\ 3 & 4\end{pmatrix}$，求 $(\boldsymbol{AB})^{\mathrm{T}}$, $\boldsymbol{B}^{\mathrm{T}}\boldsymbol{A}^{\mathrm{T}}$.

解 $\boldsymbol{AB}=\begin{pmatrix}4 & -1\\ 0 & 2\\ -3 & 2\end{pmatrix}\begin{pmatrix}2 & 1\\ 3 & 4\end{pmatrix}=\begin{pmatrix}5 & 0\\ 6 & 8\\ 0 & 5\end{pmatrix}$,

$$(\boldsymbol{AB})^{\mathrm{T}}=\begin{pmatrix}5 & 6 & 0\\ 0 & 8 & 5\end{pmatrix}.$$

$$\boldsymbol{B}^{\mathrm{T}}\boldsymbol{A}^{\mathrm{T}}=\begin{pmatrix}2 & 3\\ 1 & 4\end{pmatrix}\begin{pmatrix}4 & 0 & -3\\ -1 & 2 & 2\end{pmatrix}=\begin{pmatrix}5 & 6 & 0\\ 0 & 8 & 5\end{pmatrix}，即 (\boldsymbol{AB})^{\mathrm{T}}=\boldsymbol{B}^{\mathrm{T}}\boldsymbol{A}^{\mathrm{T}}.$$

例 6 设 $\boldsymbol{A}=(1,2,3)$, $\boldsymbol{B}=(1,1,1)$，求 $(\boldsymbol{A}^{\mathrm{T}}\boldsymbol{B})^{k}$.

解 $A^TB=\begin{pmatrix}1\\2\\3\end{pmatrix}(1\quad 1\quad 1)=\begin{pmatrix}1&1&1\\2&2&2\\3&3&3\end{pmatrix}$,

$BA^T=(1\quad 1\quad 1)\begin{pmatrix}1\\2\\3\end{pmatrix}=6$,

$$\begin{aligned}(A^TB)^k&=(A^TB)(A^TB)(A^TB)\cdots(A^TB)\\&=A^T(BA^T)(BA^T)\cdots(BA^T)B\\&=6^{k-1}A^TB=6^{k-1}\begin{pmatrix}1&1&1\\2&2&2\\3&3&3\end{pmatrix}.\end{aligned}$$

设 A 为 n 阶方阵,如果 $A^T=A$, 即

$$a_{ij}=a_{ji}\quad(i,\ j=1,\ 2,\ \cdots,\ n),$$

那么,称 A 为**对称矩阵**,简称**对称阵**. 显然,对称矩阵 A 的元素关于主对角线对称.

例如,

$$\begin{pmatrix}0&-1\\-1&0\end{pmatrix},\quad\begin{pmatrix}8&6&1\\6&9&0\\1&0&5\end{pmatrix}$$

均为对称矩阵.

五、方阵的行列式

定义 5 由 n 阶方阵 A 的元素所构成的行列式(各元素的位置不变),称为方阵 A 的**行列式**,记作 $|A|$ 或 $\det A$.

注 方阵与行列式是两个不同的概念,n 阶方阵是 n^2 个数按一定方式排成的数表,而 n 阶行列式则是这些数按一定的运算法则所确定的一个数值(实数或复数).

方阵 A 的行列式 $|A|$ 满足以下运算规律(设 A, B 为 n 阶方阵,k 为常数):

(1) $|A^T|=|A|$(行列式性质 1);

(2) $|kA|=k^n|A|$;

(3) $|AB|=|A||B|$, 进一步, $|A||B|=|B||A|=|BA|$.

由(3)可知,对于 n 阶矩阵 A, B,一般来说 $AB\neq BA$, 但总有 $|AB|=|BA|$.

例 7 设

$$A=\begin{pmatrix}1&0&-1\\2&1&0\\3&2&-1\end{pmatrix},\quad B=\begin{pmatrix}-2&1&0\\0&3&1\\0&0&2\end{pmatrix},$$

则

$$AB=\begin{pmatrix}-2&1&-2\\-4&5&1\\-6&9&0\end{pmatrix},\quad |AB|=\begin{vmatrix}-2&1&-2\\-4&5&1\\-6&9&0\end{vmatrix}=24,$$

又

$$|A|=\begin{vmatrix}1&0&-1\\2&1&0\\3&2&-1\end{vmatrix}=-2,\quad |B|=\begin{vmatrix}-2&1&0\\0&3&1\\0&0&2\end{vmatrix}=-12,$$

因此

$$|AB|=24=(-2)\times(-12)=|A||B|.$$

例 8 行列式$|A|$的各个元素的代数余子式A_{ij}所构成的矩阵

$$A^*=\begin{pmatrix}A_{11}&A_{21}&\cdots&A_{n1}\\A_{12}&A_{22}&\cdots&A_{n2}\\\vdots&\vdots&&\vdots\\A_{1n}&A_{2n}&\cdots&A_{nn}\end{pmatrix}$$

称为矩阵A的**伴随矩阵**,试证:$AA^*=A^*A=|A|E$.

证明 由行列式按一行(列)展开的公式立即得出

$$AA^*=\begin{pmatrix}a_{11}&a_{12}&\cdots&a_{1n}\\a_{21}&a_{22}&\cdots&a_{2n}\\\vdots&\vdots&&\vdots\\a_{n1}&a_{n2}&\cdots&a_{nn}\end{pmatrix}\begin{pmatrix}A_{11}&A_{21}&\cdots&A_{n1}\\A_{12}&A_{22}&\cdots&A_{n2}\\\vdots&\vdots&&\vdots\\A_{1n}&A_{2n}&\cdots&A_{nn}\end{pmatrix}$$

$$=\begin{pmatrix}|A|&&&O\\&|A|&&\\&&\ddots&\\O&&&|A|\end{pmatrix}=|A|E.$$

类似地,有$A^*A=|A|E$.

例 9　求矩阵 $\boldsymbol{A}=\begin{pmatrix}1&1&-1\\1&2&-3\\0&1&1\end{pmatrix}$ 的伴随矩阵 $\boldsymbol{A}^*$.

解　$A_{11}=(-1)^{1+1}\begin{vmatrix}2&-3\\1&1\end{vmatrix}=5$,

$$A_{12}=(-1)^{1+2}\begin{vmatrix}1&-3\\0&1\end{vmatrix}=-1,\quad A_{13}=(-1)^{1+3}\begin{vmatrix}1&2\\0&1\end{vmatrix}=1,$$

$$A_{21}=(-1)^{2+1}\begin{vmatrix}1&-1\\1&1\end{vmatrix}=-2,\quad A_{22}=(-1)^{2+2}\begin{vmatrix}1&-1\\0&1\end{vmatrix}=1,$$

$$A_{23}=(-1)^{2+3}\begin{vmatrix}1&1\\0&1\end{vmatrix}=-1,\quad A_{31}=(-1)^{3+1}\begin{vmatrix}1&-1\\2&-3\end{vmatrix}=-1,$$

$$A_{32}=(-1)^{3+2}\begin{vmatrix}1&-1\\1&-3\end{vmatrix}=2,\quad A_{33}=(-1)^{3+3}\begin{vmatrix}1&1\\1&2\end{vmatrix}=1.$$

于是，$\boldsymbol{A}$ 的伴随矩阵 $\boldsymbol{A}^*=\begin{pmatrix}5&-2&-1\\-1&1&2\\1&-1&1\end{pmatrix}$.

§2.3　逆　矩　阵

在数的运算中，对于数 $a\neq 0$，总存在唯一一个数 a^{-1}，使得

$$a\cdot a^{-1}=a^{-1}\cdot a=1.$$

数的逆在解方程中起着重要作用，例如，解一元线性方程

$$ax=b,$$

当 $a\neq 0$ 时，其解为

$$x=a^{-1}b.$$

对一个矩阵 $\boldsymbol{A}$，是否也存在类似的运算？在回答这个问题之前，我们先引入可逆矩阵与逆矩阵的概念.

定义　对于 n 阶矩阵 $\boldsymbol{A}$，如果存在一个 n 阶矩阵 $\boldsymbol{B}$，使

$$\boldsymbol{AB}=\boldsymbol{BA}=\boldsymbol{E},$$

则称矩阵 $\boldsymbol{A}$ 为**可逆矩阵**，而矩阵 $\boldsymbol{B}$ 称为 $\boldsymbol{A}$ 的**逆矩阵**.

若矩阵 $\boldsymbol{A}$ 是可逆的，则 $\boldsymbol{A}$ 的逆矩阵是唯一的. 这是因为，设 $\boldsymbol{B}$ 与 $\boldsymbol{C}$ 都是 $\boldsymbol{A}$ 的逆矩阵，则有

$$\boldsymbol{B}=\boldsymbol{B}\boldsymbol{E}=\boldsymbol{B}(\boldsymbol{A}\boldsymbol{C})=(\boldsymbol{B}\boldsymbol{A})\boldsymbol{C}=\boldsymbol{E}\boldsymbol{C}=\boldsymbol{C},$$

所以，$\boldsymbol{A}$ 的逆矩阵是唯一的.

$\boldsymbol{A}$ 的逆矩阵记作 $\boldsymbol{A}^{-1}$. 即若 $\boldsymbol{A}\boldsymbol{B}=\boldsymbol{B}\boldsymbol{A}=\boldsymbol{E}$，则 $\boldsymbol{B}=\boldsymbol{A}^{-1}$.

定理 1 若矩阵 $\boldsymbol{A}$ 可逆，则 $|\boldsymbol{A}|\neq 0$.

证明 $\boldsymbol{A}$ 可逆，即有 $\boldsymbol{A}^{-1}$，使 $\boldsymbol{A}\boldsymbol{A}^{-1}=\boldsymbol{E}$. 故 $|\boldsymbol{A}||\boldsymbol{A}^{-1}|=|\boldsymbol{E}|=1$，所以 $|\boldsymbol{A}|\neq 0$.

定理 2 若 $|\boldsymbol{A}|\neq 0$，则矩阵 $\boldsymbol{A}$ 可逆，且

$$\boldsymbol{A}^{-1}=\frac{1}{|\boldsymbol{A}|}\boldsymbol{A}^{*}.$$

其中，$\boldsymbol{A}^{*}$ 为 $\boldsymbol{A}$ 的伴随矩阵.

证明 由§2.2例7知

$$\boldsymbol{A}\boldsymbol{A}^{*}=\boldsymbol{A}^{*}\boldsymbol{A}=|\boldsymbol{A}|\boldsymbol{E},$$

因 $|\boldsymbol{A}|\neq 0$，故有

$$\boldsymbol{A}\frac{\boldsymbol{A}^{*}}{|\boldsymbol{A}|}=\frac{\boldsymbol{A}^{*}}{|\boldsymbol{A}|}\boldsymbol{A}=\boldsymbol{E}.$$

所以，按逆阵的定义，即知 $\boldsymbol{A}$ 可逆，且

$$\boldsymbol{A}^{-1}=\frac{1}{|\boldsymbol{A}|}\boldsymbol{A}^{*}.$$

如果 n 阶矩阵 $\boldsymbol{A}$ 的行列式 $|\boldsymbol{A}|\neq 0$，则称 $\boldsymbol{A}$ 为**非奇异**的，否则称为**奇异**的. 由上面两个定理可知：$\boldsymbol{A}$ 是可逆矩阵的充分必要条件是 $|\boldsymbol{A}|\neq 0$，即可逆矩阵就是非奇异矩阵.

由定理 2 可得下述推论.

推论 若 $\boldsymbol{A}\boldsymbol{B}=\boldsymbol{E}$（或 $\boldsymbol{B}\boldsymbol{A}=\boldsymbol{E}$），则 $\boldsymbol{A}^{-1}=\boldsymbol{B}$.

证明 $|\boldsymbol{A}||\boldsymbol{B}|=|\boldsymbol{E}|=1$，故 $|\boldsymbol{A}|\neq 0$，因而 $\boldsymbol{A}^{-1}$ 存在，于是

$$\boldsymbol{A}^{-1}=\boldsymbol{A}^{-1}\boldsymbol{E}=\boldsymbol{A}^{-1}(\boldsymbol{A}\boldsymbol{B})=(\boldsymbol{A}^{-1}\boldsymbol{A})\boldsymbol{B}=\boldsymbol{E}\boldsymbol{B}=\boldsymbol{B}.$$

方阵的逆阵满足下列运算规律：

(1) 若矩阵 $\boldsymbol{A}$ 可逆，则 $\boldsymbol{A}^{-1}$ 也可逆，且 $(\boldsymbol{A}^{-1})^{-1}=\boldsymbol{A}$；

(2) 若矩阵 $\boldsymbol{A}$ 可逆，数 $k\neq 0$，则 $(k\boldsymbol{A})^{-1}=\frac{1}{k}\boldsymbol{A}^{-1}$；

(3) 两个同阶可逆矩阵 $\boldsymbol{A}$, $\boldsymbol{B}$ 的乘积是可逆矩阵,且

$$(\boldsymbol{AB})^{-1} = \boldsymbol{B}^{-1}\boldsymbol{A}^{-1};$$

(4) 若矩阵 $\boldsymbol{A}$ 可逆,则 $\boldsymbol{A}^{\mathrm{T}}$ 也可逆,且有 $(\boldsymbol{A}^{\mathrm{T}})^{-1} = (\boldsymbol{A}^{-1})^{\mathrm{T}}$;

(5) 若矩阵 $\boldsymbol{A}$ 可逆,则 $|\boldsymbol{A}^{-1}| = |\boldsymbol{A}|^{-1}$.

证明 (3) $(\boldsymbol{AB})(\boldsymbol{B}^{-1}\boldsymbol{A}^{-1}) = \boldsymbol{A}(\boldsymbol{BB}^{-1})\boldsymbol{A}^{-1} = \boldsymbol{AEA}^{-1}\boldsymbol{AA}^{-1} = \boldsymbol{E}$, 由推论,即有 $(\boldsymbol{AB})^{-1} = \boldsymbol{B}^{-1}\boldsymbol{A}^{-1}$.

(4) $\boldsymbol{A}^{\mathrm{T}}(\boldsymbol{A}^{-1})^{\mathrm{T}} = (\boldsymbol{A}^{-1}\boldsymbol{A})^{\mathrm{T}} = \boldsymbol{E}^{\mathrm{T}} = \boldsymbol{E}$,所以 $(\boldsymbol{A}^{\mathrm{T}})^{-1} = (\boldsymbol{A}^{-1})^{\mathrm{T}}$.

(5) 由 $\boldsymbol{AA}^{-1} = \boldsymbol{E}$,得 $|\boldsymbol{A}||\boldsymbol{A}^{-1}| = |\boldsymbol{E}| = 1$,所以 $|\boldsymbol{A}^{-1}| = |\boldsymbol{A}|^{-1}$.

$\boldsymbol{A}$ 可逆,还可定义 $\boldsymbol{A}^0 = \boldsymbol{E}$, $\boldsymbol{A}^{-k} = (\boldsymbol{A}^{-1})^k (k = 1, 2, \cdots)$, 则有

$$\boldsymbol{A}^k\boldsymbol{A}^l = \boldsymbol{A}^{k+l}, \quad (\boldsymbol{A}^k)^l = \boldsymbol{A}^{kl} \quad (k,\ l \text{ 为整数}).$$

例 1 设 n 阶矩阵 $\boldsymbol{A}$ 满足 $\boldsymbol{A}^2 - 2\boldsymbol{A} - 4\boldsymbol{E} = \boldsymbol{O}$, 证明 $(\boldsymbol{A}+\boldsymbol{E})$ 可逆,并求 $(\boldsymbol{A}+\boldsymbol{E})^{-1}$.

证明 由 $\boldsymbol{A}^2 - 2\boldsymbol{A} - 4\boldsymbol{E} = \boldsymbol{O}$,得 $\boldsymbol{A}^2 - 2\boldsymbol{A} - 3\boldsymbol{E} = \boldsymbol{E}$, 即

$$(\boldsymbol{A}+\boldsymbol{E})(\boldsymbol{A}-3\boldsymbol{E}) = \boldsymbol{E}.$$

由推论可知 $(\boldsymbol{A}+\boldsymbol{E})$ 可逆,且 $(\boldsymbol{A}+\boldsymbol{E})^{-1} = \boldsymbol{A} - 3\boldsymbol{E}$.

例 2 求 $\boldsymbol{A} = \begin{pmatrix} 1 & 1 & -1 \\ 1 & 2 & -3 \\ 0 & 1 & 1 \end{pmatrix}$ 的逆阵.

解 $|\boldsymbol{A}| = \begin{vmatrix} 1 & 1 & -1 \\ 1 & 2 & -3 \\ 0 & 1 & 1 \end{vmatrix} = 3 \neq 0.$

利用§2.2例9的结果,已知 $\boldsymbol{A}^* = \begin{pmatrix} 5 & -2 & -1 \\ -1 & 1 & 2 \\ 1 & -1 & 1 \end{pmatrix}$, $\boldsymbol{A}$ 的逆矩阵

$$\boldsymbol{A}^{-1} = \frac{1}{|\boldsymbol{A}|}\boldsymbol{A}^* = \frac{1}{3}\begin{pmatrix} 5 & -2 & -1 \\ -1 & 1 & 2 \\ 1 & -1 & 1 \end{pmatrix}$$

$$= \begin{pmatrix} \frac{5}{3} & -\frac{2}{3} & -\frac{1}{3} \\ -\frac{1}{3} & \frac{1}{3} & \frac{2}{3} \\ \frac{1}{3} & -\frac{1}{3} & \frac{1}{3} \end{pmatrix}.$$

对标准矩阵方程

$$AX = B, \tag{1}$$

$$XA = B, \tag{2}$$

$$AXB = C, \tag{3}$$

利用矩阵乘法的运算规律和逆矩阵的运算性质，通过在方程两边左乘或右乘相应的矩阵的逆矩阵，可求出其解分别为

$$X = A^{-1}B, \tag{1'}$$

$$X = BA^{-1}, \tag{2'}$$

$$X = A^{-1}CB^{-1}, \tag{3'}$$

而其他形式的矩阵方程，则可通过矩阵的有关运算性质转化为标准矩阵方程后进行求解.

例 3 设 $A = \begin{pmatrix} 1 & 2 & 3 \\ 2 & 2 & 1 \\ 3 & 4 & 3 \end{pmatrix}$，$B = \begin{pmatrix} 2 & 1 \\ 5 & 3 \end{pmatrix}$，$C = \begin{pmatrix} 1 & 3 \\ 2 & 0 \\ 3 & 1 \end{pmatrix}$，求矩阵 X 满足 $AXB=C$.

解 因为

$$|A| = \begin{vmatrix} 1 & 2 & 3 \\ 2 & 2 & 1 \\ 3 & 4 & 3 \end{vmatrix} = 2 \neq 0, \quad |B| = \begin{vmatrix} 2 & 1 \\ 5 & 3 \end{vmatrix} = 1 \neq 0,$$

故 A^{-1}，B^{-1}都存在.

下面计算 A^{-1}.

先计算$|A|$的余子式：

$M_{11} = 2$，　$M_{12} = 3$，　$M_{13} = 2$，

$M_{21} = -6$，　$M_{22} = -6$，　$M_{23} = -2$，

$M_{31} = -4$，　$M_{32} = -5$，　$M_{33} = -2$，

得

$$A^* = \begin{pmatrix} M_{11} & -M_{21} & M_{31} \\ -M_{12} & M_{22} & -M_{32} \\ M_{13} & -M_{23} & M_{33} \end{pmatrix} = \begin{pmatrix} 2 & 6 & -4 \\ -3 & -6 & 5 \\ 2 & 2 & -2 \end{pmatrix},$$

所以

$$A^{-1}=\frac{1}{|A|}A^{*}=\begin{pmatrix}1 & 3 & -2\\ -\frac{3}{2} & -3 & \frac{5}{2}\\ 1 & 1 & -1\end{pmatrix}.$$

再计算$|B|$的余子式：

$$M_{11}=3,\quad M_{12}=5,$$
$$M_{21}=1,\quad M_{22}=2,$$

得

$$B^{*}=\begin{pmatrix}M_{11} & -M_{21}\\ -M_{12} & M_{22}\end{pmatrix}=\begin{pmatrix}3 & -1\\ -5 & 2\end{pmatrix},$$

所以

$$B^{-1}=\frac{1}{|B|}B^{*}=\begin{pmatrix}3 & -1\\ -5 & 2\end{pmatrix}.$$

又由$AXB=C$,得$A^{-1}AXBB^{-1}=A^{-1}CB^{-1}$. 即

$$X=A^{-1}CB^{-1}=\begin{pmatrix}1 & 3 & -2\\ -\frac{3}{2} & -3 & \frac{5}{2}\\ 1 & 1 & -1\end{pmatrix}\begin{pmatrix}1 & 3\\ 2 & 0\\ 3 & 1\end{pmatrix}\begin{pmatrix}3 & -1\\ -5 & 2\end{pmatrix}$$
$$=\begin{pmatrix}-2 & 1\\ 10 & -4\\ -10 & 4\end{pmatrix}.$$

例4 设$P=\begin{pmatrix}1 & 2\\ 1 & 4\end{pmatrix}$, $\Lambda=\begin{pmatrix}1 & 0\\ 0 & 2\end{pmatrix}$, $AP=P\Lambda$,求A^n.

解 $|P|=2$, $P^{-1}=\frac{1}{2}\begin{pmatrix}4 & -2\\ -1 & 1\end{pmatrix}$.

$$A=P\Lambda P^{-1},$$
$$A^2=P\Lambda P^{-1}P\Lambda P^{-1}=P\Lambda^2P^{-1},\ \cdots,\ A^n=P\Lambda^nP^{-1},$$

而

$$\Lambda^2=\begin{pmatrix}1 & 0\\ 0 & 2\end{pmatrix}\begin{pmatrix}1 & 0\\ 0 & 2\end{pmatrix}=\begin{pmatrix}1 & 0\\ 0 & 2^2\end{pmatrix},\ \cdots,\ \Lambda^n=\begin{pmatrix}1 & 0\\ 0 & 2^n\end{pmatrix},$$

故

$$A^n = \begin{pmatrix}1 & 2\\1 & 4\end{pmatrix}\begin{pmatrix}1 & 0\\0 & 2^n\end{pmatrix}\frac{1}{2}\begin{pmatrix}4 & -2\\-1 & 1\end{pmatrix} = \frac{1}{2}\begin{pmatrix}1 & 2^{n+1}\\1 & 2^{n+2}\end{pmatrix}\begin{pmatrix}4 & -2\\-1 & 1\end{pmatrix}$$
$$= \frac{1}{2}\begin{pmatrix}4-2^{n+1} & 2^{n+1}-2\\4-2^{n+2} & 2^{n+2}-2\end{pmatrix} = \begin{pmatrix}2-2^n & 2^n-1\\2-2^{n+1} & 2^{n+1}-1\end{pmatrix}.$$

例 5 设矩阵 A, B 满足 $A^*BA = 2BA-8E$,其中 $A = \begin{pmatrix}1 & & \\ & -2 & \\ & & 1\end{pmatrix}$, A^* 为 A 的伴随矩阵,E 为单位矩阵,求矩阵 B.

解 因为 $AA^* = |A|E$, 故用 A 左乘方程两边,得

$$AA^*BA = 2ABA - 8A.$$

又 $|A| = -2 \neq 0$, 故 A 可逆,用 A^{-1} 右乘上式两边,得

$$|A|B = 2AB - 8E,$$

即 $(2A+2E)B = 8E$, 亦即 $(A+E)B = 4E$.

而 $A+E = \begin{pmatrix}2 & & \\ & -1 & \\ & & 2\end{pmatrix}$ 是可逆矩阵,且 $(A+E)^{-1} = \begin{pmatrix}\frac{1}{2} & & \\ & -1 & \\ & & \frac{1}{2}\end{pmatrix}$, 于是

$$B = 4(A+E)^{-1} = \begin{pmatrix}2 & & \\ & -4 & \\ & & 2\end{pmatrix}.$$

例 6 设 A 为 n 阶方阵, $|A| = 2$, 求 $\left|\left(\frac{1}{2}A\right)^{-1} - 3A^*\right|$.

解 因 $|A| = 2$, 由 $AA^* = |A|E$, 则 $A^{-1}AA^* = A^{-1}|A|E$, 得 $A^* = 2A^{-1}$, 于是

$$\left|\left(\frac{1}{2}A\right)^{-1} - 3A^*\right| = |2A^{-1} - 6A^{-1}| = |-4A^{-1}|$$
$$= (-4)^n |A^{-1}|$$
$$= (-4)^n |A|^{-1} = (-1)^n 2^{2n-1}.$$

§ 2.4 分块矩阵

对于行数和列数较高的矩阵，为了简化运算，经常采用分块法，使大矩阵的运算化成若干小矩阵间的运算，同时也使原矩阵的结构显得简单而清晰．具体做法是将大矩阵用若干条纵线和横线分成多个小矩阵．每个小矩阵称为 A 的**子块**，以子块为元素的形式上的矩阵称为**分块矩阵**．如 $\boldsymbol{A}=\left(\begin{array}{ccc|c}1 & 3 & -1 & 0\\ 2 & 5 & 0 & -2\\ \hline 3 & 1 & -1 & 3\end{array}\right)$．

若记

$$\boldsymbol{A}_{11}=\begin{pmatrix}1 & 3 & -1\\ 2 & 5 & 0\end{pmatrix},\quad \boldsymbol{A}_{12}=\begin{pmatrix}0\\ -2\end{pmatrix},$$

$$\boldsymbol{A}_{21}=(3,\ 1,\ -1),\quad \boldsymbol{A}_{22}=(3),$$

则 $\boldsymbol{A}$ 可表示为

$$\boldsymbol{A}=\begin{pmatrix}\boldsymbol{A}_{11} & \boldsymbol{A}_{12}\\ \boldsymbol{A}_{21} & \boldsymbol{A}_{22}\end{pmatrix}.$$

这是一个分成了 4 块的分块矩阵．

矩阵的分块有多种方式，可根据具体需要而定．

分块矩阵的运算与普通矩阵的运算规则相似，说明如下：

(1) 设矩阵 $\boldsymbol{A}$ 与 $\boldsymbol{B}$ 的行数相同、列数相同，采用相同的分块法，若

$$\boldsymbol{A}=\begin{pmatrix}\boldsymbol{A}_{11} & \cdots & \boldsymbol{A}_{1t}\\ \vdots & & \vdots\\ \boldsymbol{A}_{s1} & \cdots & \boldsymbol{A}_{st}\end{pmatrix},\quad \boldsymbol{B}=\begin{pmatrix}\boldsymbol{B}_{11} & \cdots & \boldsymbol{B}_{1t}\\ \vdots & & \vdots\\ \boldsymbol{B}_{s1} & \cdots & \boldsymbol{B}_{st}\end{pmatrix},$$

其中，$\boldsymbol{A}_{ij}$ 与 $\boldsymbol{B}_{ij}$ 的行数相同、列数相同，则

$$\boldsymbol{A}+\boldsymbol{B}=\begin{pmatrix}\boldsymbol{A}_{11}+\boldsymbol{B}_{11} & \cdots & \boldsymbol{A}_{1t}+\boldsymbol{B}_{1t}\\ \vdots & & \vdots\\ \boldsymbol{A}_{s1}+\boldsymbol{B}_{s1} & \cdots & \boldsymbol{A}_{st}+\boldsymbol{B}_{st}\end{pmatrix}.$$

(2) 设 $\boldsymbol{A}=\begin{pmatrix}\boldsymbol{A}_{11} & \cdots & \boldsymbol{A}_{1t}\\ \vdots & & \vdots\\ \boldsymbol{A}_{s1} & \cdots & \boldsymbol{A}_{st}\end{pmatrix}$，$k$ 为数，则 $k\boldsymbol{A}=\begin{pmatrix}k\boldsymbol{A}_{11} & \cdots & k\boldsymbol{A}_{1t}\\ \vdots & & \vdots\\ k\boldsymbol{A}_{s1} & \cdots & k\boldsymbol{A}_{st}\end{pmatrix}$．

(3) 设 $\boldsymbol{A}$ 为 $m\times l$ 矩阵，$\boldsymbol{B}$ 为 $l\times n$ 矩阵，分块成

$$\boldsymbol{A}=\begin{pmatrix}\boldsymbol{A}_{11} & \cdots & \boldsymbol{A}_{1t}\\ \vdots & & \vdots\\ \boldsymbol{A}_{s1} & \cdots & \boldsymbol{A}_{st}\end{pmatrix},\quad \boldsymbol{B}=\begin{pmatrix}\boldsymbol{B}_{11} & \cdots & \boldsymbol{B}_{1r}\\ \vdots & & \vdots\\ \boldsymbol{B}_{t1} & \cdots & \boldsymbol{B}_{tr}\end{pmatrix}.$$

其中，$\boldsymbol{A}_{i1}, \boldsymbol{A}_{i2}, \cdots, \boldsymbol{A}_{it}$ 的列数分别等于 $\boldsymbol{B}_{1j}, \boldsymbol{B}_{2j}, \cdots, \boldsymbol{B}_{tj}$ 的行数，则

$$\boldsymbol{AB}=\begin{pmatrix}\boldsymbol{C}_{11} & \cdots & \boldsymbol{C}_{1r}\\ \vdots & & \vdots\\ \boldsymbol{C}_{s1} & \cdots & \boldsymbol{C}_{sr}\end{pmatrix}.$$

其中，$\boldsymbol{C}_{ij}=\sum_{k=1}^{t}\boldsymbol{A}_{ik}\boldsymbol{B}_{kj}\,(i=1,2,\cdots,s;\ j=1,2,\cdots,r)$.

例 1 设矩阵

$$\boldsymbol{A}=\begin{pmatrix}1 & 0 & 1 & 3\\ 0 & 1 & 2 & 4\\ 0 & 0 & -1 & 0\\ 0 & 0 & 0 & -1\end{pmatrix},\quad \boldsymbol{B}=\begin{pmatrix}1 & 2 & 0 & 0\\ 2 & 0 & 0 & 0\\ 6 & 3 & 1 & 0\\ 0 & -2 & 0 & 1\end{pmatrix},$$

用分块矩阵计算 $k\boldsymbol{A}$，$\boldsymbol{A}+\boldsymbol{B}$，$\boldsymbol{AB}$.

解 设矩阵计算 $\boldsymbol{A}$，$\boldsymbol{B}$ 分块如下：

$$\boldsymbol{A}=\begin{pmatrix}1 & 0 & 1 & 3\\ 0 & 1 & 2 & 4\\ 0 & 0 & -1 & 0\\ 0 & 0 & 0 & -1\end{pmatrix}=\begin{pmatrix}\boldsymbol{E} & \boldsymbol{C}\\ \boldsymbol{O} & -\boldsymbol{E}\end{pmatrix},$$

$$\boldsymbol{B}=\begin{pmatrix}1 & 2 & 0 & 0\\ 2 & 0 & 0 & 0\\ 6 & 3 & 1 & 0\\ 0 & -2 & 0 & 1\end{pmatrix}=\begin{pmatrix}\boldsymbol{D} & \boldsymbol{O}\\ \boldsymbol{F} & \boldsymbol{E}\end{pmatrix},$$

则

$$k\boldsymbol{A}=k\begin{pmatrix}\boldsymbol{E} & \boldsymbol{C}\\ \boldsymbol{O} & -\boldsymbol{E}\end{pmatrix}=\begin{pmatrix}k\boldsymbol{E} & k\boldsymbol{C}\\ \boldsymbol{O} & -k\boldsymbol{E}\end{pmatrix}=\begin{pmatrix}k & 0 & k & 3k\\ 0 & k & 2k & 4k\\ 0 & 0 & -k & 0\\ 0 & 0 & 0 & -k\end{pmatrix},$$

$$A+B=\begin{pmatrix}E & C\\ O & -E\end{pmatrix}+\begin{pmatrix}D & O\\ F & E\end{pmatrix}=\begin{pmatrix}E+D & C\\ F & O\end{pmatrix}$$

$$=\begin{pmatrix}2 & 2 & 1 & 3\\ 2 & 1 & 2 & 4\\ 6 & 3 & 0 & 0\\ 0 & -2 & 0 & 0\end{pmatrix},$$

$$AB=\begin{pmatrix}E & C\\ O & -E\end{pmatrix}\cdot\begin{pmatrix}D & O\\ F & E\end{pmatrix}=\begin{pmatrix}D+CF & C\\ -F & -E\end{pmatrix}$$

$$=\begin{pmatrix}7 & -1 & 1 & 3\\ 14 & -2 & 2 & 4\\ -6 & -3 & -1 & 0\\ 0 & 2 & 0 & -1\end{pmatrix}.$$

(4) 设 $A=\begin{pmatrix}A_{11} & \cdots & A_{1t}\\ \vdots & & \vdots\\ A_{s1} & \cdots & A_{st}\end{pmatrix}$，则 $A^{T}=\begin{pmatrix}A_{11}^{T} & \cdots & A_{s1}^{T}\\ \vdots & & \vdots\\ A_{1t}^{T} & \cdots & A_{st}^{T}\end{pmatrix}$.

(5) 设 A 为 n 阶矩阵，若 A 的分块矩阵只有在对角线上有非零子块，其余子块都为零矩阵，且在对角线上的子块都是方阵，即

$$A=\begin{pmatrix}A_1 & & & O\\ & A_2 & & \\ & & \ddots & \\ O & & & A_s\end{pmatrix}.$$

其中，$A_i\ (i=1, 2, \cdots, s)$ 都是方阵，则称 A 为**分块对角矩阵**.

分块对角矩阵具有以下性质：

(1) 若 $|A_i|\neq 0\ (i=1, 2, \cdots, s)$，则 $|A|\neq 0$，且

$$|A|=|A_1||A_2|\cdots|A_s|;$$

(2) $A^{-1}=\begin{pmatrix}A_1^{-1} & & & O\\ & A_2^{-1} & & \\ & & \ddots & \\ O & & & A_s^{-1}\end{pmatrix}$.

例 2 设 $A=\begin{pmatrix}5 & 0 & 0\\ 0 & 3 & 1\\ 0 & 2 & 1\end{pmatrix}$，求 A^{-1}.

解 $\boldsymbol{A}=\begin{pmatrix}5&0&0\\0&3&1\\0&2&1\end{pmatrix}=\begin{pmatrix}\boldsymbol{A}_1&\boldsymbol{O}\\\boldsymbol{O}&\boldsymbol{A}_2\end{pmatrix}$，$\boldsymbol{A}_1=(5)$，$\boldsymbol{A}_2=\begin{pmatrix}3&1\\2&1\end{pmatrix}$，

$\boldsymbol{A}_1^{-1}=\left(\dfrac{1}{5}\right)$，$\boldsymbol{A}_2^{-1}=\begin{pmatrix}1&-1\\-2&3\end{pmatrix}$，

$$\boldsymbol{A}^{-1}=\begin{pmatrix}\boldsymbol{A}_1^{-1}&\boldsymbol{O}\\\boldsymbol{O}&\boldsymbol{A}_2^{-1}\end{pmatrix}=\begin{pmatrix}\dfrac{1}{5}&0&0\\0&1&-1\\0&-2&3\end{pmatrix}.$$

注 矩阵按行(列)分块是最常见的一种分块方法.一般地，$m\times n$ 矩阵 $\boldsymbol{A}$ 有 m 行，称为矩阵 $\boldsymbol{A}$ 的 m 个**行向量**，若记第 i 行为

$$\boldsymbol{\alpha}_i^{\mathrm{T}}=(a_{i1},a_{i2},\cdots,a_{in}),$$

则矩阵 $\boldsymbol{A}$ 就可表示为

$$\boldsymbol{A}=\begin{pmatrix}\boldsymbol{\alpha}_1^{\mathrm{T}}\\\boldsymbol{\alpha}_2^{\mathrm{T}}\\\vdots\\\boldsymbol{\alpha}_m^{\mathrm{T}}\end{pmatrix}.$$

$m\times n$ 矩阵 $\boldsymbol{A}$ 有 n 列，称为矩阵 $\boldsymbol{A}$ 的 n 个**列向量**，若第 j 列记作

$$\boldsymbol{\alpha}_j=\begin{pmatrix}a_{1j}\\a_{2j}\\\vdots\\a_{mj}\end{pmatrix},$$

则 $\boldsymbol{A}=(\boldsymbol{\alpha}_1,\boldsymbol{\alpha}_2,\cdots,\boldsymbol{\alpha}_n)$.

例 3 $\boldsymbol{A}^{\mathrm{T}}\boldsymbol{A}=\boldsymbol{O}$，证明：$\boldsymbol{A}=\boldsymbol{O}$.

证明 设 $\boldsymbol{A}=(a_{ij})_{m\times n}$，把 $\boldsymbol{A}$ 用列向量表示为 $\boldsymbol{A}=(\boldsymbol{\alpha}_1,\boldsymbol{\alpha}_2,\cdots,\boldsymbol{\alpha}_n)$，则

$$\boldsymbol{A}^{\mathrm{T}}\boldsymbol{A}=\begin{pmatrix}\boldsymbol{\alpha}_1^{\mathrm{T}}\\\boldsymbol{\alpha}_2^{\mathrm{T}}\\\vdots\\\boldsymbol{\alpha}_n^{\mathrm{T}}\end{pmatrix}(\boldsymbol{\alpha}_1,\boldsymbol{\alpha}_2,\cdots,\boldsymbol{\alpha}_n)=\begin{pmatrix}\boldsymbol{\alpha}_1^{\mathrm{T}}\boldsymbol{\alpha}_1&\boldsymbol{\alpha}_1^{\mathrm{T}}\boldsymbol{\alpha}_2&\cdots&\boldsymbol{\alpha}_1^{\mathrm{T}}\boldsymbol{\alpha}_n\\\boldsymbol{\alpha}_2^{\mathrm{T}}\boldsymbol{\alpha}_1&\boldsymbol{\alpha}_2^{\mathrm{T}}\boldsymbol{\alpha}_2&\cdots&\boldsymbol{\alpha}_2^{\mathrm{T}}\boldsymbol{\alpha}_n\\\vdots&\vdots&&\vdots\\\boldsymbol{\alpha}_n^{\mathrm{T}}\boldsymbol{\alpha}_1&\boldsymbol{\alpha}_n^{\mathrm{T}}\boldsymbol{\alpha}_2&\cdots&\boldsymbol{\alpha}_n^{\mathrm{T}}\boldsymbol{\alpha}_n\end{pmatrix},$$

即 $\boldsymbol{A}^{\mathrm{T}}\boldsymbol{A}$ 的 (i,j) 元为 $\boldsymbol{\alpha}_i^{\mathrm{T}}\boldsymbol{\alpha}_j$，因 $\boldsymbol{A}^{\mathrm{T}}\boldsymbol{A}=\boldsymbol{O}$，故

$$\boldsymbol{\alpha}_i^{\mathrm{T}}\boldsymbol{\alpha}_j = 0 \quad (i, j = 1, 2, \cdots, n).$$

特别地，有 $\boldsymbol{\alpha}_j^{\mathrm{T}}\boldsymbol{\alpha}_j = 0\ (j = 1, 2, \cdots, n)$，而

$$\boldsymbol{\alpha}_j^{\mathrm{T}}\boldsymbol{\alpha}_j = (a_{1j}, a_{2j}, \cdots, a_{mj})\begin{pmatrix} a_{1j} \\ a_{2j} \\ \vdots \\ a_{mj} \end{pmatrix} = a_{1j}^2 + a_{2j}^2 + \cdots + a_{mj}^2.$$

由 $a_{1j}^2 + a_{2j}^2 + \cdots + a_{mj}^2 = 0$（因 a_{ij} 为实数），得 $a_{1j} = a_{2j} = \cdots = a_{mj} = 0\ (j = 1, 2, \cdots, n)$，即 $\boldsymbol{A} = \boldsymbol{O}$. 证毕.

§2.5 矩阵的初等变换与初等矩阵

一、矩阵的初等变换

矩阵的初等变换是矩阵的一种十分重要的运算，它在解线性方程组、求逆阵及矩阵理论的探讨中都可起重要作用. 为引进矩阵的初等变换，先来分析用消元法解线性方程组的例子.

引例 求解方程组

$$\begin{cases} 2x_1 - x_2 + 3x_3 = 1, & ① \\ 4x_1 + 2x_2 + 5x_3 = 4, & ② \\ 2x_1 + 2x_3 = 6. & ③ \end{cases}$$

解 将方程②减去方程①的2倍，方程③减去方程①，就变成

$$\begin{cases} 2x_1 - x_2 + 3x_3 = 1, & ④ \\ 4x_2 - x_3 = 2, & ⑤ \\ x_2 - x_3 = 5. & ⑥ \end{cases}$$

将方程⑤减去方程⑥的4倍，把方程⑤⑥的次序互换，就变成

$$\begin{cases} 2x_1 - x_2 + 3x_3 = 1, \\ x_2 - x_3 = 5, \\ 3x_3 = -18. \end{cases}$$

得方程解为

$$\begin{cases} x_1 = 9, \\ x_2 = -1, \\ x_3 = -6. \end{cases}$$

用消元法求解线性方程组的具体作法就是对方程组反复实施以下三种变换：

(1) 互换两个方程的位置；

(2) 用非零数乘某个方程；

(3) 将某个方程的若干倍加到另一个方程.

以上这三种变换称为线性方程组的初等变换. 而消元法的目的就是利用方程组的初等变换将原方程组化为阶梯形方程组，显然这个阶梯形方程组与原线性方程组同解，解这个阶梯形方程组得原方程组的解. 在上述变换过程中，实际上只对方程组的系数和常数进行运算，未知数并未参与运算，我们用 $\boldsymbol{A}$ 表示系数矩阵，$\boldsymbol{B}$ 表示系数与常数表示的增广矩阵，即 $\boldsymbol{B}=(\boldsymbol{A},\ \boldsymbol{b})$，那么上述对方程组的初等变换就相当于对此矩阵做初等行变换，以上方程组中的消元法用矩阵可表示如下：

$$\boldsymbol{B}=(\boldsymbol{A},\ \boldsymbol{b})=\begin{pmatrix} 2 & -1 & 3 & 1 \\ 4 & 2 & 5 & 4 \\ 2 & 0 & 2 & 6 \end{pmatrix} \longrightarrow \begin{pmatrix} 2 & -1 & 3 & 1 \\ 0 & 4 & -1 & 2 \\ 0 & 1 & -1 & 5 \end{pmatrix}$$

$$\longrightarrow \begin{pmatrix} 2 & -1 & 3 & 1 \\ 0 & 1 & -1 & 5 \\ 0 & 0 & 3 & -18 \end{pmatrix} \longrightarrow \begin{pmatrix} 1 & 0 & 0 & 9 \\ 0 & 1 & 0 & -1 \\ 0 & 0 & 1 & -6 \end{pmatrix}.$$

定义 1 矩阵的下列三种变换称为矩阵的行初等变换：

(1) 交换矩阵的两行(交换 i, j 两行，记作 $r_i \leftrightarrow r_j$)；

(2) 以一个非零的数 k 乘矩阵的某一行(第 i 行乘数 k，记作 $r_i \times k$)；

(3) 把矩阵的某一行的 k 倍加到另一行(第 j 行乘 k 加到 i 行，记作 $r_i + kr_j$).

把定义中的“行”换成“列”，即得矩阵的列初等变换的定义(相应记号中把 r 换成 c).

行初等变换与列初等变换统称为**初等变换**.

显然，三种初等变换都是可逆的，且其逆变换是同一类型的初等变换，如

(1) 变换 $r_i \leftrightarrow r_j$ 的逆变换即为其本身；

(2) 变换 $r_i \times k$ 的逆变换为 $r_i \times \left(\dfrac{1}{k}\right)$(或记作 $r_i \div k$)；

(3) 变换 $r_i + kr_j$ 的逆变换为 $r_i + (-k)r_j$(或记作 $r_i - kr_j$).

定义 2 若矩阵 $\boldsymbol{A}$ 经过有限次初等变换变成矩阵 $\boldsymbol{B}$，则称矩阵 $\boldsymbol{A}$ 与 $\boldsymbol{B}$ **等价**，记作 $\boldsymbol{A} \sim \boldsymbol{B}$(或 $\boldsymbol{A} \to \boldsymbol{B}$).

注　在理论表述或证明中，常用记号"～"，在对矩阵作初等变换运算的过程中常用记号"→".

矩阵之间的等价关系具有下列基本性质：

(1) **反身性**　$\boldsymbol{A}\sim\boldsymbol{A}$；

(2) **对称性**　若 $\boldsymbol{A}\sim\boldsymbol{B}$，则 $\boldsymbol{B}\sim\boldsymbol{A}$；

(3) **传递性**　若 $\boldsymbol{A}\sim\boldsymbol{B}$，$\boldsymbol{B}\sim\boldsymbol{C}$，则 $\boldsymbol{A}\sim\boldsymbol{C}$.

一般地，称满足下列条件的矩阵为**行阶梯形矩阵**：

(1) 如果有零行(元素全为零的行)，那么零行全部位于矩阵的下方；

(2) 各非零行的第一个不为零的元素(简称首非零元)，它们的列标随着行标的增大而严格增大.

特别地，当行阶梯形矩阵满足：

(1) 各非零行的首非零元都是 1；

(2) 每个首非零元所在列的其余元素都是零，

这时称它为**行最简形矩阵**. 例如，

$$\begin{pmatrix}1&6&-4&-1&4\\0&-4&3&1&-1\\0&0&0&4&-8\\0&0&0&0&0\end{pmatrix},\quad\begin{pmatrix}1&-1&0&2&-3\\0&0&1&-2&2\\0&0&0&0&0\\0&0&0&0&0\end{pmatrix}$$

分别为行阶梯形矩阵和行最简形矩阵.

矩阵 $\boldsymbol{A}_{m\times n}$ 经初等行变换可化为行阶梯形矩阵和行最简形矩阵，若再经过初等列变换，还可变成一种形状更简单的矩阵，称为**标准形**. 如

$$\boldsymbol{A}=\begin{pmatrix}1&&&&&\\&\ddots&&&&\\&&1&&&\\&&&0&&\\&&&&\ddots&\\&&&&&0\end{pmatrix}=\begin{pmatrix}\boldsymbol{E}_r&\boldsymbol{O}_{r\times(n-r)}\\\boldsymbol{O}_{(m-r)\times r}&\boldsymbol{O}_{(m-r)\times(n-r)}\end{pmatrix}.$$

标准形矩阵具有如下特点：其左上角是一个单位矩阵，其余元素全为零.

例 1　将矩阵

$$\boldsymbol{A}=\begin{pmatrix}1&2&3&4\\-1&-1&-4&-2\\3&4&11&8\end{pmatrix}$$

化为行最简形矩阵.

解 $\begin{pmatrix} 1 & 2 & 3 & 4 \\ -1 & -1 & -4 & -2 \\ 3 & 4 & 11 & 8 \end{pmatrix} \xrightarrow[r_3-3r_1]{r_2+r_1} \begin{pmatrix} 1 & 2 & 3 & 4 \\ 0 & 1 & -1 & 2 \\ 0 & -2 & 2 & -4 \end{pmatrix}$

$$\xrightarrow{r_3+2r_2} \begin{pmatrix} 1 & 2 & 3 & 4 \\ 0 & 1 & -1 & 2 \\ 0 & 0 & 0 & 0 \end{pmatrix} \xrightarrow{r_1-2r_2} \begin{pmatrix} 1 & 0 & 5 & 0 \\ 0 & 1 & -1 & 2 \\ 0 & 0 & 0 & 0 \end{pmatrix}.$$

二、初等矩阵

定义 3 对单位矩阵 $\boldsymbol{E}$ 施以一次初等变换得到矩阵称为**初等矩阵.**

三种初等变换分别对应着三种初等矩阵.

1. 对调两行或对调两列

把单位阵 $\boldsymbol{E}$ 的第 i, j 两行(列)互换,得初等矩阵

$$\boldsymbol{E}(i,\ j) = \begin{pmatrix} 1 & & & & & & & & \\ & \ddots & & & & & & & \\ & & 1 & & & & & & \\ & & & 0 & \cdots & 1 & & & \\ & & & & 1 & & & & \\ & & & \vdots & \ddots & \vdots & & & \\ & & & & & 1 & & & \\ & & & 1 & \cdots & 0 & & & \\ & & & & & & 1 & & \\ & & & & & & & \ddots & \\ & & & & & & & & 1 \end{pmatrix} \begin{matrix} \\ \\ \\ \leftarrow 第\ i\ 行 \\ \\ \\ \\ \leftarrow 第\ j\ 行 \\ \\ \\ \\ \end{matrix}.$$

用 m 阶初等矩阵 $\boldsymbol{E}_m(i,\ j)$ 左乘矩阵 $\boldsymbol{A} = (a_{ij})_{m\times n}$,得

$$\boldsymbol{E}_m(i,\ j)\boldsymbol{A} = \begin{pmatrix} a_{11} & a_{12} & \cdots & a_{1n} \\ \vdots & \vdots & & \vdots \\ a_{j1} & a_{j2} & \cdots & a_{jn} \\ \vdots & \vdots & & \vdots \\ a_{i1} & a_{i2} & \cdots & a_{in} \\ \vdots & \vdots & & \vdots \\ a_{m1} & a_{m2} & \cdots & a_{mn} \end{pmatrix} \begin{matrix} \\ \\ \leftarrow 第\ i\ 行 \\ \\ \leftarrow 第\ j\ 行 \\ \\ \\ \end{matrix}.$$

其结果相当于对矩阵 $\boldsymbol{A}$ 实行第一种初等行变换:把 $\boldsymbol{A}$ 的第 i 行与第 j 行对换 $(r_i \leftrightarrow r_j)$.

类似地,用 n 阶初等矩阵 $\boldsymbol{E}_n(i,\ j)$ 右乘矩阵 $\boldsymbol{A} = (a_{ij})_{m\times n}$,得其结果相当于对

矩阵 $\boldsymbol{A}$ 实行第一种初等列变换：把 $\boldsymbol{A}$ 的第 i 列与第 j 列对换 ($c_i \leftrightarrow c_j$).

2. 以数 $k \neq 0$ 乘某行或某列

以数 $k \neq 0$ 乘单位阵 $\boldsymbol{E}$ 的第 i 行(列)，得初等矩阵

$$\boldsymbol{E}(i(k)) = \begin{pmatrix} 1 & & & & \\ & \ddots & & & \\ & & k & & \\ & & & \ddots & \\ & & & & 1 \end{pmatrix}. \leftarrow \text{第 } i \text{ 行}$$

可以验知：以 $\boldsymbol{E}_m(i(k))$ 左乘矩阵 $\boldsymbol{A}$，其结果相当于以数 k 乘 $\boldsymbol{A}$ 的第 i 行 ($r_i \times k$)；以 $\boldsymbol{E}_n(i(k))$ 右乘矩阵 $\boldsymbol{A}$，其结果相当于以数 k 乘 $\boldsymbol{A}$ 的第 i 列 ($c_i \times k$)；

3. 以数乘某行(列)加到另一行(列)上去

以数 k 乘 $\boldsymbol{E}$ 的第 j 行加到第 i 行上，或以 k 乘 $\boldsymbol{E}$ 的第 i 列加到第 j 列上，得初等矩阵

$$\boldsymbol{E}(i,\ j(k)) = \begin{pmatrix} 1 & & & & & \\ & \ddots & & & & \\ & & 1 & \cdots & k & \\ & & & \ddots & \vdots & \\ & & & & 1 & \\ & & & & & \ddots \\ & & & & & & 1 \end{pmatrix}. \begin{matrix} \leftarrow \text{第 } i \text{ 行} \\ \\ \leftarrow \text{第 } j \text{ 行} \end{matrix}$$

可以验知：以 $\boldsymbol{E}_m(i,\ j(k))$ 左乘矩阵 $\boldsymbol{A}$，其结果相当于把 $\boldsymbol{A}$ 的第 j 行乘 k 加到第 i 行上 ($r_i + kr_j$)；以 $\boldsymbol{E}_n(i,\ j(k))$ 右乘矩阵 $\boldsymbol{A}$，其结果相当于把 $\boldsymbol{A}$ 的第 i 列乘 k 加到第 j 列上 ($c_j + kc_i$).

综上所述，可得下述定理.

定理 1　设 $\boldsymbol{A}$ 是一个 $m \times n$ 矩阵，对 $\boldsymbol{A}$ 施行一次初等行变换，相当于在 $\boldsymbol{A}$ 的左边乘以相应的 m 阶初等矩阵；对 $\boldsymbol{A}$ 施行一次初等列变换，相当于在 $\boldsymbol{A}$ 的右边乘以相应的 n 阶初等矩阵.

例如，矩阵

$$\boldsymbol{A} = \begin{pmatrix} 3 & 0 & 1 \\ 1 & -1 & 2 \\ 0 & 1 & 1 \end{pmatrix},$$

则

$$E_3(1,\ 2)=\begin{pmatrix}0&1&0\\1&0&0\\0&0&1\end{pmatrix},\quad E_3(3,\ 1(2))=\begin{pmatrix}1&0&0\\0&1&0\\2&0&1\end{pmatrix},$$

$$E_3(1,\ 2)A=\begin{pmatrix}0&1&0\\1&0&0\\0&0&1\end{pmatrix}\begin{pmatrix}3&0&1\\1&-1&2\\0&1&1\end{pmatrix}=\begin{pmatrix}1&-1&2\\3&0&1\\0&1&1\end{pmatrix}.$$

即用 $E_3(1,\ 2)$左乘 A,相当于交换矩阵 A 的第 1、第 2 行.

又

$$AE_3(3,\ 1(2))=\begin{pmatrix}3&0&1\\1&-1&2\\0&1&1\end{pmatrix}\begin{pmatrix}1&0&0\\0&1&0\\2&0&1\end{pmatrix}=\begin{pmatrix}5&0&1\\5&-1&2\\2&1&1\end{pmatrix},$$

即用 $E_3(3,\ 1(2))$右乘 A,相当于将矩阵 A 的第 3 列乘 2 加于第 1 列.

初等变换对应初等矩阵,由初等变换可逆,可知初等矩阵可逆,且初等变换的逆变换也就对应此初等矩阵的逆矩阵.

(1) 由变换 $r_i\leftrightarrow r_j$ 的逆变换就是其本身,有 $E(i,\ j)^{-1}=E(i,\ j)$;

(2) 由变换 $r_i\times k$ 的逆变换为 $r_i\times\frac{1}{k}$,有 $E(i(k))^{-1}=E\left(i\left(\frac{1}{k}\right)\right)$;

(3) 由变换 r_i+kr_j 的逆变换为 $r_i+(-k)r_j$,有 $E(i,\ j(k))^{-1}=E(i,\ j(-k))$.

三、初等变换法求逆矩阵

在§2.3 中,给出了矩阵 A 可逆的充要条件的同时,也给出了利用伴随矩阵求逆矩阵 A^{-1} 的一种方法,即

$$A^{-1}=\frac{1}{|A|}A^*,$$

该方法称为**伴随矩阵法**.

对于较高阶的矩阵,用伴随矩阵法求逆矩阵计算量太大,下面介绍一种较为简便的方法初等变换法.

定理 2 方阵 A 可逆的充分必要条件是存在有限个初等方阵 $P_1,\ P_2,\ \cdots,\ P_l$,使 $A=P_1P_2\cdots P_l$.

证明 先证充分性. 设 $A=P_1P_2\cdots P_l$,因为初等矩阵可逆,有限个可逆矩阵的乘积仍可逆. 故 A 可逆.

再证必要性. 设 n 阶方阵 A 可逆,且 A 的标准形为 $F=\begin{pmatrix}E_r&O\\O&O\end{pmatrix}_n$,由于 $F\sim A$,

知 $\boldsymbol{F}$ 经有限次初等变换可变为 $\boldsymbol{A}$，即有初等方阵 $\boldsymbol{P}_1, \boldsymbol{P}_2, \cdots, \boldsymbol{P}_l$，使

$$\boldsymbol{P}_1\boldsymbol{P}_2\cdots\boldsymbol{P}_s\boldsymbol{F}\boldsymbol{P}_{s+1}\cdots\boldsymbol{P}_l = \boldsymbol{A}.$$

因为 $\boldsymbol{A}, \boldsymbol{P}_1, \boldsymbol{P}_2, \cdots, \boldsymbol{P}_l$ 都可逆，故标准形矩阵 $\boldsymbol{F}$ 可逆. 所以 $r = n$，即 $\boldsymbol{F} = \boldsymbol{E}$，从而

$$\boldsymbol{A} = \boldsymbol{P}_1\boldsymbol{P}_2\cdots\boldsymbol{P}_s\boldsymbol{E}\boldsymbol{P}_{s+1}\cdots\boldsymbol{P}_l = \boldsymbol{P}_1\boldsymbol{P}_2\cdots\boldsymbol{P}_l.$$

上述证明显示：可逆矩阵的标准形矩阵是单位阵. 即有

推论 方阵 $\boldsymbol{A}$ 可逆的充分必要条件是 $\boldsymbol{A} \overset{r}{\sim} \boldsymbol{E}$.

证明 方阵 $\boldsymbol{A}$ 可逆的充分必要条件是 $\boldsymbol{A}$ 为有限个初等方阵的乘积即 $\boldsymbol{A} = \boldsymbol{P}_1\boldsymbol{P}_2\cdots\boldsymbol{P}_l$，亦即 $\boldsymbol{A} = \boldsymbol{P}_1\boldsymbol{P}_2\cdots\boldsymbol{P}_l\boldsymbol{E}$.

上式表示，$\boldsymbol{E}$ 经过有限次初等行变换可变为 $\boldsymbol{A}$，即 $\boldsymbol{A} \overset{r}{\sim} \boldsymbol{E}$.

由推论可知，对于任意一个 n 阶矩阵 $\boldsymbol{A}$，一定存在一组初等方阵 $\boldsymbol{Q}_1, \boldsymbol{Q}_2, \cdots, \boldsymbol{Q}_k$，使 $\boldsymbol{Q}_k\cdots\boldsymbol{Q}_2\boldsymbol{Q}_1\boldsymbol{A} = \boldsymbol{E}$.

对上式两边右乘 $\boldsymbol{A}^{-1}$，得

$$\boldsymbol{Q}_k\cdots\boldsymbol{Q}_2\boldsymbol{Q}_1\boldsymbol{A}\boldsymbol{A}^{-1} = \boldsymbol{E}\boldsymbol{A}^{-1} = \boldsymbol{A}^{-1},$$

即

$$\boldsymbol{A}^{-1} = \boldsymbol{Q}_k\cdots\boldsymbol{Q}_2\boldsymbol{Q}_1\boldsymbol{E}.$$

由此可知，经过一系列的初等变换可以把可逆矩阵 $\boldsymbol{A}$ 化成单位矩阵 $\boldsymbol{E}$，那么，用一系列同样的初等变换作用到单位矩阵 $\boldsymbol{E}$ 上，就可以把 $\boldsymbol{E}$ 化为 $\boldsymbol{A}^{-1}$. 因此，我们得到用初等变换法求逆矩阵方法：构造矩阵 $n \times 2n$ 矩阵

$$(\boldsymbol{A}, \boldsymbol{E}),$$

然后对其施以初等行变换，将矩阵 $\boldsymbol{A}$ 化为单位矩阵 $\boldsymbol{E}$，则上述初等变换同时也将其中的单位矩阵 $\boldsymbol{E}$ 化为 $\boldsymbol{A}^{-1}$，即

$$(\boldsymbol{A}, \boldsymbol{E}) \xrightarrow{\text{初等行变换}} (\boldsymbol{E}, \boldsymbol{A}^{-1}).$$

例 2 设 $\boldsymbol{A} = \begin{pmatrix} 1 & 2 & 3 \\ 2 & 2 & 1 \\ 3 & 4 & 3 \end{pmatrix}$，求 $\boldsymbol{A}^{-1}$.

解 $(\boldsymbol{A}, \boldsymbol{E}) = \begin{pmatrix} 1 & 2 & 3 & 1 & 0 & 0 \\ 2 & 2 & 1 & 0 & 1 & 0 \\ 3 & 4 & 3 & 0 & 0 & 1 \end{pmatrix}$

$$\xrightarrow[r_3 - 3r_1]{r_2 - 2r_1} \begin{pmatrix} 1 & 2 & 3 & 1 & 0 & 0 \\ 0 & -2 & -5 & -2 & 1 & 0 \\ 0 & -2 & -6 & -3 & 0 & 1 \end{pmatrix}$$

$$\xrightarrow[r_3-r_2]{r_1+r_2}\begin{pmatrix}1&0&-2&-1&1&0\\0&-2&-5&-2&1&0\\0&0&-1&-1&-1&1\end{pmatrix}$$

$$\xrightarrow[r_2-5r_3]{r_1-2r_3}\begin{pmatrix}1&0&0&1&3&-2\\0&-2&0&3&6&-5\\0&0&-1&-1&-1&1\end{pmatrix}$$

$$\xrightarrow[r_3\div(-1)]{r_2\div(-2)}\begin{pmatrix}1&0&0&1&3&-2\\0&1&0&-\frac{3}{2}&-3&\frac{5}{2}\\0&0&1&1&1&-1\end{pmatrix}.$$

故

$$\mathbf{A}^{-1}=\begin{pmatrix}1&3&-2\\-\frac{3}{2}&-3&\frac{5}{2}\\1&1&-1\end{pmatrix}.$$

四、矩阵的秩

矩阵的秩的概念是讨论向量组的线性相关性、深入研究线性方程组等问题的重要工具. 从上节已看到,矩阵可经初等行变换化为行阶梯形矩阵,且行阶梯形矩阵所含非零行的行数是唯一确定的,这个数实质上就是矩阵的“秩”,鉴于这个数的唯一性尚未证明,在本节中,我们首先利用行列式来定义矩阵的秩,然后给出利用初等变换求矩阵的秩的方法.

定义 4 在 $m\times n$ 矩阵 $\mathbf{A}$ 中,任取 k 行 k 列 $(1\leqslant k\leqslant m,\ 1\leqslant k\leqslant n)$,位于这些行列交叉处的 k^2 个元素,不改变它们在 $\mathbf{A}$ 中所处的位置次序而得到的 k 阶行列式,称为矩阵 $\mathbf{A}$ 的 k 阶子式.

注 $m\times n$ 矩阵 $\mathbf{A}$ 的 k 阶子式共有 $C_m^k\cdot C_n^k$ 个.

定义 5 设 $\mathbf{A}$ 为 $m\times n$ 矩阵,如果存在 $\mathbf{A}$ 的 r 阶子式不为零,而任何 $r+1$ 阶子式(如果存在的话)皆为零,则称数 r 为矩阵 $\mathbf{A}$ 的**秩**,记作 $r(\mathbf{A})$(或 $R(\mathbf{A})$). 并规定零矩阵的秩等于零.

显然,矩阵的秩具有下列性质:

(1) 若矩阵 $\mathbf{A}$ 中有某个 s 阶子式不为零,则 $r(\mathbf{A})\geqslant s$;

(2) 若 $\mathbf{A}$ 中所有 t 阶子式全为零,则 $r(\mathbf{A})<t$;

(3) 若 $\mathbf{A}$ 为 $m\times n$ 矩阵,则 $0\leqslant r(\mathbf{A})\leqslant\min\{m,\ n\}$;

(4) $r(\mathbf{A})=r(\mathbf{A}^{\mathrm{T}})$.

当 $r(\boldsymbol{A}) = \min\{m, n\}$，称矩阵 $\boldsymbol{A}$ 为**满秩矩阵**，否则称为**降秩矩阵**.

注　由矩阵的秩及满秩矩阵的定义，显然，若一个 n 阶矩阵 $\boldsymbol{A}$ 是满秩的，则 $|\boldsymbol{A}| \neq 0$，因而非奇异；反之亦然.

例 3　求矩阵

$$\boldsymbol{A} = \begin{pmatrix} 1 & 2 & 3 \\ 2 & 3 & -5 \\ 4 & 7 & 1 \end{pmatrix}$$

的秩.

解　在 $\boldsymbol{A}$ 中，$\begin{vmatrix} 1 & 3 \\ 2 & -5 \end{vmatrix} \neq 0$.

$\boldsymbol{A}$ 的三阶子式只有一个 $|\boldsymbol{A}|$，且

$$|\boldsymbol{A}| = \begin{vmatrix} 1 & 2 & 3 \\ 2 & 3 & -5 \\ 4 & 7 & 1 \end{vmatrix} = \begin{vmatrix} 1 & 2 & 3 \\ 0 & -1 & -11 \\ 0 & -1 & -11 \end{vmatrix} = 0,$$

因此，$r(\boldsymbol{A}) = 2$.

例 4　求矩阵

$$\boldsymbol{B} = \begin{pmatrix} 2 & -1 & 0 & 3 & -2 \\ 0 & 3 & 1 & -2 & 5 \\ 0 & 0 & 0 & 4 & -3 \\ 0 & 0 & 0 & 0 & 0 \end{pmatrix}$$

的秩.

解　因为 $\boldsymbol{B}$ 是一个行阶梯形矩阵，其非零行只有 3 行，即知 $\boldsymbol{B}$ 的所有四阶子式全为零.

而以三个非零行的第一个非零元为对角元的三阶行列式 $\begin{vmatrix} 2 & -1 & 3 \\ 0 & 3 & -2 \\ 0 & 0 & 4 \end{vmatrix} \neq 0$，

因此 $r(\boldsymbol{B}) = 3$.

利用定义计算矩阵的秩，需要由高阶到低阶考虑矩阵的子式，当矩阵的行数与列数较高时，按定义求秩是非常麻烦的. 由于行阶梯形矩阵的秩很容易判断，而任意矩阵都可以经过初等变换化为行阶梯形矩阵. 因而可考虑借助初等变换法来求矩阵的秩.

定理 3　若 $\boldsymbol{A} \sim \boldsymbol{B}$，则 $r(\boldsymbol{A}) = r(\boldsymbol{B})$.

证明 先证明:若 $\boldsymbol{A}$ 经过一次初等行变换变为 $\boldsymbol{B}$,则 $r(\boldsymbol{A}) \leqslant r(\boldsymbol{B})$.

设 $r(\boldsymbol{A}) = r$, 且 $\boldsymbol{A}$ 的某个 r 阶子式 $D \neq 0$.

当 $\boldsymbol{A} \overset{r_i \leftrightarrow r_j}{\sim} \boldsymbol{B}$ 或 $\boldsymbol{A} \overset{r_i \times k}{\sim} \boldsymbol{B}$ 时,在 $\boldsymbol{B}$ 中总能找到与 D 相应的 r 阶子式 D_1,由于 $D_1 = D$ 或 $D_1 = -D$ 或 $D_1 = kD$, 因此 $D_1 \neq 0$, 从而 $r(\boldsymbol{B}) \geqslant r$.

当 $\boldsymbol{A} \overset{r_i + kr_j}{\sim} \boldsymbol{B}$ 时,由于对于变换 $r_i \leftrightarrow r_j$ 时结论成立,因此只需考虑当 $\boldsymbol{A} \overset{r_1 + kr_2}{\sim} \boldsymbol{B}$ 这一特殊情形. 分两种情形讨论:①$\boldsymbol{A}$ 的 r 阶非零子式 D 不包含 $\boldsymbol{A}$ 的第 1 行,这时 D 也是 $\boldsymbol{B}$ 的 r 阶非零子式,故 $r(\boldsymbol{B}) \geqslant r$; ②$D$ 包含 $\boldsymbol{A}$ 的第 1 行,这时把 $\boldsymbol{B}$ 中与 D 对应的 r 阶子式 D_1,记作

$$D_1 = \begin{vmatrix} r_1 + kr_2 \\ r_p \\ \vdots \\ r_q \end{vmatrix} = \begin{vmatrix} r_1 \\ r_p \\ \vdots \\ r_q \end{vmatrix} + \begin{vmatrix} r_2 \\ r_p \\ \vdots \\ r_q \end{vmatrix} = D + kD_2.$$

若 $p = 2$,则 $D_1 = D \neq 0$;若 $p \neq 2$, 则 D_2 也是 $\boldsymbol{B}$ 的 r 阶子式,由 $D_1 - kD_2 = D \neq 0$, 知 D_1 与 D_2 不同时为零. 总之,$\boldsymbol{B}$ 中存在 r 阶非零子式 D_1 或 D_2,故 $r(\boldsymbol{B}) \geqslant r$.

定理证明了若 $\boldsymbol{A}$ 经一次初等行变换变为 $\boldsymbol{B}$,则

$$r(\boldsymbol{A}) \leqslant r(\boldsymbol{B}).$$

由于 $\boldsymbol{B}$ 亦可经一次初等行变换为 $\boldsymbol{A}$,故也有

$$r(\boldsymbol{B}) \leqslant r(\boldsymbol{A}).$$

因此
$$r(\boldsymbol{A}) = r(\boldsymbol{B}).$$

经一次初等行变换矩阵的秩不变,即可知经有限次初等行变换矩阵的秩也不变.

设 $\boldsymbol{A}$ 经初等列变换变为 $\boldsymbol{B}$,则 $\boldsymbol{A}^{\mathrm{T}}$ 经初等行变换变为 $\boldsymbol{B}^{\mathrm{T}}$,由于 $r(\boldsymbol{A}^{\mathrm{T}}) = r(\boldsymbol{B}^{\mathrm{T}})$, 又

$$r(\boldsymbol{A}) = r(\boldsymbol{A}^{\mathrm{T}}), \quad r(\boldsymbol{B}) = r(\boldsymbol{B}^{\mathrm{T}}),$$

因此
$$r(\boldsymbol{A}) = r(\boldsymbol{B}).$$

总之,若 $\boldsymbol{A}$ 经过有限次初等变换变为 $\boldsymbol{B}$(即 $\boldsymbol{A} \sim \boldsymbol{B}$),则

$$r(\boldsymbol{A}) = r(\boldsymbol{B}).$$

根据上述定理,我们得到利用初等变换求矩阵的秩的方法:把矩阵用初等行变

换变成行阶梯形矩阵,行阶梯形矩阵中非零行的行数就是该矩阵的秩.

例5 设

$$A=\begin{pmatrix}1 & -2 & 2 & -1\\ 2 & -4 & 8 & 0\\ -2 & 4 & -2 & 3\\ 3 & -6 & 0 & -6\end{pmatrix},\quad b=\begin{pmatrix}1\\2\\3\\4\end{pmatrix},$$

求矩阵 A 及矩阵 $\widetilde{A}=(A,\ b)$ 的秩.

解
$$\widetilde{A}=\begin{pmatrix}1 & -2 & 2 & -1 & 1\\ 2 & -4 & 8 & 0 & 2\\ -2 & 4 & -2 & 3 & 3\\ 3 & -6 & 0 & -6 & 4\end{pmatrix}\xrightarrow[r_4-3r_1]{\substack{r_2-2r_1\\ r_3+2r_1}}\begin{pmatrix}1 & -2 & 2 & -1 & 1\\ 0 & 0 & 4 & 2 & 0\\ 0 & 0 & -2 & 1 & 5\\ 0 & 0 & -6 & -3 & 1\end{pmatrix}$$

$$\xrightarrow[r_4+3r_2]{\substack{r_2\div 2\\ r_3-r_2}}\begin{pmatrix}1 & -2 & 2 & -1 & 1\\ 0 & 0 & 2 & 1 & 0\\ 0 & 0 & 0 & 0 & 5\\ 0 & 0 & 0 & 0 & 1\end{pmatrix}\xrightarrow[r_4-r_3]{r_2\div 5}\begin{pmatrix}1 & -2 & 2 & -1 & 1\\ 0 & 0 & 2 & 1 & 0\\ 0 & 0 & 0 & 0 & 1\\ 0 & 0 & 0 & 0 & 0\end{pmatrix},$$

因此

$$r(A)=2,\quad r(\widetilde{A})=3.$$

例6 设

$$A=\begin{pmatrix}1 & -1 & 1 & 2\\ 3 & \lambda & -1 & 2\\ 5 & 3 & \mu & 6\end{pmatrix},$$

已知 $r(A)=2$,求 λ 与 μ 的值.

解
$$A\xrightarrow[r_3-5r_1]{r_2-3r_1}\begin{pmatrix}1 & -1 & 1 & 2\\ 0 & \lambda+3 & -4 & -4\\ 0 & 8 & \mu-5 & -4\end{pmatrix}\xrightarrow{r_3-r_2}\begin{pmatrix}1 & -1 & 1 & 2\\ 0 & \lambda+3 & -4 & -4\\ 0 & 5-\lambda & \mu-1 & 0\end{pmatrix}.$$

因 $r(A)=2$,故

$$\begin{cases}5-\lambda=0,\\ \mu-1=0,\end{cases}\quad \text{得}\quad \begin{cases}\lambda=5,\\ \mu=1.\end{cases}$$

例7 设 A 为 n 阶非奇异矩阵,B 为 $n\times m$ 矩阵. 试证:A 与 B 之积的秩等于 B 的秩,即 $r(AB)=r(B)$.

证明 因为 A 非奇异,故可表示成若干初等矩阵之积,$A=P_1P_2\cdots P_s$,$P_i(i=1,2,\cdots,s)$ 皆为初等矩阵. $AB=P_1P_2\cdots P_sB$,即 AB 是 B 经 s 次初等行变换后得

出的. 因而 $r(\boldsymbol{AB})=r(\boldsymbol{B})$.

◆ 应用实例解答

设有矩阵方程 $\boldsymbol{C}=\boldsymbol{AB}$，其中 $\boldsymbol{B}$ 为明文矩阵，$\boldsymbol{A}$ 为密码矩阵，用密码矩阵与明文矩阵的乘积来对所发送消息实施加密，得到密文矩阵 $\boldsymbol{C}$. 如果 $\boldsymbol{A}$ 为可逆矩阵，则方程有唯一解 $\boldsymbol{B}=\boldsymbol{A}^{-1}\boldsymbol{C}$，其中 $\boldsymbol{A}^{-1}$ 为 $\boldsymbol{A}$ 的逆矩阵. 由题意得

$$\begin{pmatrix}4&3&7\\9&0&10\\0&7&6\end{pmatrix}\boldsymbol{B}=\begin{pmatrix}207&210&135\\231&318&135\\244&161&175\end{pmatrix},$$

即

$$\boldsymbol{B}=\begin{pmatrix}4&3&7\\9&0&10\\0&7&6\end{pmatrix}^{-1}\begin{pmatrix}207&210&135\\231&318&135\\244&161&175\end{pmatrix}=\begin{pmatrix}9&12&15\\22&5&25\\15&21&0\end{pmatrix}.$$

由英文字母与整数之间的对应关系即得密信内容为“I LOVE YOU”.

习　题　2

一、填空题

1. $(1,0,4)\begin{pmatrix}1\\1\\0\end{pmatrix}=$________，$\begin{pmatrix}1\\1\\0\end{pmatrix}(1,0,4)=$________.

2. 已知 $\boldsymbol{\alpha}=\begin{pmatrix}1\\2\\3\end{pmatrix}$，$\boldsymbol{\beta}=\begin{pmatrix}1\\-1\\0\end{pmatrix}$，$\boldsymbol{E}$ 是三阶单位矩阵，则 $\boldsymbol{\alpha\beta}^{\mathrm{T}}+\boldsymbol{\beta}^{\mathrm{T}}\boldsymbol{\alpha E}=$________.

3. $(\boldsymbol{A}+\boldsymbol{B})^2=\boldsymbol{A}^2+2\boldsymbol{AB}+\boldsymbol{B}^2$ 成立的充分必要条件是________.

4. 已知 $\boldsymbol{A}$, $\boldsymbol{B}$ 为 n 阶矩阵，$|\boldsymbol{A}|=2$，$|\boldsymbol{B}|=-3$，则 $|\boldsymbol{A}^{\mathrm{T}}\boldsymbol{B}^{-1}|=$________.

5. 已知 $\boldsymbol{A}^{-1}=\dfrac{1}{3}\begin{pmatrix}1&0&0\\0&\frac{1}{2}&0\\0&0&\frac{1}{5}\end{pmatrix}$，则 $\boldsymbol{A}=$________.

6. 已知 $\boldsymbol{A}=\begin{pmatrix}1&5&4\\0&2&4\\1&3&1\end{pmatrix}$，则 $(\boldsymbol{A}^*)^{-1}=$________.

7. 设 $\boldsymbol{A}$, $\boldsymbol{B}$ 都为可逆方阵，则 $\begin{pmatrix}\boldsymbol{A}&\boldsymbol{O}\\\boldsymbol{O}&\boldsymbol{B}\end{pmatrix}^{-1}=$________，$\begin{pmatrix}\boldsymbol{O}&\boldsymbol{A}\\\boldsymbol{B}&\boldsymbol{O}\end{pmatrix}^{-1}=$________.

二、选择题

1. 已知矩阵 $\boldsymbol{A}_{2\times 3}$，$\boldsymbol{B}_{3\times 4}$，则下列(　　)运算可行.

A. $\boldsymbol{A}+\boldsymbol{B}$　　B. $\boldsymbol{A}-\boldsymbol{B}$

C. $\boldsymbol{AB}$　　D. $\boldsymbol{BA}$

2. 设知 $\boldsymbol{A}$, $\boldsymbol{B}$ 为 n 阶矩阵满足等式 $\boldsymbol{AB}=\boldsymbol{O}$, 则必有(　　).

A. $\boldsymbol{A}=\boldsymbol{O}$ 或 $\boldsymbol{B}=\boldsymbol{O}$　　B. $\boldsymbol{A}+\boldsymbol{B}=\boldsymbol{O}$

C. $|\boldsymbol{A}|=0$ 或 $|\boldsymbol{B}|=0$　　D. $|\boldsymbol{A}|+|\boldsymbol{B}|=0$

3. 在下列矩阵中，可逆的是(　　).

A. $\begin{pmatrix}0&0&0\\0&1&0\\0&0&1\end{pmatrix}$　　B. $\begin{pmatrix}1&1&0\\2&2&0\\0&0&1\end{pmatrix}$

C. $\begin{pmatrix}1&1&0\\0&1&1\\1&2&1\end{pmatrix}$　　D. $\begin{pmatrix}1&0&0\\1&1&1\\1&0&1\end{pmatrix}$

4. 设矩阵 $\boldsymbol{A}=\begin{pmatrix}3&-1&2\\1&0&-1\\-2&1&4\end{pmatrix}$，$\boldsymbol{A}^*$ 是 $\boldsymbol{A}$ 的伴随矩阵，则矩阵 $\boldsymbol{A}^*$ 中位于(1, 2)的元素是(　　).

A. -6　　B. 6

C. 2　　D. -2

5. 设 $\boldsymbol{A}$, $\boldsymbol{B}$, $\boldsymbol{C}$ 均为三阶方阵，当 $\boldsymbol{A}$ 满足条件(　　)时，由 $\boldsymbol{AB}=\boldsymbol{AC}$，必能推出 $\boldsymbol{B}=\boldsymbol{C}$.

A. $\boldsymbol{A}\neq\boldsymbol{O}$　　B. $\boldsymbol{A}=\boldsymbol{O}$

C. $|\boldsymbol{A}|=0$　　D. $|\boldsymbol{A}|\neq 0$

6. 设 $\boldsymbol{A}_{n\times n}$ 是为 n 阶可逆矩阵，$\boldsymbol{A}^*$ 是 $\boldsymbol{A}$ 的伴随矩阵，则(　　).

A. $|\boldsymbol{A}^*|=|\boldsymbol{A}|^{n-1}$　　B. $|\boldsymbol{A}^*|=|\boldsymbol{A}|$

C. $|\boldsymbol{A}^*|=|\boldsymbol{A}|^{n}$　　D. $|\boldsymbol{A}^*|=|\boldsymbol{A}^{-1}|$

7. 下列方阵不是初等方阵的是(　　).

A. $\begin{pmatrix}1&1\\0&1\end{pmatrix}$　　B. $\begin{pmatrix}0&0&1\\0&-1&0\\1&0&0\end{pmatrix}$

C. $\begin{pmatrix}1&0&0\\0&-3&0\\0&0&1\end{pmatrix}$　　D. $\begin{pmatrix}1&0&0\\0&1&0\\5&0&1\end{pmatrix}$

8. 以初等矩阵 $\begin{pmatrix}1&0&0\\0&0&1\\0&1&0\end{pmatrix}$ 左乘 $\boldsymbol{A}=\begin{pmatrix}0&0&1\\1&0&0\\0&1&0\end{pmatrix}$ 相当于对矩阵实行(　　)初等变换.

A. $r_2\leftrightarrow r_3$　　B. $c_2\leftrightarrow c_3$

C. $r_1 \leftrightarrow r_3$　　　　D. $c_1 \leftrightarrow c_3$

9. 设矩阵 $\boldsymbol{A}$ 的秩为 r,则 $\boldsymbol{A}$ 中(　　).

A. 所有 $r-1$ 阶子式都不为零

B. 所有 $r-1$ 阶子式全为零

C. 至少有一个 r 阶子式不等于零

D. 所有 r 阶子式都不为零

10. 设矩阵 $\boldsymbol{A}=\begin{pmatrix}1&1&1\\1&2&1\\2&3&\lambda+1\end{pmatrix}$ 的秩为 2,则 λ 等于(　　).

A. 2　　B. 1　　C. 0　　D. -1

三、综合题

1. 已知 $\boldsymbol{A}=\begin{pmatrix}-1&2&3&1\\0&3&-2&1\\4&0&3&2\end{pmatrix}$, $\boldsymbol{B}=\begin{pmatrix}4&3&2&-1\\5&-3&0&1\\1&2&-5&0\end{pmatrix}$, 求 $3\boldsymbol{A}-2\boldsymbol{B}$.

2. 已知 $\boldsymbol{A}=\begin{pmatrix}1&1&1\\1&1&-1\\1&-1&1\end{pmatrix}$, $\boldsymbol{B}=\begin{pmatrix}1&2&3\\-1&-2&4\\0&5&1\end{pmatrix}$,求 $3\boldsymbol{AB}-2\boldsymbol{A}$ 及 $\boldsymbol{A}^{\mathrm{T}}\boldsymbol{B}$.

3. 计算下列乘积.

(1) $\begin{pmatrix}4&3&1\\1&-2&3\\5&7&0\end{pmatrix}\begin{pmatrix}7\\2\\1\end{pmatrix}$;　　(2) $(1,\ 2,\ 3)\begin{pmatrix}3\\2\\1\end{pmatrix}$;

(3) $\begin{pmatrix}2\\1\\3\end{pmatrix}(-1,\ 2)$;　　(4) $\begin{pmatrix}2&1&4&0\\1&-1&3&4\end{pmatrix}\begin{pmatrix}1&3&1\\0&-1&2\\1&-3&1\\4&0&-2\end{pmatrix}$.

4. 求下列矩阵的幂.

(1) $\begin{pmatrix}1&0\\1&1\end{pmatrix}^n$;　　(2) $\begin{pmatrix}1&&\\&2&\\&&3\end{pmatrix}^n$;　　(3) $\begin{pmatrix}1&0&1\\0&1&0\\0&0&1\end{pmatrix}^n$.

5. 设 $\boldsymbol{A}$ 为 n 阶矩阵，证明 $\boldsymbol{A}+\boldsymbol{A}^{\mathrm{T}}$, $\boldsymbol{AA}^{\mathrm{T}}$ 是对称矩阵.

6. 求下列矩阵的伴随矩阵.

(1) $\begin{pmatrix}3&2\\1&0\end{pmatrix}$;　　(2) $\begin{pmatrix}6&0\\0&-2\end{pmatrix}$;　　(3) $\begin{pmatrix}1&-2&5\\-3&0&4\\2&1&6\end{pmatrix}$.

7. 设 $\boldsymbol{A}^k=\boldsymbol{O}$($k$ 为正整数),证明:$(\boldsymbol{E}-\boldsymbol{A})^{-1}=\boldsymbol{E}+\boldsymbol{A}+\boldsymbol{A}^2+\cdots+\boldsymbol{A}^{k-1}$.

8. 设方阵 $\boldsymbol{A}$ 满足 $\boldsymbol{A}^2-\boldsymbol{A}-2\boldsymbol{E}=\boldsymbol{O}$, 证明:$\boldsymbol{A}$ 及 $\boldsymbol{A}+2\boldsymbol{E}$ 都可逆,并求 $\boldsymbol{A}^{-1}$ 及 $(\boldsymbol{A}+2\boldsymbol{E})^{-1}$.

9. 求下列矩阵的逆矩阵.

(1) $\begin{pmatrix} 1 & 2 \\ 2 & 5 \end{pmatrix}$；　　(2) $\begin{pmatrix} \cos\theta & -\sin\theta \\ \sin\theta & \cos\theta \end{pmatrix}$；

(3) $\begin{pmatrix} 1 & 2 & -1 \\ 3 & 4 & -2 \\ 5 & -4 & 1 \end{pmatrix}$；　　(4) $\begin{pmatrix} a_1 & & & \\ & a_2 & & \\ & & \ddots & \\ & & & a_n \end{pmatrix} (a_1, a_2, \cdots, a_n \neq 0)$.

10. 解下列矩阵方程.

(1) $\boldsymbol{X} + \begin{pmatrix} 2 & 5 \\ 1 & 3 \end{pmatrix} \boldsymbol{X} = \begin{pmatrix} 4 & -6 \\ 2 & 1 \end{pmatrix}$；

(2) $\boldsymbol{X} \begin{pmatrix} 1 & 1 & 1 \\ 0 & 1 & 1 \\ 0 & 0 & 1 \end{pmatrix} = \begin{pmatrix} 1 & -2 & 1 \\ 0 & 1 & -1 \end{pmatrix}$；

(3) $\begin{pmatrix} 1 & 4 \\ -1 & 2 \end{pmatrix} \boldsymbol{X} \begin{pmatrix} 2 & 0 \\ -1 & 1 \end{pmatrix} = \begin{pmatrix} 3 & 1 \\ 0 & -1 \end{pmatrix}$.

11. 设 $\boldsymbol{A} = \begin{pmatrix} 4 & 2 & 3 \\ 1 & 1 & 0 \\ -1 & 2 & 3 \end{pmatrix}$，$\boldsymbol{AB} = \boldsymbol{A} + 2\boldsymbol{B}$，求 $\boldsymbol{B}$.

12. 设三阶矩阵 $\boldsymbol{A}, \boldsymbol{B}$ 满足关系 $\boldsymbol{A}^{-1}\boldsymbol{BA} = 6\boldsymbol{A} + \boldsymbol{BA}$，且 $\boldsymbol{A} = \begin{pmatrix} \frac{1}{2} & 0 & 0 \\ 0 & \frac{1}{4} & 0 \\ 0 & 0 & \frac{1}{7} \end{pmatrix}$，求 $\boldsymbol{B}$.

13. 设 $\boldsymbol{P}^{-1}\boldsymbol{AP} = \boldsymbol{\Lambda}$，其中，$\boldsymbol{P} = \begin{pmatrix} -1 & -4 \\ 1 & 1 \end{pmatrix}$，$\boldsymbol{\Lambda} = \begin{pmatrix} -1 & 0 \\ 0 & 2 \end{pmatrix}$，求 $\boldsymbol{A}^{11}$.

14. 设 $\boldsymbol{A} = \begin{pmatrix} 3 & 4 & & \\ 4 & -3 & \multicolumn{2}{c}{\boldsymbol{O}} \\ & & 2 & 0 \\ \multicolumn{2}{c}{\boldsymbol{O}} & 2 & 2 \end{pmatrix}$，求 $|\boldsymbol{A}^8|$ 及 $\boldsymbol{A}^4$.

15. 把下列矩阵化为行最简形矩阵.

(1) $\begin{pmatrix} 1 & 0 & 2 & -1 \\ 2 & 0 & 3 & 1 \\ 3 & 0 & 4 & -3 \end{pmatrix}$；

(2) $\begin{pmatrix} 0 & 2 & -3 & 1 \\ 0 & 3 & -4 & 3 \\ 0 & 4 & -7 & -1 \end{pmatrix}$；

(3) $\begin{pmatrix} 1 & -1 & 3 & -4 & 3 \\ 3 & -3 & 5 & -4 & 1 \\ 2 & -2 & 3 & -2 & 0 \\ 3 & -3 & 4 & -2 & -1 \end{pmatrix}$.

16. 设 $\begin{pmatrix} 0 & 1 & 0 \\ 1 & 0 & 0 \\ 0 & 0 & 1 \end{pmatrix} \boldsymbol{A} \begin{pmatrix} 1 & 0 & 1 \\ 0 & 1 & 0 \\ 0 & 0 & 1 \end{pmatrix} = \begin{pmatrix} 1 & 2 & 3 \\ 4 & 5 & 6 \\ 7 & 8 & 9 \end{pmatrix}$，求 $\boldsymbol{A}$.

17. 试利用矩阵的初等变换，求下列方阵的逆矩阵.

(1) $\begin{pmatrix} 3 & 2 & 1 \\ 3 & 1 & 5 \\ 3 & 2 & 3 \end{pmatrix}$；　　(2) $\begin{pmatrix} 3 & -2 & 0 & -1 \\ 0 & 2 & 2 & 1 \\ 1 & -2 & -3 & -2 \\ 0 & 1 & 2 & 1 \end{pmatrix}$.

18. 求下列矩阵的秩.

(1) $\begin{pmatrix} 3 & 1 & 0 & 2 \\ 1 & -1 & 2 & -1 \\ 1 & 3 & -4 & 4 \end{pmatrix}$；　　(2) $\begin{pmatrix} 2 & 1 & 8 & 3 & 7 \\ 2 & -3 & 0 & 7 & -5 \\ 3 & -2 & 5 & 8 & 0 \\ 1 & 0 & 3 & 2 & 0 \end{pmatrix}$.

19. 设 $\boldsymbol{A} = \begin{pmatrix} 1 & -2 & 3k \\ -1 & 2k & -3 \\ k & -2 & 3 \end{pmatrix}$，问 k 为何值，可使

(1) $R(\boldsymbol{A}) = 1$；　(2) $R(\boldsymbol{A}) = 2$；　(3) $R(\boldsymbol{A}) = 3$.

第 3 章　向量组的线性相关性与线性方程组

线性相关性是线性代数中的基本概念之一，求解线性方程组是线性代数中最重要的问题之一，线性方程组广泛应用于商业、经济学、社会学、生态学、统计学、遗传学和电子学等多个领域。

◆ **应用实例：道路交通路口的车流量问题**

当前，随着城市居民生活水平的提高以及城市化进程的加剧，我国城市交通拥堵现象日益严重. 如果不及时找到解决交通拥堵问题的办法，势必会对居民的生活质量以及社会经济的发展造成负面影响，对道路交通车流量的研究可以为改善交通拥堵现象提供数据支持.

假设某城市单行线如图 3-1 所示，①，②，③，④为四个交通路口，数字表示该路段每小时按箭头方向行驶的车流量（单位：辆）. 试确定图中交通流量 x_1，x_2，x_3，x_4.

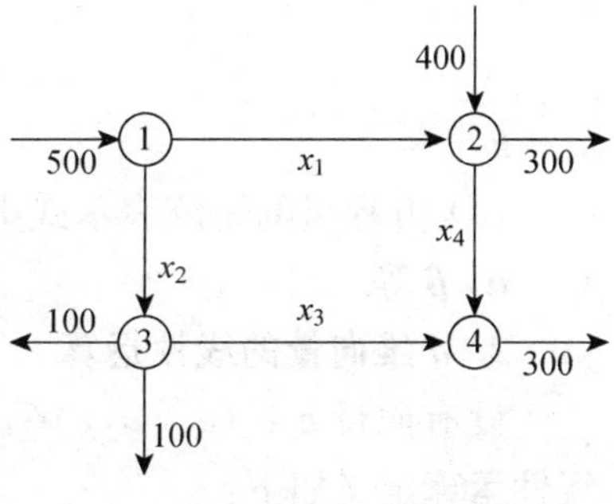

图 3-1　某城市单行线车流量示意图

§ 3.1　向量组及其线性组合

一、向量的概念

定义 1　n 个有次序的数 a_1，a_2，…，a_n 所组成的数组称为 n 维向量，这 n 个数称为该向量的 n 个分量，第 i 个数 a_i 称为第 i 个分量. 记作 $\boldsymbol{a}=(a_1, a_2, \cdots, a_n)$，也可以写成一列的形式 $\boldsymbol{a}=\begin{pmatrix}a_1\\a_2\\\vdots\\a_n\end{pmatrix}$，前者称为行向量，而后者称为列向量. 行向

量可看作是一个 $1\times n$ 矩阵，故又称行矩阵；而列向量可看作一个 $n\times 1$ 矩阵，故又称作列矩阵. 因此它们之间的运算就是矩阵之间的运算，从而符合矩阵运算的一切性质. 向量之间的运算只涉及线性运算和转置运算. 为叙述方便，我们约定：用小写黑体字母 $\boldsymbol{a}$, $\boldsymbol{b}$, $\boldsymbol{\alpha}$, $\boldsymbol{\beta}$ 等表示列向量，用 $\boldsymbol{a}^{\mathrm{T}}$, $\boldsymbol{b}^{\mathrm{T}}$, $\boldsymbol{\alpha}^{\mathrm{T}}$, $\boldsymbol{\beta}^{\mathrm{T}}$ 表示行向量. 也可用 $(a_1, a_2, \cdots, a_n)^{\mathrm{T}}$ 来表示一个列向量. 即 $\boldsymbol{\alpha}=(a_1, a_2, \cdots, a_n)^{\mathrm{T}}$ 是一种很常见的表述.

例如，二维向量可以表示平面上一个点的坐标. 三维向量可以表示空间里的一个点的坐标. 四维及四维以上的向量，没有具体的几何意义. 但在研究中是常见的向量.

1. 几个特殊的向量

(1) 分量全为实数的向量称为**实向量**. 分量不全为实数的向量称为**复向量**.

(2) 分量全为零的向量，称为**零向量**，记作 $\boldsymbol{O}$.

(3) 相等向量：二个向量 $\boldsymbol{a}=\begin{pmatrix} a_1 \\ a_2 \\ \vdots \\ a_n \end{pmatrix}$ 与 $\boldsymbol{b}=\begin{pmatrix} b_1 \\ b_2 \\ \vdots \\ b_n \end{pmatrix}$，当且仅当 $a_i=b_i$ 的时候，$\boldsymbol{a}=\boldsymbol{b}$.

(4) 方程组的矩阵表示式中的向量：$\boldsymbol{A}\boldsymbol{x}=\boldsymbol{b}$，方程组的解通常也直接表示成：$\boldsymbol{x}=\boldsymbol{\alpha}$, $\boldsymbol{\beta}$ 等.

2. *n* 维向量的线性运算

设有向量 $\boldsymbol{a}=(a_1, a_2, \cdots, a_n)^{\mathrm{T}}$, $\boldsymbol{b}=(b_1, b_2, \cdots, b_n)^{\mathrm{T}}$，则向量 $\boldsymbol{a}$ 与向量 $\boldsymbol{b}$ 的线性运算定义如下：

(1) 向量的加法：$\boldsymbol{a}+\boldsymbol{b}=(a_1+b_1, a_2+b_2, \cdots, a_n+b_n)^{\mathrm{T}}$；

(2) 向量的数乘：$k\boldsymbol{a}=(ka_1, ka_2, \cdots, ka_n)^{\mathrm{T}}$；

(3) 负向量 $-\boldsymbol{a}=(-1)\boldsymbol{a}$；

向量的减法：$\boldsymbol{a}-\boldsymbol{b}=\boldsymbol{a}+(-1)\boldsymbol{b}$.

向量的运算满足以下运算律：

(1) $\boldsymbol{\alpha}+\boldsymbol{\beta}=\boldsymbol{\beta}+\boldsymbol{\alpha}$；

(2) $(\boldsymbol{\alpha}+\boldsymbol{\beta})+\boldsymbol{\gamma}=\boldsymbol{\alpha}+(\boldsymbol{\beta}+\boldsymbol{\gamma})$；

(3) $k(l\boldsymbol{\alpha})=(kl)\boldsymbol{\alpha}$；

(4) $k(\boldsymbol{\alpha}+\boldsymbol{\beta})=k\boldsymbol{\alpha}+k\boldsymbol{\beta}$；

(5) $(k+l)\boldsymbol{\alpha}=k\boldsymbol{\alpha}+l\boldsymbol{\alpha}$.

例 1 设

$$\boldsymbol{\alpha}_1=(2, -4, 1, -1)^{\mathrm{T}}, \quad \boldsymbol{\alpha}_2=\left(-3, -1, 2, -\frac{5}{2}\right)^{\mathrm{T}},$$

如果向量满足 $3\boldsymbol{\alpha}_1-2(\boldsymbol{\beta}+\boldsymbol{\alpha}_2)=\mathbf{0}$，求 $\boldsymbol{\beta}$.

解　由题设条件，有 $3\boldsymbol{\alpha}_1-2\boldsymbol{\beta}-2\boldsymbol{\alpha}_2=\mathbf{0}$，则有

$$\begin{aligned}\boldsymbol{\beta}&=-\frac{1}{2}(2\boldsymbol{\alpha}_2-3\boldsymbol{\alpha}_1)=-\boldsymbol{\alpha}_2+\frac{3}{2}\boldsymbol{\alpha}_1\\&=-\left(-3,-1,2,-\frac{5}{2}\right)^{\mathrm{T}}+\frac{3}{2}(2,-4,1,-1)^{\mathrm{T}}\\&=\left(6,-5,-\frac{1}{2},1\right)^{\mathrm{T}}.\end{aligned}$$

3. 向量组的定义

定义 2　由若干个同维数的列(行)向量构成的集合是一个向量组.

例如，$m\times n$ 矩阵 $\boldsymbol{A}$ 的 m 个 n 维行向量可构成一个向量组，称为矩阵 $\boldsymbol{A}$ 的**行向量组**；反过来，任给一组 n 维行向量，可以构成一矩阵，行向量组与矩阵一一对应. 类似地，$m\times n$ 矩阵 $\boldsymbol{A}$ 的 n 个 m 维列向量称为 $\boldsymbol{A}$ 的**列向量组**，列向量组也与矩阵构成一一对应.

二、线性组合

定义 3　给定向量组 $\boldsymbol{A}$：$\boldsymbol{a}_1, \boldsymbol{a}_2, \cdots, \boldsymbol{a}_m$，对于任何一组实数 $k_1, k_2, \cdots, k_m$，称向量

$$k_1\boldsymbol{a}_1+k_2\boldsymbol{a}_2+\cdots+k_m\boldsymbol{a}_m$$

为向量组 $\boldsymbol{A}$ 的一个**线性组合**，$k_1, k_2, \cdots, k_m$ 称为这个线性组合的**系数**.

定义 4　给定向量组 $\boldsymbol{A}$：$\boldsymbol{a}_1, \boldsymbol{a}_2, \cdots, \boldsymbol{a}_m$ 和向量 $\boldsymbol{b}$，若存在一组实数 $\lambda_1, \lambda_2, \cdots, \lambda_m$，使得

$$\boldsymbol{b}=\lambda_1\boldsymbol{a}_1+\lambda_2\boldsymbol{a}_2+\cdots+\lambda_m\boldsymbol{a}_m,$$

则称向量 $\boldsymbol{b}$ 是向量组 $\boldsymbol{A}$ 的一个**线性组合**，或称向量 $\boldsymbol{b}$ 可由向量组 $\boldsymbol{A}$ 线性表示.

以下是有关线性组合的几个常用结论.

(1) 任何一个 n 维向量 $\boldsymbol{\alpha}=(a_1, a_2, \cdots, a_n)^{\mathrm{T}}$ 都是 n 维单位向量组

$$\boldsymbol{\varepsilon}_1=(1,0,\cdots,0)^{\mathrm{T}}, \boldsymbol{\varepsilon}_2=(0,1,0,\cdots,0)^{\mathrm{T}}, \cdots, \boldsymbol{\varepsilon}_n=(0,0,\cdots,0,1)^{\mathrm{T}}$$

的线性组合，因为 $\boldsymbol{\alpha}=a_1\boldsymbol{\varepsilon}_1+a_2\boldsymbol{\varepsilon}_2+\cdots+a_n\boldsymbol{\varepsilon}_n$.

(2) 零向量是任何一组向量的线性组合，因为 $\mathbf{0}=0\cdot\boldsymbol{\alpha}_1+0\cdot\boldsymbol{\alpha}_2+\cdots+0\cdot\boldsymbol{\alpha}_s$.

(3) 向量 $\boldsymbol{b}$ 可由向量组 $\boldsymbol{A}$：$\boldsymbol{a}_1, \boldsymbol{a}_2, \cdots, \boldsymbol{a}_n$ 线性表示

$\Leftrightarrow$ 方程组 $\boldsymbol{a}_1x_1+\boldsymbol{a}_2x_2+\cdots+\boldsymbol{a}_nx_n=\boldsymbol{b}$ 有解

$\Leftrightarrow \boldsymbol{AX}=\boldsymbol{b}$ 有解

$\Leftrightarrow r(\boldsymbol{A})=r(\boldsymbol{A}, \boldsymbol{b})$.

例 2 证明:向量 $\boldsymbol{\beta}=(-1, 1, 5)^{\mathrm{T}}$ 是向量 $\boldsymbol{\alpha}_1=(1, 2, 3)^{\mathrm{T}}$, $\boldsymbol{\alpha}_2=(0, 1, 4)^{\mathrm{T}}$, $\boldsymbol{\alpha}_3=(2, 3, 6)^{\mathrm{T}}$ 的线性组合并具体将 $\boldsymbol{\beta}$ 用 $\boldsymbol{\alpha}_1$, $\boldsymbol{\alpha}_2$, $\boldsymbol{\alpha}_3$ 线性表示.

证明 先假定 $\boldsymbol{\beta}=\lambda_1\boldsymbol{\alpha}_1+\lambda_2\boldsymbol{\alpha}_2+\lambda_3\boldsymbol{\alpha}_3$,其中,$\lambda_1$, λ_2, λ_3 为待定常数,则

$$\begin{aligned}(-1, 1, 5)^{\mathrm{T}} &= \lambda_1(1, 2, 3)^{\mathrm{T}}+\lambda_2(0, 1, 4)^{\mathrm{T}}+\lambda_3(2, 3, 6)^{\mathrm{T}} \\ &= (\lambda_1, 2\lambda_1, 3\lambda_1)^{\mathrm{T}}+(0, \lambda_2, 4\lambda_2)^{\mathrm{T}}+(2\lambda_3, 3\lambda_3, 6\lambda_3)^{\mathrm{T}} \\ &= (\lambda_1+2\lambda_3, 2\lambda_1+\lambda_2+3\lambda_3, 3\lambda_1+4\lambda_2+6\lambda_3)^{\mathrm{T}}.\end{aligned}$$

由于两个向量相等的充要条件是它们的分量分别对应相等,因此可得方程组:

$$\begin{cases}\lambda_1+2\lambda_3=-1, \\ 2\lambda_1+\lambda_2+3\lambda_3=1, \\ 3\lambda_1+4\lambda_2+6\lambda_3=5\end{cases} \longrightarrow \begin{cases}\lambda_1=1, \\ \lambda_2=2, \\ \lambda_3=-1.\end{cases}$$

于是 $\boldsymbol{\beta}$ 可以表示为 $\boldsymbol{\alpha}_1$, $\boldsymbol{\alpha}_2$, $\boldsymbol{\alpha}_3$ 的线性组合,它的表示式为 $\boldsymbol{\beta}=\boldsymbol{\alpha}_1+2\boldsymbol{\alpha}_2-\boldsymbol{\alpha}_3$.

三、向量空间

定义 5 设 V 是一个 n 维向量的一个集合,且非空,如果集合 V 中的向量对于向量的加法和数乘仍然还在集合 V 中,即对于任意的

$$\boldsymbol{\alpha}, \boldsymbol{\beta}\in V \Rightarrow \boldsymbol{\alpha}+\boldsymbol{\beta}\in V, \quad k\boldsymbol{\alpha}\in V,$$

则称 V 是一个**向量空间**.

例 3 $V_1=\{\boldsymbol{X} \mid \boldsymbol{Ax}=\boldsymbol{0}, \boldsymbol{A}=(a_{ij})_{m\times n}\}$,则 V_1 是一个向量空间,通常称为方程组 $\boldsymbol{Ax}=\boldsymbol{0}$ 的解空间.

这是因为:对于任意

$$\boldsymbol{\alpha}, \boldsymbol{\beta}\in V_1 \Rightarrow \boldsymbol{A\alpha}=\boldsymbol{0}, \quad \boldsymbol{A\beta}=\boldsymbol{0}$$
$$\Rightarrow \boldsymbol{A}(\boldsymbol{\alpha}+\boldsymbol{\beta})=\boldsymbol{A\alpha}+\boldsymbol{A\beta}=\boldsymbol{0}, \quad \boldsymbol{A}(k\boldsymbol{\alpha})=\boldsymbol{0} \Rightarrow \boldsymbol{\alpha}+\boldsymbol{\beta}\in V_1, \quad k\boldsymbol{\alpha}\in V_1.$$

例 4 $V_2=\{k_1\boldsymbol{\alpha}_1+k_2\boldsymbol{\alpha}_2+\cdots+k_s\boldsymbol{\alpha}_s \mid$ 其中,k_i 是实数$\}$,则 V_2 是一个向量空间,通常称为由向量组 $\boldsymbol{\alpha}_1$, $\boldsymbol{\alpha}_2$, $\cdots$, $\boldsymbol{\alpha}_s$ 生成的向量空间.

例 5 $V_3=\{\boldsymbol{x} \mid$ 其中 $\boldsymbol{x}$ 是 $\boldsymbol{Ax}=\boldsymbol{b}$ 的解,且 $\boldsymbol{b}\neq\boldsymbol{0}\}$,则 V_3 不是一个向量空间.

这是因为:$\boldsymbol{\alpha}, \boldsymbol{\beta}\in V_3 \Rightarrow \boldsymbol{A\alpha}=\boldsymbol{b}, \quad \boldsymbol{A\beta}=\boldsymbol{b} \Rightarrow \boldsymbol{A}(\boldsymbol{\alpha}+\boldsymbol{\beta})=\boldsymbol{A\alpha}+\boldsymbol{A\beta}=\boldsymbol{b}+\boldsymbol{b}\neq\boldsymbol{b}$,知 $\boldsymbol{\alpha}+\boldsymbol{\beta}\notin V_3$.

例 6 实数域上 n 维向量的全体构成的集合为向量空间,记为 $\mathbf{R}^n$.

定义 6 设 V 是一个向量空间,如果 $\boldsymbol{\alpha}_1$, $\boldsymbol{\alpha}_2$, $\cdots$, $\boldsymbol{\alpha}_s\in V$,且满足:$\boldsymbol{\alpha}_1$, $\boldsymbol{\alpha}_2$, $\cdots$,

$\boldsymbol{\alpha}_s$ 线性无关，V 中的任意一个向量 $\boldsymbol{\alpha}$ 都可以被其线性表示，则称向量组 $\boldsymbol{\alpha}_1$，$\boldsymbol{\alpha}_2$，…，$\boldsymbol{\alpha}_s$ 是 V 的一组基，s 称为向量空间 V 的**维数**.

例如，在 $V=\mathbf{R}^n$ 中，$\boldsymbol{\varepsilon}_1=(1, 0, \cdots, 0)^{\mathrm{T}}$，$\boldsymbol{\varepsilon}_2=(0, 1, \cdots, 0)^{\mathrm{T}}$，…，$\boldsymbol{\varepsilon}_n=(0, 0, \cdots, 1)^{\mathrm{T}}$ 是 V 的一组基.

§ 3.2　向量组的线性相关性

一、线性相关性的概念

定义 1　给定向量组 $\boldsymbol{A}$：$\boldsymbol{\alpha}_1$，$\boldsymbol{\alpha}_2$，…，$\boldsymbol{\alpha}_s$，如果存在不全为零的数 k_1，k_2，…，k_s，使

$$k_1\boldsymbol{\alpha}_1+k_2\boldsymbol{\alpha}_2+\cdots+k_s\boldsymbol{\alpha}_s=\mathbf{0}, \tag{1}$$

则称向量组 $\boldsymbol{A}$ **线性相关**，否则称为**线性无关**.

例 1　向量组 $\boldsymbol{\alpha}_1+\boldsymbol{\alpha}_2$，$\boldsymbol{\alpha}_2+\boldsymbol{\alpha}_3$，$\boldsymbol{\alpha}_3+\boldsymbol{\alpha}_4$，$\boldsymbol{\alpha}_4+\boldsymbol{\alpha}_1$，判定该向量组线性相关.

解　取一组常数 1，−1，1，−1，使得

$$1(\boldsymbol{\alpha}_1+\boldsymbol{\alpha}_2)-1(\boldsymbol{\alpha}_2+\boldsymbol{\alpha}_3)+1(\boldsymbol{\alpha}_3+\boldsymbol{\alpha}_4)-1(\boldsymbol{\alpha}_4+\boldsymbol{\alpha}_1)=\mathbf{0},$$

所以，$\boldsymbol{\alpha}_1+\boldsymbol{\alpha}_2$，$\boldsymbol{\alpha}_2+\boldsymbol{\alpha}_3$，$\boldsymbol{\alpha}_3+\boldsymbol{\alpha}_4$，$\boldsymbol{\alpha}_4+\boldsymbol{\alpha}_1$ 线性相关.

关于线性无关的概念，可以理解为：一个向量组 $\boldsymbol{\alpha}_1$，$\boldsymbol{\alpha}_2$，…，$\boldsymbol{\alpha}_s$，若存在一组数 k_1，k_2，…，k_s，使得 $k_1\boldsymbol{\alpha}_1+k_2\boldsymbol{\alpha}_2+\cdots+k_s\boldsymbol{\alpha}_s=\mathbf{0}$ 成立，则必有 $k_1=k_2=\cdots=k_s=0$，则称 $\boldsymbol{\alpha}_1$，$\boldsymbol{\alpha}_2$，…，$\boldsymbol{\alpha}_s$ 线性无关.

例 2　设 n 维向量组 $\boldsymbol{\varepsilon}_1=(1, 0, \cdots, 0)^{\mathrm{T}}$，$\boldsymbol{\varepsilon}_2=(0, 1, 0, \cdots, 0)^{\mathrm{T}}$，…，$\boldsymbol{\varepsilon}_n=(0, 0, \cdots, 0, 1)^{\mathrm{T}}$，证明该向量组线性无关.

证明　设一组常数 k_1，k_2，…，k_n，使 $k_1\boldsymbol{\varepsilon}_1+k_2\boldsymbol{\varepsilon}_2+\cdots+k_n\boldsymbol{\varepsilon}_n=\mathbf{0}$，可得 $k_1=k_2=\cdots=k_n=0$，故该向量组线性无关.

由线性相关性的定义容易得到以下结论：

(1) 包含零向量的任何向量组是线性相关的.

(2) 仅含两个向量的向量组线性相关的充分必要条件是这两个向量的对应分量成比例；反之，仅含两个向量的向量组线性无关的充分必要条件是这两个向量的对应分量不成比例.

(3) 两个向量线性相关的几何意义是这两个向量共线，三个向量线性相关的几何意义是这三个向量共面.

二、线性相关性的判定

定理1 向量组 $\boldsymbol{\alpha}_1, \boldsymbol{\alpha}_2, \cdots, \boldsymbol{\alpha}_s (s \geqslant 2)$ 线性相关的充分必要条件是向量组中至少有一个向量可由其余 $s-1$ 个向量线性表示.

证明 必要性. 设向量组 $\boldsymbol{\alpha}_1, \boldsymbol{\alpha}_2, \cdots, \boldsymbol{\alpha}_s$ 线性相关,即存在不全为零的数 $k_1, k_2, \cdots, k_s$,使 $k_1\boldsymbol{\alpha}_1 + k_2\boldsymbol{\alpha}_2 + \cdots + k_s\boldsymbol{\alpha}_s = \mathbf{0}$,不妨设 $k_1 \neq 0$,则有 $\boldsymbol{\alpha}_1 = -\frac{k_2}{k_1}\boldsymbol{\alpha}_2 - \frac{k_3}{k_1}\boldsymbol{\alpha}_3 - \cdots - \frac{k_s}{k_1}\boldsymbol{\alpha}_s$,所以必要性成立.

充分性. 不妨设 $\boldsymbol{\alpha}_1$ 可由 $\boldsymbol{\alpha}_2, \boldsymbol{\alpha}_3, \cdots, \boldsymbol{\alpha}_s$ 线性表示,即 $\boldsymbol{\alpha}_1 = l_2\boldsymbol{\alpha}_2 + l_3\boldsymbol{\alpha}_3 + \cdots + l_s\boldsymbol{\alpha}_s$,于是有 $-\boldsymbol{\alpha}_1 + l_2\boldsymbol{\alpha}_2 + l_3\boldsymbol{\alpha}_3 + \cdots + l_s\boldsymbol{\alpha}_s = \mathbf{0}$,成立. 因为 $-1, l_2, l_3, \cdots, l_s$ 不全为零,故向量组线性相关.

定理2 如果向量组 $\boldsymbol{\alpha}_1, \boldsymbol{\alpha}_2, \cdots, \boldsymbol{\alpha}_m$ 中有一部分向量线性相关,则整个向量组 $\boldsymbol{\alpha}_1, \boldsymbol{\alpha}_2, \cdots, \boldsymbol{\alpha}_m$ 线性相关.

证明 不妨设 $\boldsymbol{\alpha}_1, \boldsymbol{\alpha}_2, \cdots, \boldsymbol{\alpha}_j (j < m)$ 线性相关,由线性相关的定义,存在不全为零的数 $k_1, k_2, \cdots, k_j$ 使

$$k_1\boldsymbol{\alpha}_1 + k_2\boldsymbol{\alpha}_2 + \cdots + k_j\boldsymbol{\alpha}_j = \mathbf{0},$$

从而有不全为零的数 $k_1, k_2, \cdots, k_j, 0, \cdots 0$,使得 $k_1\boldsymbol{\alpha}_1 + k_2\boldsymbol{\alpha}_2 + \cdots + k_j\boldsymbol{\alpha}_j + 0\boldsymbol{\alpha}_{j+1} + \cdots + 0\boldsymbol{\alpha}_m = \mathbf{0}$,故,$\boldsymbol{\alpha}_1, \boldsymbol{\alpha}_2, \cdots, \boldsymbol{\alpha}_m$ 线性相关.

推论1 如果向量组 $\boldsymbol{\alpha}_1, \boldsymbol{\alpha}_2, \cdots, \boldsymbol{\alpha}_m$ 线性无关,则该向量组中一部分向量组 $\boldsymbol{\alpha}_1, \boldsymbol{\alpha}_2, \cdots, \boldsymbol{\alpha}_j (j<m)$ 线性无关.

定理3 设列向量组

$$\boldsymbol{\alpha}_j = \begin{pmatrix} a_{1j} \\ a_{2j} \\ \vdots \\ a_{nj} \end{pmatrix} \quad (j = 1, 2, \cdots, r),$$

则向量组 $\boldsymbol{\alpha}_1, \boldsymbol{\alpha}_2, \cdots, \boldsymbol{\alpha}_r$ 线性相关的充要条件是齐次线性方程组

$$\boldsymbol{A}\boldsymbol{x} = \mathbf{0} \tag{2}$$

有非零解,其中

$$\text{矩阵 } \boldsymbol{A} = (\boldsymbol{\alpha}_1, \boldsymbol{\alpha}_2, \cdots, \boldsymbol{\alpha}_r) = \begin{pmatrix} a_{11} & a_{12} & \cdots & a_{1r} \\ a_{21} & a_{22} & \cdots & a_{2r} \\ \vdots & \vdots & & \vdots \\ a_{n1} & a_{n2} & \cdots & a_{nr} \end{pmatrix}, \quad \boldsymbol{x} = \begin{pmatrix} x_1 \\ x_2 \\ \vdots \\ x_r \end{pmatrix}.$$

证明　设 $x_1\boldsymbol{\alpha}_1+x_2\boldsymbol{\alpha}_2+\cdots+x_r\boldsymbol{\alpha}_r=\boldsymbol{0}$，即　(3)

$$x_1\begin{pmatrix}a_{11}\\a_{21}\\\vdots\\a_{n1}\end{pmatrix}+x_2\begin{pmatrix}a_{12}\\a_{22}\\\vdots\\a_{n2}\end{pmatrix}+\cdots+x_r\begin{pmatrix}a_{1r}\\a_{2r}\\\vdots\\a_{nr}\end{pmatrix}=\begin{pmatrix}0\\0\\\vdots\\0\end{pmatrix}. \tag{4}$$

将式(4)做向量的线性运算，即得线性方程组(2).

向量组 $\boldsymbol{\alpha}_1$，$\boldsymbol{\alpha}_2$，…，$\boldsymbol{\alpha}_r$ 线性相关，就必有不全为零的数 x_1，x_2，…，x_r 使式(3)成立，即是齐次线性方程组 $\boldsymbol{Ax}=\boldsymbol{0}$ 有非零解；

反之，如果齐次线性方程组 $\boldsymbol{Ax}=\boldsymbol{0}$ 有非零解，也就是有不全为零的数 x_1，x_2，…，x_r 使式(3)成立，则向量组 $\boldsymbol{\alpha}_1$，$\boldsymbol{\alpha}_2$，…，$\boldsymbol{\alpha}_r$ 线性相关.

推论 2　向量组 $\boldsymbol{\alpha}_1$，$\boldsymbol{\alpha}_2$，…，$\boldsymbol{\alpha}_r$ 线性无关的充要条件是齐次线性方程组 $\boldsymbol{Ax}=\boldsymbol{0}$ 只有零解.

定理 4　若向量组 $\boldsymbol{\alpha}_1$，$\boldsymbol{\alpha}_2$，…，$\boldsymbol{\alpha}_r$ 线性无关，而 $\boldsymbol{\beta}$，$\boldsymbol{\alpha}_1$，$\boldsymbol{\alpha}_2$，…，$\boldsymbol{\alpha}_r$ 线性相关，则 $\boldsymbol{\beta}$ 可由 $\boldsymbol{\alpha}_1$，$\boldsymbol{\alpha}_2$，…，$\boldsymbol{\alpha}_r$ 线性表示，且表示法唯一.

证明　因为 $\boldsymbol{\beta}$，$\boldsymbol{\alpha}_1$，$\boldsymbol{\alpha}_2$，…，$\boldsymbol{\alpha}_r$ 线性相关，则存在不全为零的数 k，k_1，k_2，…，使 $k\boldsymbol{\beta}+k_1\boldsymbol{\alpha}_1+k_2\boldsymbol{\alpha}_2+\cdots+k_r\boldsymbol{\alpha}_r=\boldsymbol{0}$，其中 $k\neq0$（如果 $k=0$，则由 $\boldsymbol{\alpha}_1$，$\boldsymbol{\alpha}_2$，…，$\boldsymbol{\alpha}_r$ 线性无关，又使得 k，k_1，k_2，…，必须全为零，这与 k，k_1，k_2，…，不全为零矛盾）.

于是 $\boldsymbol{\beta}$ 可由 $\boldsymbol{\alpha}_1$，$\boldsymbol{\alpha}_2$，…，$\boldsymbol{\alpha}_r$，线性表示，且 $\boldsymbol{\beta}=-\dfrac{k_1}{k}\boldsymbol{\alpha}_1-\dfrac{k_2}{k}\boldsymbol{\alpha}_2-\cdots-\dfrac{k_r}{k}\boldsymbol{\alpha}_r$.

再证表示法唯一. 设有两种表示法：

$$\boldsymbol{\beta}=l_1\boldsymbol{\alpha}_1+l_2\boldsymbol{\alpha}_2+\cdots+l_r\boldsymbol{\alpha}_r$$

及

$$\boldsymbol{\beta}=h_1\boldsymbol{\alpha}_1+h_2\boldsymbol{\alpha}_2+\cdots+h_r\boldsymbol{\alpha}_r,$$

于是 $(l_1-h_1)\boldsymbol{\alpha}_1+(l_2-h_2)\boldsymbol{\alpha}_2+\cdots+(l_r-h_r)\boldsymbol{\alpha}_r=\boldsymbol{0}$.

因为向量组 $\boldsymbol{\alpha}_1$，$\boldsymbol{\alpha}_2$，…，$\boldsymbol{\alpha}_r$ 线性无关，所以必有 $l_i-h_i=0$，即 $l_i=h_i$，$i=1$，2，…，r，故 $\boldsymbol{\beta}$ 可由 $\boldsymbol{\alpha}_1$，$\boldsymbol{\alpha}_2$，…，$\boldsymbol{\alpha}_r$ 线性表示，且表示法唯一.

推论 3　如果 F^n 中的 n 个向量 $\boldsymbol{\alpha}_1$，$\boldsymbol{\alpha}_2$，…，$\boldsymbol{\alpha}_n$ 线性无关，则 F^n 中的任意向量 $\boldsymbol{\alpha}$ 可由 $\boldsymbol{\alpha}_1$，$\boldsymbol{\alpha}_2$，…，$\boldsymbol{\alpha}_n$ 线性表示，且表示法唯一.

例 3　已知

$$\boldsymbol{\alpha}_1=\begin{pmatrix}1\\1\\1\end{pmatrix},\quad \boldsymbol{\alpha}_2=\begin{pmatrix}0\\2\\5\end{pmatrix},\quad \boldsymbol{\alpha}_3=\begin{pmatrix}2\\4\\7\end{pmatrix},$$

讨论向量组 $\boldsymbol{\alpha}_1, \boldsymbol{\alpha}_2, \boldsymbol{\alpha}_3$ 的线性相关性.

解 记 $\boldsymbol{A}=(\boldsymbol{\alpha}_1, \boldsymbol{\alpha}_2, \boldsymbol{\alpha}_3)$，因为

$$|\boldsymbol{A}|=\begin{vmatrix}1&0&2\\1&2&4\\1&5&7\end{vmatrix}=0,$$

所以，向量组 $\boldsymbol{\alpha}_1, \boldsymbol{\alpha}_2, \boldsymbol{\alpha}_3$ 线性相关.

例 4 证明：若向量组 $\boldsymbol{\alpha}, \boldsymbol{\beta}, \boldsymbol{\gamma}$ 线性无关，则向量组 $\boldsymbol{\alpha}+\boldsymbol{\beta}, \boldsymbol{\beta}+\boldsymbol{\gamma}, \boldsymbol{\gamma}+\boldsymbol{\alpha}$ 亦线性无关.

证明 设有一组数 k_1, k_2, k_3，使

$$k_1(\boldsymbol{\alpha}+\boldsymbol{\beta})+k_2(\boldsymbol{\beta}+\boldsymbol{\gamma})+k_3(\boldsymbol{\gamma}+\boldsymbol{\alpha})=\boldsymbol{0} \tag{5}$$

成立，整理得 $(k_1+k_3)\boldsymbol{\alpha}+(k_1+k_2)\boldsymbol{\beta}+(k_2+k_3)\boldsymbol{\gamma}=\boldsymbol{0}$.

由 $\boldsymbol{\alpha}, \boldsymbol{\beta}, \boldsymbol{\gamma}$ 线性无关，故

$$\begin{cases}k_1+k_3=0,\\k_1+k_2=0,\\k_2+k_3=0.\end{cases} \tag{6}$$

因为 $\begin{vmatrix}1&0&1\\1&1&0\\0&1&1\end{vmatrix}=2\neq 0$，故方程组(6)仅有零解. 即只有 $k_1=k_2=k_3=0$ 时式(5)才成立. 因而向量组 $\boldsymbol{\alpha}+\boldsymbol{\beta}, \boldsymbol{\beta}+\boldsymbol{\gamma}, \boldsymbol{\gamma}+\boldsymbol{\alpha}$ 线性无关.

例 5 设向量组 $\boldsymbol{\alpha}_1, \boldsymbol{\alpha}_2, \boldsymbol{\alpha}_3$ 线性相关，向量组 $\boldsymbol{\alpha}_2, \boldsymbol{\alpha}_3, \boldsymbol{\alpha}_4$ 线性无关，证明：

(1) $\boldsymbol{\alpha}_1$ 能由 $\boldsymbol{\alpha}_2, \boldsymbol{\alpha}_3$ 线性表示；

(2) $\boldsymbol{\alpha}_4$ 不能由 $\boldsymbol{\alpha}_1, \boldsymbol{\alpha}_2, \boldsymbol{\alpha}_3$ 线性表示.

证明 (1) 因 $\boldsymbol{\alpha}_2, \boldsymbol{\alpha}_3, \boldsymbol{\alpha}_4$ 线性无关，故 $\boldsymbol{\alpha}_2, \boldsymbol{\alpha}_3$ 线性无关，而 $\boldsymbol{\alpha}_1, \boldsymbol{\alpha}_2, \boldsymbol{\alpha}_3$ 线性相关，从而 $\boldsymbol{\alpha}_1$ 能由 $\boldsymbol{\alpha}_2, \boldsymbol{\alpha}_3$ 线性表示；

(2) 用反证法. 假设 $\boldsymbol{\alpha}_4$ 能由 $\boldsymbol{\alpha}_1, \boldsymbol{\alpha}_2, \boldsymbol{\alpha}_3$ 线性表示，而由(1)知，$\boldsymbol{\alpha}_1$ 能由 $\boldsymbol{\alpha}_2, \boldsymbol{\alpha}_3$ 线性表示，因此 $\boldsymbol{\alpha}_4$ 能由 $\boldsymbol{\alpha}_2, \boldsymbol{\alpha}_3$ 表示，这与 $\boldsymbol{\alpha}_2, \boldsymbol{\alpha}_3, \boldsymbol{\alpha}_4$ 线性无关矛盾. 证毕.

§3.3 向量组的秩

一、向量组的等价

定义 1 设有两个 n 维向量组 $\boldsymbol{A}$：$\boldsymbol{a}_1, \boldsymbol{a}_2, \cdots, \boldsymbol{a}_m$，$\boldsymbol{B}$：$\boldsymbol{b}_1, \boldsymbol{b}_2, \cdots, \boldsymbol{b}_s$，若向量

组 $\boldsymbol{B}$ 中每个向量都可由向量组 $\boldsymbol{A}$ 线性表示，则称向量组 $\boldsymbol{B}$ 可由向量组 $\boldsymbol{A}$ 线性表示；若向量组 $\boldsymbol{A}$ 与向量组 $\boldsymbol{B}$ 可以互相线性表示，则称这两个向量组等价. 记作 $\boldsymbol{A}\sim\boldsymbol{B}$.

由定义可以看出，向量组的等价是一种等价关系，即向量组的等价具有自反性、对称性、传递性.

定理 1　$\boldsymbol{B}$ 的列向量组可由 $\boldsymbol{A}$ 的列向量组线性表示的充分必要条件为存在矩阵 $\boldsymbol{K}$，使 $\boldsymbol{B}=\boldsymbol{AK}$.

证明　由于一个向量 $\boldsymbol{b}$ 可由向量组 $\boldsymbol{A}$ 线性表示，可等价地表示成方程 $\boldsymbol{b}=k_1\boldsymbol{a}_1+k_2\boldsymbol{a}_2+\cdots+k_m\boldsymbol{a}_m$，那么若向量组 $\boldsymbol{B}$ 可由向量组 $\boldsymbol{A}$ 线性表示，则对向量组 $\boldsymbol{B}$ 的任意向量 $\boldsymbol{b}_j(j=1,\ 2,\ \cdots,\ s)$ 有

$$\boldsymbol{b}_j=k_{1j}\boldsymbol{a}_1+k_{2j}\boldsymbol{a}_2+\cdots+k_{mj}\boldsymbol{a}_m=(\boldsymbol{a}_1,\ \boldsymbol{a}_2,\ \cdots,\ \boldsymbol{a}_m)\begin{pmatrix}k_{1j}\\k_{2j}\\\vdots\\k_{mj}\end{pmatrix},$$

从而 $(\boldsymbol{b}_1,\ \boldsymbol{b}_2,\ \cdots,\ \boldsymbol{b}_s)=(\boldsymbol{a}_1,\ \boldsymbol{a}_2,\ \cdots,\ \boldsymbol{a}_m)\begin{pmatrix}k_{11}&k_{12}&\cdots&k_{1s}\\k_{21}&k_{22}&\cdots&k_{2s}\\\vdots&\vdots&&\vdots\\k_{m1}&k_{m2}&\cdots&k_{ms}\end{pmatrix}$，即 $\boldsymbol{B}=\boldsymbol{AK}$.

注　称矩阵 $\boldsymbol{K}_{m\times s}=(k_{ij})$ 为这个线性表示的**系数矩阵**或**表示矩阵**.

推论 1　$\boldsymbol{B}$ 的行向量组可由 $\boldsymbol{A}$ 的行向量组线性表示充分必要条件存在矩阵 $\boldsymbol{K}$，使 $\boldsymbol{B}=\boldsymbol{KA}$.

证明　$\boldsymbol{B}$ 的行向量组可由 $\boldsymbol{A}$ 的行向量组线性表示

$\Leftrightarrow$ 矩阵 $\boldsymbol{B}^{\mathrm{T}}$ 的列向量组可由 $\boldsymbol{A}^{\mathrm{T}}$ 的列向量组线性表示

$\Leftrightarrow$ 存在矩阵 $\boldsymbol{L}$，使 $\boldsymbol{B}^{\mathrm{T}}=\boldsymbol{A}^{\mathrm{T}}\boldsymbol{L}$（由定理 1）

$\Leftrightarrow$ 存在矩阵 $\boldsymbol{K}=\boldsymbol{L}^{\mathrm{T}}$，$\boldsymbol{B}=\boldsymbol{KA}$.

推论 2　(1) 如果 $\boldsymbol{A}\overset{c}{\sim}\boldsymbol{B}$，则 $\boldsymbol{A}$ 的列向量组与 $\boldsymbol{B}$ 的列向量组等价.

(2) 如果 $\boldsymbol{A}\overset{r}{\sim}\boldsymbol{B}$，则 $\boldsymbol{A}$ 的行向量组与 $\boldsymbol{B}$ 的行向量组等价.

推论 3　向量组 $\boldsymbol{B}$：$\boldsymbol{b}_1,\ \boldsymbol{b}_2,\ \cdots,\ \boldsymbol{b}_s$ 可由向量组 $\boldsymbol{A}$：$\boldsymbol{a}_1,\ \boldsymbol{a}_2,\ \cdots,\ \boldsymbol{a}_m$ 线性表示 $\Leftrightarrow$ 存在矩阵 $\boldsymbol{K}$，使 $\boldsymbol{B}=\boldsymbol{AK}$ $\Leftrightarrow$ 矩阵方程 $\boldsymbol{Ax}=\boldsymbol{B}$ 有解 $\Leftrightarrow$ $r(\boldsymbol{A})=r(\boldsymbol{A},\ \boldsymbol{B})$.

推论 4　向量组 $\boldsymbol{A}$：$\boldsymbol{a}_1,\ \boldsymbol{a}_2,\ \cdots,\ \boldsymbol{a}_m$ 与向量组 $\boldsymbol{B}$：$\boldsymbol{b}_1,\ \boldsymbol{b}_2,\ \cdots,\ \boldsymbol{b}_s$ 等价 $\Leftrightarrow$ $r(\boldsymbol{A})=r(\boldsymbol{B})=r(\boldsymbol{A},\ \boldsymbol{B})$.

例 1 设

$$\boldsymbol{a}_1=\begin{pmatrix}1\\-1\\1\\-1\end{pmatrix},\ \boldsymbol{a}_2=\begin{pmatrix}3\\1\\1\\3\end{pmatrix},\ \boldsymbol{b}_1=\begin{pmatrix}2\\0\\1\\1\end{pmatrix},\ \boldsymbol{b}_2=\begin{pmatrix}1\\1\\0\\2\end{pmatrix},\ \boldsymbol{b}_3=\begin{pmatrix}3\\-1\\2\\0\end{pmatrix},$$

证明向量组 $\boldsymbol{a}_1, \boldsymbol{a}_2$ 与向量组 $\boldsymbol{b}_1, \boldsymbol{b}_2, \boldsymbol{b}_3$ 等价.

证明 $$(\boldsymbol{A}, \boldsymbol{B})=\begin{pmatrix}1&3&2&1&3\\-1&1&0&1&-1\\1&1&1&0&2\\-1&3&1&2&0\end{pmatrix}\sim\begin{pmatrix}1&3&2&1&3\\0&2&1&1&1\\0&0&0&0&0\\0&0&0&0&0\end{pmatrix},$$

可见 $r(\boldsymbol{A})=r(\boldsymbol{A}, \boldsymbol{B})=2$.

$$\text{而}\ \boldsymbol{B}=\begin{pmatrix}2&1&3\\0&1&-1\\1&0&2\\1&2&0\end{pmatrix}\sim\begin{pmatrix}1&0&2\\0&1&-1\\2&1&3\\1&2&0\end{pmatrix}\sim\begin{pmatrix}1&0&2\\0&1&-1\\0&0&0\\0&0&0\end{pmatrix},$$

因此，$r(\boldsymbol{B})=2$.

所以 $r(\boldsymbol{A})=r(\boldsymbol{B})=r(\boldsymbol{A}, \boldsymbol{B})=2$，即向量组 $\boldsymbol{a}_1, \boldsymbol{a}_2$ 与向量组 $\boldsymbol{b}_1, \boldsymbol{b}_2, \boldsymbol{b}_3$ 等价.

定理 2 假设 $\boldsymbol{\alpha}_1, \boldsymbol{\alpha}_2, \cdots, \boldsymbol{\alpha}_m$ 与 $\boldsymbol{\beta}_1, \boldsymbol{\beta}_2, \cdots, \boldsymbol{\beta}_s$ 是两个向量组. 如果

(1) 向量组 $\boldsymbol{\alpha}_1, \boldsymbol{\alpha}_2, \cdots, \boldsymbol{\alpha}_m$ 可以由向量组 $\boldsymbol{\beta}_1, \boldsymbol{\beta}_2, \cdots, \boldsymbol{\beta}_s$ 线性表示；

(2) $m>s$，

则向量组 $\boldsymbol{\alpha}_1, \boldsymbol{\alpha}_2, \cdots, \boldsymbol{\alpha}_m$ 必线性相关.

推论 5 如果向量组 $\boldsymbol{\alpha}_1, \boldsymbol{\alpha}_2, \cdots, \boldsymbol{\alpha}_m$ 可以由向量组 $\boldsymbol{\beta}_1, \boldsymbol{\beta}_2, \cdots, \boldsymbol{\beta}_s$ 线性表示，且向量组 $\boldsymbol{\alpha}_1, \boldsymbol{\alpha}_2, \cdots, \boldsymbol{\alpha}_m$ 线性无关，则必有 $m\leqslant s$.

推论 6 任意一个向量个数大于 n 的 n 维向量组必线性相关.

推论 7 两个等价且线性无关的向量组，其所含的向量个数必相等.

二、向量组的最大无关组以及向量组的秩

定义 2 设有向量组 $\boldsymbol{A}$，若在 $\boldsymbol{A}$ 中能选出 r 个向量 $\boldsymbol{a}_1, \cdots, \boldsymbol{a}_r$，满足

(1) 向量组 $\boldsymbol{A}_0$：$\boldsymbol{a}_1, \cdots, \boldsymbol{a}_r$ 线性无关；

(2) $\boldsymbol{A}$ 中任意 $r+1$ 个向量(若有 $r+1$ 个向量的话)都线性相关，

则称向量组 $\boldsymbol{A}_0$ 是向量组 $\boldsymbol{A}$ 的一个**最大线性无关组**，简称**最大无关组**，最大无关组所含向量个数 r 称为向量组 $\boldsymbol{A}$ 的**秩**，记作 r_A.

注　(1) 只有一个零向量的向量组没有最大无关组，规定它有秩且为零；

(2) 向量组的最大无关组一般不是唯一. 例如，向量组

$\boldsymbol{\alpha}_1 = \begin{pmatrix}1\\1\\1\end{pmatrix}, \boldsymbol{\alpha}_2 = \begin{pmatrix}0\\2\\5\end{pmatrix}, \boldsymbol{\alpha}_3 = \begin{pmatrix}2\\4\\7\end{pmatrix}$，$\boldsymbol{\alpha}_1, \boldsymbol{\alpha}_2$ 和 $\boldsymbol{\alpha}_2, \boldsymbol{\alpha}_3$ 都是它的最大无关组.

最大无关组还有另一等价定义：设有向量组 $\boldsymbol{A}$，若在 $\boldsymbol{A}$ 中能选出 r 个向量 $\boldsymbol{a}_1, \cdots, \boldsymbol{a}_r$，满足：

(1) 向量组 $\boldsymbol{A}_0$：$\boldsymbol{a}_1, \cdots, \boldsymbol{a}_r$ 线性无关；

(2) $\boldsymbol{A}$ 中任何向量都可由 $\boldsymbol{A}_0$ 线性表示，

则称向量组 $\boldsymbol{A}_0$ 是向量组 $\boldsymbol{A}$ 的一个**最大无关组**.

由以上最大无关组的定义可以看到，对任何一个线性无关的向量组，其最大无关组就是它自身，任何一个向量组的最大无关组都与向量组本身等价，且向量组的任意两个最大无关组之间都是等价的，并且它们所含的向量个数相同，都等于向量组的秩.

例 2　全体 n 维向量所构成的向量组记作 $\mathbf{R}^n$，求 $\mathbf{R}^n$ 的一个最大无关组及 $\mathbf{R}^n$ 的秩.

解　因为 n 维单位向量组 $\boldsymbol{e}_1, \boldsymbol{e}_2, \cdots, \boldsymbol{e}_n$ 是线性无关，又 $\mathbf{R}^n$ 中含 $n+1$ 个向量的任何向量组都线性相关，故 n 维单位向量组 $\boldsymbol{e}_1, \boldsymbol{e}_2, \cdots, \boldsymbol{e}_n$ 就是 $\mathbf{R}^n$ 的一个最大无关组，从而 $r(\mathbf{R}^n)=n$.

前面我们提到，矩阵可视为由其行向量构成的一个向量组，也可视为由其列向量构成的向量组. 下面的定理揭示了矩阵与向量组之间的关系：

定理 3　矩阵的秩等于它的行向量组的秩，也等于它的列向量组的秩.

证明　$\boldsymbol{A}=(\boldsymbol{a}_1, \boldsymbol{a}_2, \cdots, \boldsymbol{a}_m)$，$r(\boldsymbol{A})=r$，并设 $\boldsymbol{A}$ 的 r 阶子式 $D_r \neq 0$，则 D_r 所在的 r 个列向量线性无关；又由于 $\boldsymbol{A}$ 中所有的 $r+1$ 阶子式均为零，所以 $\boldsymbol{A}$ 的任意 $r+1$ 个列向量线性相关，从而 D_r 所在的 r 个列就是 $\boldsymbol{A}$ 的列向量组的一个最大无关组，即 $\boldsymbol{A}$ 的列向量组的秩等于 r.

同理可证，矩阵 $\boldsymbol{A}$ 的行向量组的秩也等于 r.

注　(1) 由定理 3 知，如果 $\boldsymbol{A} = (\boldsymbol{a}_1, \boldsymbol{a}_2, \cdots, \boldsymbol{a}_m)$ 则 $r(\boldsymbol{a}_1, \boldsymbol{a}_2, \cdots, \boldsymbol{a}_m) = r(\boldsymbol{A})$.

(2) 由定理 3 的证明可看出：$\boldsymbol{A}$ 的最高阶非零子式所在的列就是 $\boldsymbol{A}$ 列向量组的最大无关组，所在的行就是 $\boldsymbol{A}$ 行向量组的一个最大无关组. 因此可借鉴求最高阶非零子式的方法求最大无关组.

例 3 设有向量组

$$\boldsymbol{\alpha}_1=\begin{pmatrix}1\\-2\\3\\-1\\-1\end{pmatrix},\quad \boldsymbol{\alpha}_2=\begin{pmatrix}2\\-1\\1\\0\\-2\end{pmatrix},\quad \boldsymbol{\alpha}_3=\begin{pmatrix}-2\\-5\\8\\-4\\3\end{pmatrix},\quad \boldsymbol{\alpha}_4=\begin{pmatrix}1\\1\\-1\\1\\-2\end{pmatrix},$$

求:(1) 向量组 $\boldsymbol{\alpha}_1, \boldsymbol{\alpha}_2, \boldsymbol{\alpha}_3, \boldsymbol{\alpha}_4$ 的秩 $r(\boldsymbol{\alpha}_1, \boldsymbol{\alpha}_2, \boldsymbol{\alpha}_3, \boldsymbol{\alpha}_4)$;

(2) 向量组 $\boldsymbol{\alpha}_1, \boldsymbol{\alpha}_2, \boldsymbol{\alpha}_3, \boldsymbol{\alpha}_4$ 的一个最大无关组;

(3) 把不属于最大无关组的向量用最大无关组线性表示出来.

解 记

$$\boldsymbol{A}=(\boldsymbol{\alpha}_1, \boldsymbol{\alpha}_2, \boldsymbol{\alpha}_3, \boldsymbol{\alpha}_4)=\begin{pmatrix}1&2&-2&1\\-2&-1&-5&1\\3&1&8&-1\\-1&0&-4&1\\-1&-2&3&-2\end{pmatrix},$$

对 $\boldsymbol{A}$ 施行初等变换,化为 $\boldsymbol{A}$ 的行最简形矩阵:

$$\boldsymbol{A}\sim\begin{pmatrix}1&0&0&3\\0&1&0&-2\\0&0&1&-1\\0&0&0&0\\0&0&0&0\end{pmatrix}.$$

所以易求出:(1) $r(\boldsymbol{\alpha}_1, \boldsymbol{\alpha}_2, \boldsymbol{\alpha}_3, \boldsymbol{\alpha}_4)=3$.

(2) $\boldsymbol{\alpha}_1, \boldsymbol{\alpha}_2, \boldsymbol{\alpha}_3$,就是 $\boldsymbol{A}$ 的一个最大无关组.

(3) $\boldsymbol{\alpha}_4=3\boldsymbol{\alpha}_1-2\boldsymbol{\alpha}_2-\boldsymbol{\alpha}_3$.

例 4 设矩阵

$$\boldsymbol{A}=\begin{pmatrix}2&-1&-1&1&2\\1&1&-2&1&4\\4&-6&2&-2&4\\3&6&-9&7&9\end{pmatrix},$$

求矩阵 $\boldsymbol{A}$ 的列向量组的一个最大无关组,并把不属于最大无关组的列向量用最大无关组线性表示.

解　因为

$$A \sim \begin{pmatrix} 1 & 1 & -2 & 1 & 4 \\ 0 & 1 & -1 & 1 & 0 \\ 0 & 0 & 0 & 1 & -3 \\ 0 & 0 & 0 & 0 & 0 \end{pmatrix},$$

故 $r(\boldsymbol{A}) = 3$，且可取非零列首元所在的列向量组 $\boldsymbol{a}_1, \boldsymbol{a}_2, \boldsymbol{a}_4$ 为最大无关组.

又因为

$$A \sim \begin{pmatrix} 1 & 0 & -1 & 0 & 4 \\ 0 & 1 & -1 & 0 & 3 \\ 0 & 0 & 0 & 1 & -3 \\ 0 & 0 & 0 & 0 & 0 \end{pmatrix},$$

故 $\boldsymbol{a}_3 = -\boldsymbol{a}_1 - \boldsymbol{a}_2$，$\boldsymbol{a}_5 = 4\boldsymbol{a}_1 + 3\boldsymbol{a}_2 - 3\boldsymbol{a}_3$.

关于向量组的线性表示与向量组的秩之间有以下关系：

定理 4　若向量组 $\boldsymbol{B}$ 能由向量组 $\boldsymbol{A}$ 线性表示，则 $r_B \leqslant r_A$.

证明　设 $\boldsymbol{B}$ 的一个最大无关组为 $\boldsymbol{B}_0$：$\boldsymbol{b}_1, \cdots, \boldsymbol{b}_r$，$\boldsymbol{A}$ 的一个最大无关组为 $\boldsymbol{A}_0$：$\boldsymbol{a}_1, \cdots, \boldsymbol{a}_s$，下面证明 $r \leqslant s$.

因为 $\boldsymbol{B}_0$ 可由 $\boldsymbol{B}$ 线性表示，$\boldsymbol{B}$ 可由 $\boldsymbol{A}$ 线性表示，$\boldsymbol{A}$ 可由 $\boldsymbol{A}_0$ 线性表示，所以 $\boldsymbol{B}_0$ 能由 $\boldsymbol{A}_0$ 线性表示，因此 $r(b_1, \cdots, b_r) \leqslant r(a_1, \cdots, a_s)$，即 $r \leqslant s$.

推论 8　等价的向量组的秩相等.

§3.4　线性方程组的解的结构

一、线性方程组的解的结构定理

对于齐次线性方程组
$$\begin{cases} a_{11}x_1 + a_{12}x_2 + \cdots + a_{1n}x_n = 0, \\ a_{21}x_1 + a_{22}x_2 + \cdots + a_{2n}x_n = 0, \\ \qquad \vdots \\ a_{m1}x_1 + a_{m2}x_2 + \cdots + a_{mn}x_n = 0 \end{cases} \tag{1}$$

的矩阵形式为 $\boldsymbol{Ax} = \boldsymbol{0}$，其解向量具备以下性质：

性质 1　若 $\boldsymbol{x} = \boldsymbol{\xi}_1$，$\boldsymbol{x} = \boldsymbol{\xi}_2$ 为齐次方程组(1)的解向量，则 $\boldsymbol{x} = \boldsymbol{\xi}_1 + \boldsymbol{\xi}_2$ 也是齐

次方程组(1)的解向量.

证明 $\boldsymbol{Ax}=\boldsymbol{A}(\boldsymbol{\xi}_1+\boldsymbol{\xi}_2)=\boldsymbol{A\xi}_1+\boldsymbol{A\xi}_2=\boldsymbol{0}$.

性质 2 若 $\boldsymbol{x}=\boldsymbol{\xi}_1$ 为齐次方程组(1)的解向量，$k\in\mathbf{R}$，则 $\boldsymbol{x}=k\boldsymbol{\xi}_1$ 也是齐次方程组(1)的解向量.

证明 $\boldsymbol{A}(k\boldsymbol{\xi}_1)=k\boldsymbol{A\xi}_1=k\cdot\boldsymbol{0}=\boldsymbol{0}$.

由性质 1，2 可以看到，齐次线性方程组的所有解向量对加法和数乘运算封闭，构成一个向量空间，称为该齐次线性方程组的解空间. 因此，只需找出解空间的一个最大无关组，则任一解向量均可由最大无关组中的向量线性表示. 这里的最大无关组称为齐次线性方程组的基础解系.

即若方程组(1)的基础解系为 $\boldsymbol{\xi}_1,\boldsymbol{\xi}_2,\cdots,\boldsymbol{\xi}_s$，则方程组的通解可写为

$$\boldsymbol{\xi}=k_1\boldsymbol{\xi}_1+k_2\boldsymbol{\xi}_2+\cdots+k_s\boldsymbol{\xi}_2,$$

其中 $k_1,k_2,\cdots,k_s$ 为任意实数.

本节第二目中将介绍基础解系的具体求法.

对于非齐次线性方程组

$$\begin{cases}a_{11}x_1+a_{12}x_2+\cdots+a_{1n}x_n=b_1,\\a_{21}x_1+a_{22}x_2+\cdots+a_{2n}x_n=b_2,\\\qquad\qquad\vdots\\a_{m1}x_1+a_{m2}x_2+\cdots+a_{mn}x_n=b_m.\end{cases}\tag{2}$$

其中 $b_1,b_2,\cdots,b_m$ 不全为零，方程组的矩阵形式为 $\boldsymbol{Ax}=\boldsymbol{b}$. 其解向量具备以下性质：

性质 3 设 $\boldsymbol{x}=\boldsymbol{\eta}_1$，$\boldsymbol{x}=\boldsymbol{\eta}_2$ 是非齐次方程组(2)的解，则 $\boldsymbol{x}=\boldsymbol{\eta}_1-\boldsymbol{\eta}_2$ 是对应的齐次方程组(1)的解.

性质 4 设 $\boldsymbol{x}=\boldsymbol{\eta}$ 是非齐次方程组(2)的解，$\boldsymbol{x}=\boldsymbol{\xi}$ 是齐次方程组(1)的解，则 $\boldsymbol{x}=\boldsymbol{\xi}+\boldsymbol{\eta}$ 是非齐次方程组(2)的解.

结论 非齐次方程组(2)的通解 $\boldsymbol{x}=\boldsymbol{\xi}+\boldsymbol{\eta}^*$，其中 $\boldsymbol{\xi}$ 是齐次方程组(1)的通解，$\boldsymbol{\eta}^*$ 是非齐次方程组(2)的特解.

本节第三目中将介绍通解的具体求法.

二、齐次线性方程组的基础解系

对齐次方程组(1)，设 $r(\boldsymbol{A})=r$，则系数矩阵 $\boldsymbol{A}$ 的行最简形为

$$A \overset{r}{\sim} B = \begin{pmatrix} 1 & 0 & \cdots & 0 & b_{11} & \cdots & b_{1,\,n-r} \\ 0 & 1 & \cdots & 0 & b_{21} & \cdots & b_{2,\,n-r} \\ \vdots & \vdots & & \vdots & \vdots & & \vdots \\ 0 & 0 & \cdots & 1 & b_{r1} & \cdots & b_{r,\,n-r} \\ 0 & 0 & \cdots & 0 & 0 & \cdots & 0 \\ \vdots & \vdots & & \vdots & \vdots & & \vdots \\ 0 & 0 & \cdots & 0 & 0 & \cdots & 0 \end{pmatrix}.$$

与 $\boldsymbol{B}$ 对应的方程组为

$$\begin{cases} x_1 + b_{11}x_{r+1} + \cdots + b_{1,\,n-r}x_n = 0, \\ \qquad\qquad \vdots \\ x_r + b_{r1}x_{r+1} + \cdots + b_{r,\,n-r}x_n = 0, \end{cases}$$

即
$$\begin{cases} x_1 = -b_{11}x_{r+1} - \cdots - b_{1,\,n-r}x_n, \\ \quad \vdots \\ x_r = -b_{r1}x_{r+1} - \cdots - b_{r,\,n-r}x_n. \end{cases}$$

令 $x_{r+1} = k_1,\ x_{r+2} = k_2,\ \cdots,\ x_n = k_{n-r}$，得方程组的通解

$$\begin{pmatrix} x_1 \\ \vdots \\ x_r \\ x_{r+1} \\ \vdots \\ x_n \end{pmatrix} = k_1 \begin{pmatrix} -b_{11} \\ \vdots \\ -b_{r1} \\ 1 \\ \vdots \\ 0 \end{pmatrix} + \cdots + k_{n-r} \begin{pmatrix} -b_{1,\,n-r} \\ \vdots \\ -b_{r,\,n-r} \\ 0 \\ \vdots \\ 1 \end{pmatrix} \quad (k_1,\ k_2,\ \cdots,\ k_{n-r} \in \mathbf{R}).$$

将此式记作

$$\boldsymbol{x} = k_1\boldsymbol{\xi}_1 + k_2\boldsymbol{\xi}_2 + \cdots + k_{n-r}\boldsymbol{\xi}_{n-r},$$

则有以下结论：

(1) 方程组的解空间 S 中的任一向量 $\boldsymbol{x}$ 可由 $\boldsymbol{\xi}_1,\ \boldsymbol{\xi}_2,\ \cdots,\ \boldsymbol{\xi}_{n-r}$ 线性表示；

(2) $\boldsymbol{\xi}_1,\ \boldsymbol{\xi}_2,\ \cdots,\ \boldsymbol{\xi}_{n-r}$ 线性无关，所以 $\boldsymbol{\xi}_1,\ \boldsymbol{\xi}_2,\ \cdots,\ \boldsymbol{\xi}_{n-r}$ 是解空间 S 的最大无关组，即 $\boldsymbol{\xi}_1,\ \boldsymbol{\xi}_2,\ \cdots,\ \boldsymbol{\xi}_{n-r}$ 是方程 $\boldsymbol{Ax} = \boldsymbol{0}$ 的基础解系.

由上述过程显然有以下定理：

定理 1　设 $r(A) = r$，则 n 元齐次线性方程组 $\boldsymbol{Ax} = \boldsymbol{0}$ 的基础解系含 $n-r$ 个向量.

例 1 求齐次线性方程组

$$\begin{cases} x_1+x_2-x_3-x_4=0, \\ 2x_1-5x_2+3x_3+2x_4=0, \\ 7x_1-7x_2+3x_3+x_4=0 \end{cases}$$

的基础解系和通解.

解 $\boldsymbol{A}=\begin{pmatrix} 1 & 1 & -1 & -1 \\ 2 & -5 & 3 & 2 \\ 7 & -7 & 3 & 1 \end{pmatrix} \sim \begin{pmatrix} 1 & 0 & -\frac{2}{7} & -\frac{3}{7} \\ 0 & 1 & -\frac{5}{7} & -\frac{4}{7} \\ 0 & 0 & 0 & 0 \end{pmatrix}$,

得原方程组的同解方程为

$$\begin{cases} x_1=\frac{2}{7}x_3+\frac{3}{7}x_4, \\ x_2=\frac{5}{7}x_3+\frac{4}{7}x_4. \end{cases}$$

依次令 $\begin{pmatrix} x_3 \\ x_4 \end{pmatrix}=\begin{pmatrix} 1 \\ 0 \end{pmatrix}, \begin{pmatrix} 0 \\ 1 \end{pmatrix}$,得 $\begin{pmatrix} x_1 \\ x_2 \end{pmatrix}=\begin{pmatrix} \frac{2}{7} \\ \frac{5}{7} \end{pmatrix}, \begin{pmatrix} \frac{3}{7} \\ \frac{4}{7} \end{pmatrix}$,于是方程组的基础解系为

$$\boldsymbol{\xi}_1=\begin{pmatrix} \frac{2}{7} \\ \frac{5}{7} \\ 1 \\ 0 \end{pmatrix}, \quad \boldsymbol{\xi}_2=\begin{pmatrix} \frac{3}{7} \\ \frac{4}{7} \\ 0 \\ 1 \end{pmatrix}.$$

因此方程组的通解为

$$\begin{pmatrix} x_1 \\ x_2 \\ x_3 \\ x_4 \end{pmatrix}=c_1\begin{pmatrix} \frac{2}{7} \\ \frac{5}{7} \\ 1 \\ 0 \end{pmatrix}+c_2\begin{pmatrix} \frac{3}{7} \\ \frac{4}{7} \\ 0 \\ 1 \end{pmatrix} \quad (c_1, c_2 \in \mathbf{R}).$$

例 2　求齐次线性方程组

$$\begin{cases} x_1+x_2+x_3+4x_4-3x_5=0, \\ 2x_1+x_2+3x_3+5x_4-5x_5=0, \\ x_1-x_2+3x_3-2x_4-x_5=0, \\ 3x_1+x_2+5x_3+6x_4-7x_5=0 \end{cases}$$

的基础解系和通解.

解　$$A=\begin{pmatrix} 1 & 1 & 1 & 4 & -3 \\ 2 & 1 & 3 & 5 & -5 \\ 1 & -1 & 3 & -2 & -1 \\ 3 & 1 & 5 & 6 & -7 \end{pmatrix} \sim \begin{pmatrix} 1 & 0 & 2 & 1 & -2 \\ 0 & 1 & -1 & 3 & -1 \\ 0 & 0 & 0 & 0 & 0 \\ 0 & 0 & 0 & 0 & 0 \end{pmatrix},$$

得原方程组的同解方程为

$$\begin{cases} x_1=-2x_3-x_4+2x_5, \\ x_2=x_3-3x_4+x_5. \end{cases}$$

依次令 $\begin{pmatrix} x_3 \\ x_4 \\ x_5 \end{pmatrix}=\begin{pmatrix} 1 \\ 0 \\ 0 \end{pmatrix}, \begin{pmatrix} 0 \\ 1 \\ 0 \end{pmatrix}, \begin{pmatrix} 0 \\ 0 \\ 1 \end{pmatrix}$,得 $\begin{pmatrix} x_1 \\ x_2 \end{pmatrix}=\begin{pmatrix} -2 \\ 1 \end{pmatrix}, \begin{pmatrix} -1 \\ -3 \end{pmatrix}, \begin{pmatrix} 2 \\ 1 \end{pmatrix}$,于是方程组的基础解系为

$$\boldsymbol{\xi}_1=\begin{pmatrix} -2 \\ 1 \\ 1 \\ 0 \\ 0 \end{pmatrix}, \quad \boldsymbol{\xi}_2=\begin{pmatrix} -1 \\ -3 \\ 0 \\ 1 \\ 0 \end{pmatrix}, \quad \boldsymbol{\xi}_3=\begin{pmatrix} 2 \\ 1 \\ 0 \\ 0 \\ 1 \end{pmatrix}.$$

所以,方程组的通解为 $\boldsymbol{x}=k_1\boldsymbol{\xi}_1+k_2\boldsymbol{\xi}_2+k_3\boldsymbol{\xi}_3 \quad (k_1, k_2, k_3 \in \mathbf{R})$.

例 3　设 $\boldsymbol{A}_{m\times n}\boldsymbol{B}_{n\times l}=\boldsymbol{0}$, 证明 $r(\boldsymbol{A})+r(\boldsymbol{B}) \leqslant n$.

证明　记 $\boldsymbol{B}=(b_1, b_2, \cdots, b_l)$, 则由 $\boldsymbol{A}_{m\times n}\boldsymbol{B}_{n\times l}=\boldsymbol{0}$ 知

$$\boldsymbol{A}(b_1, b_2, \cdots, b_l)=(0, 0, \cdots, 0),$$

即

$$\boldsymbol{A}b_i=\boldsymbol{0} \quad (i=1, 2, \cdots, l).$$

表明矩阵 $\boldsymbol{B}$ 的 l 个列向量均为齐次线性方程组 $\boldsymbol{A}\boldsymbol{x}=\boldsymbol{0}$ 的解向量,记方程 $\boldsymbol{A}\boldsymbol{x}=\boldsymbol{0}$ 的解集为 S,则 $r(\boldsymbol{B})=r(b_1, b_2, \cdots, b_l) \leqslant r_S=n-r(\boldsymbol{A})$, 即

$$r(\boldsymbol{A})+r(\boldsymbol{B})\leqslant n.$$

三、非齐次线性方程组的解法

对非齐次线性方程组(2)，用初等行变换将增广矩阵 $\boldsymbol{B}=(\boldsymbol{A},\ \boldsymbol{b})$ 化为行最简形得

$$\widetilde{\boldsymbol{B}}=\begin{pmatrix}1 & 0 & \cdots & 0 & b_{11} & \cdots & b_{1,\,n-r} & d_1\\ 0 & 1 & \cdots & 0 & b_{21} & \cdots & b_{2,\,n-r} & d_2\\ \vdots & \vdots & & \vdots & \vdots & & \vdots & \vdots\\ 0 & 0 & \cdots & 1 & b_{r1} & \cdots & b_{r,\,n-r} & d_r\\ 0 & 0 & \cdots & 0 & 0 & \cdots & 0 & d_{r+1}\\ 0 & 0 & \cdots & 0 & 0 & \cdots & 0 & 0\\ \vdots & \vdots & & \vdots & \vdots & & \vdots & \vdots\\ 0 & 0 & \cdots & 0 & 0 & \cdots & 0 & 0\end{pmatrix}.$$

(1) 如果 $r(\boldsymbol{A})<r(\boldsymbol{A},\ \boldsymbol{b})$，则$\widetilde{\boldsymbol{B}}$中的 $d_{r+1}=1$，于是第 $r+1$ 行所对应的方程为矛盾方程 $0=1$，故方程无解.

(2) 如果 $r(\boldsymbol{A})=r(\boldsymbol{A},\ \boldsymbol{b})=n$，则

$$\widetilde{\boldsymbol{B}}=\begin{pmatrix}1 & 0 & 0 & \cdots & 0 & d_1\\ 0 & 1 & 0 & \cdots & 0 & d_2\\ 0 & 0 & 1 & \cdots & 0 & d_3\\ \vdots & \vdots & \vdots & & \vdots & \vdots\\ 0 & 0 & 0 & \cdots & 1 & d_n\end{pmatrix},$$

此时方程有唯一解：

$$\begin{cases}x_1=d_1,\\ x_2=d_2,\\ \qquad\vdots\\ x_n=d_n.\end{cases}$$

(3) 如果 $r(\boldsymbol{A})=r(\boldsymbol{A},\ \boldsymbol{b})<n$，则$\widetilde{\boldsymbol{B}}$中的 $d_{r+1}=0$，此时$\widetilde{\boldsymbol{B}}$对应的方程组为

$$\begin{cases}x_1+b_{11}x_{r+1}+\cdots+b_{1,\,n-r}x_n=d_1,\\ x_2+b_{21}x_{r+1}+\cdots+b_{2,\,n-r}x_n=d_2,\\ \qquad\qquad\vdots\\ x_r+b_{r1}x_{r+1}+\cdots+b_{r,\,n-r}x_n=d_r,\end{cases}$$

即
$$\begin{cases} x_1 = -b_{11}r_{r+1} - \cdots - b_{1,\,n-r}x_n + d_1, \\ x_2 = -b_{21}x_{r+1} - \cdots - b_{2,\,n-r}x_n + d_2, \\ \quad\vdots \\ x_r = -b_{r1}x_{r+1} - \cdots - b_{r,\,n-r}x_n + d_r. \end{cases}$$

令 $x_{r+1} = k_1, x_{r+2} = k_2, \cdots, x_n = k_{n-r}$，得方程的参数解

$$\begin{pmatrix} x_1 \\ \vdots \\ x_r \\ x_{r+1} \\ \vdots \\ x_n \end{pmatrix} = k_1\begin{pmatrix} -b_{11} \\ \vdots \\ -b_{r1} \\ 1 \\ \vdots \\ 0 \end{pmatrix} + \cdots + k_{n-r}\begin{pmatrix} -b_{1,\,n-r} \\ \vdots \\ -b_{r,\,n-r} \\ 0 \\ \vdots \\ 1 \end{pmatrix} + \begin{pmatrix} d_1 \\ \vdots \\ d_r \\ 0 \\ \vdots \\ 0 \end{pmatrix},$$

由于参数 $k_1, k_2, \cdots, k_{n-r}$ 可任意取值，故方程有无限多个解. 将上式记作 $\boldsymbol{x} = k_1\boldsymbol{\xi}_1 + k_2\boldsymbol{\xi}_2 + \cdots + k_{n-r}\boldsymbol{\xi}_{n-r} + \boldsymbol{\eta}^*$，此即为非齐次方程(2)的通解，其中 $k_1\boldsymbol{\xi}_1 + k_2\boldsymbol{\xi}_2 + \cdots + k_{n-r}\boldsymbol{\xi}_{n-r}$ 为其对应的齐次方程组的通解，$\boldsymbol{\eta}^*$ 为非齐次方程(2)的一个特解.

由上述过程易得以下定理.

定理 2　n 元线性方程组 $\boldsymbol{A}\boldsymbol{x} = \boldsymbol{b}$ 解的判断方法：

(1) $\boldsymbol{A}\boldsymbol{x} = \boldsymbol{b}$ 无解的充分必要条件是 $r(\boldsymbol{A}) < r(\boldsymbol{A}, \boldsymbol{b})$；

(2) $\boldsymbol{A}\boldsymbol{x} = \boldsymbol{b}$ 有唯一解的充分必要条件是 $r(\boldsymbol{A}) = r(\boldsymbol{A}, \boldsymbol{b}) = n$；

(3) $\boldsymbol{A}\boldsymbol{x} = \boldsymbol{b}$ 有无限多解的充分必要条件是 $r(\boldsymbol{A}) = r(\boldsymbol{A}, \boldsymbol{b}) < n$.

例 4　求解非齐次线性方程组

$$\begin{cases} x_1 - 2x_2 + 3x_3 - x_4 = 1, \\ 3x_1 - x_2 + 5x_3 - 3x_4 = 2, \\ 2x_1 + x_2 + 2x_3 - 2x_4 = 3. \end{cases}$$

解　$$\boldsymbol{B} = \begin{pmatrix} 1 & -2 & 3 & -1 & 1 \\ 3 & -1 & 5 & -3 & 2 \\ 2 & 1 & 2 & -2 & 3 \end{pmatrix}$$
$$\sim \begin{pmatrix} 1 & -2 & 3 & -1 & 1 \\ 0 & 5 & -4 & 0 & -1 \\ 0 & 5 & -4 & 0 & 1 \end{pmatrix} \sim \begin{pmatrix} 1 & -2 & 3 & -1 & 1 \\ 0 & 5 & -4 & 0 & -1 \\ 0 & 0 & 0 & 0 & 2 \end{pmatrix}.$$

可知 $r(\boldsymbol{A}) = 2$，$r(\boldsymbol{B}) = 3$. 因此方程组无解.

例 5 求解方程组

$$\begin{cases} x_1 - x_2 - x_3 + x_4 = 0, \\ x_1 - x_2 + x_3 - 3x_4 = 1, \\ x_1 - x_2 - 2x_3 + 3x_4 = -\dfrac{1}{2}. \end{cases}$$

解 因为

$$\boldsymbol{B} = \begin{pmatrix} 1 & -1 & -1 & 1 & 0 \\ 1 & -1 & 1 & -3 & 1 \\ 1 & -1 & -2 & 3 & -\dfrac{1}{2} \end{pmatrix}$$

$$\sim \begin{pmatrix} 1 & -1 & 0 & -1 & \dfrac{1}{2} \\ 0 & 0 & 1 & -2 & \dfrac{1}{2} \\ 0 & 0 & 0 & 0 & 0 \end{pmatrix},$$

可见 $r(\boldsymbol{A}) = r(\boldsymbol{B}) = 2$，故方程组有解，并有

$$\begin{cases} x_1 = x_2 + x_4 + \dfrac{1}{2}, \\ x_3 = 2x_4 + \dfrac{1}{2}. \end{cases}$$

取 $x_2 = x_4 = 0$，得方程的一个特解

$$\boldsymbol{\beta} = \begin{pmatrix} \dfrac{1}{2} \\ 0 \\ \dfrac{1}{2} \\ 0 \end{pmatrix}.$$

在对应的齐次线性方程组

$$\begin{cases} x_1 = x_2 + x_4, \\ x_3 = 2x_4 \end{cases}$$

中依次令 $\begin{pmatrix} x_2 \\ x_4 \end{pmatrix} = \begin{pmatrix} 1 \\ 0 \end{pmatrix}, \begin{pmatrix} 0 \\ 1 \end{pmatrix}$，得 $\begin{pmatrix} x_1 \\ x_3 \end{pmatrix} = \begin{pmatrix} 1 \\ 0 \end{pmatrix}, \begin{pmatrix} 1 \\ 2 \end{pmatrix}$，于是得对应的齐次线性方程组

的基础解系为

$$\boldsymbol{\alpha}_1=\begin{pmatrix}1\\1\\0\\0\end{pmatrix},\quad \boldsymbol{\alpha}_2=\begin{pmatrix}1\\0\\2\\1\end{pmatrix},$$

得方程组的通解为

$$\begin{pmatrix}x_1\\x_2\\x_3\\x_4\end{pmatrix}=c_1\begin{pmatrix}1\\1\\0\\0\end{pmatrix}+c_2\begin{pmatrix}1\\0\\2\\1\end{pmatrix}+\begin{pmatrix}\frac{1}{2}\\0\\\frac{1}{2}\\0\end{pmatrix}\quad (c_1,\ c_2\in\mathbf{R}).$$

例 6　设有线性方程组

$$\begin{cases}(1+\lambda)x_1+x_2+x_3=0,\\x_1+(1+\lambda)x_2+x_3=3,\\x_1+x_2+(1+\lambda)x_3=\lambda,\end{cases}$$

问 λ 取何值时，此方程组(1)有唯一解；(2)无解；(3)有无限多解？并在有无限多解时求其通解.

方法 1

$$\boldsymbol{B}=\begin{pmatrix}1+\lambda & 1 & 1 & 0\\1 & 1+\lambda & 1 & 3\\1 & 1 & 1+\lambda & \lambda\end{pmatrix}$$

$$\overset{r_1\leftrightarrow r_3}{\sim}\begin{pmatrix}1 & 1 & 1+\lambda & \lambda\\1 & 1+\lambda & 1 & 3\\1+\lambda & 1 & 1 & 0\end{pmatrix}$$

$$\overset{\substack{r_2-r_1\\r_3-(1+\lambda)r_1}}{\sim}\begin{pmatrix}1 & 1 & 1+\lambda & \lambda\\0 & \lambda & -\lambda & 3-\lambda\\0 & -\lambda & -\lambda(2+\lambda) & -\lambda(1+\lambda)\end{pmatrix}$$

$$\overset{r_3+r_2}{\sim}\begin{pmatrix}1 & 1 & 1+\lambda & \lambda\\0 & \lambda & -\lambda & 3-\lambda\\0 & 0 & -\lambda(3+\lambda) & (1-\lambda)(3+\lambda)\end{pmatrix}.$$

(1) 当 $\lambda\neq 0$ 且 $\lambda\neq -3$ 时，$r(\boldsymbol{A})=r(\boldsymbol{B})=3$，方程组有唯一解；

(2) 当 $\lambda=0$ 时, $r(\boldsymbol{A})=1$, $r(\boldsymbol{B})=2$, 方程组无解;

(3) 当 $\lambda=-3$ 时, $r(\boldsymbol{A})=r(\boldsymbol{B})=2$, 方程组有无限多解,此时

$$\boldsymbol{B}\sim\begin{pmatrix}1&1&-2&-3\\0&-3&3&6\\0&0&0&0\end{pmatrix}\sim\begin{pmatrix}1&0&-1&-1\\0&1&-1&-2\\0&0&0&0\end{pmatrix}.$$

方程组的通解为

$$\begin{pmatrix}x_1\\x_2\\x_3\end{pmatrix}=c\begin{pmatrix}1\\1\\1\end{pmatrix}+\begin{pmatrix}-1\\-2\\0\end{pmatrix}\quad(c\in\mathbf{R}).$$

方法 2 因为

$$|\boldsymbol{A}|=\begin{vmatrix}1+\lambda&1&1\\1&1+\lambda&1\\1&1&1+\lambda\end{vmatrix}=(3+\lambda)\begin{vmatrix}1&1&1\\1&1+\lambda&1\\1&1&1+\lambda\end{vmatrix}$$

$$=(3+\lambda)\begin{vmatrix}1&1&1\\0&\lambda&0\\0&0&\lambda\end{vmatrix}=(3+\lambda)\lambda^2,$$

因此当 $\lambda\neq0$ 且 $\lambda\neq-3$ 时, $|\boldsymbol{A}|\neq0$, 方程组有唯一解.

当 $\lambda=0$ 时, $\boldsymbol{B}=\begin{pmatrix}1&1&1&0\\1&1&1&3\\1&1&1&0\end{pmatrix}\overset{r}{\sim}\begin{pmatrix}1&1&1&0\\0&0&0&1\\0&0&0&0\end{pmatrix}$, $r(\boldsymbol{A})=1$, $r(\boldsymbol{B})=2$, 故方程组无解.

当 $\lambda=-3$ 时, $\boldsymbol{B}=\begin{pmatrix}-2&1&1&0\\1&-2&1&3\\1&1&-2&-3\end{pmatrix}\overset{r}{\sim}\begin{pmatrix}1&0&-1&-1\\0&1&-1&-2\\0&0&0&0\end{pmatrix}$, $r(\boldsymbol{A})=r(\boldsymbol{B})=2$, 故方程组有无限多解,且方程组的通解为

$$\begin{pmatrix}x_1\\x_2\\x_3\end{pmatrix}=c\begin{pmatrix}1\\1\\1\end{pmatrix}+\begin{pmatrix}-1\\-2\\0\end{pmatrix}\quad(c\in\mathbf{R}).$$

◆ 应用实例解答

假设不考虑车辆违章(如逆行)、车辆抛锚等偶发情况,并且假设每个交叉路口进入和离开的车辆数目相等,则在①,②,③,④四个路口进出车辆数目分别

满足：

$$500=x_1+x_2, \quad ①$$
$$400+x_1=x_4+300, \quad ②$$
$$x_2+x_3=100+200, \quad ③$$
$$x_4=x_3+300. \quad ④$$

根据上述等式可得线性方程组：

$$\begin{cases} x_1+x_2=500, \\ x_1-x_4=-100, \\ x_2+x_3=300, \\ -x_3+x_4=300. \end{cases}$$

其增广矩阵为

$$(\boldsymbol{A},\ \boldsymbol{b})=\begin{pmatrix} 1 & 1 & 0 & 0 & 500 \\ 1 & 0 & 0 & -1 & -100 \\ 0 & 1 & 1 & 0 & 300 \\ 0 & 0 & -1 & 1 & 300 \end{pmatrix} \xrightarrow{\text{初等行变换}} \begin{pmatrix} 1 & 0 & 0 & -1 & -100 \\ 0 & 1 & 0 & 1 & 600 \\ 0 & 0 & 1 & -1 & -300 \\ 0 & 0 & 0 & 0 & 0 \end{pmatrix}.$$

由此可得

$$\begin{cases} x_1-x_4=-100, \\ x_2+x_4=600, \\ x_3-x_4=-300, \end{cases}$$

即

$$\begin{cases} x_1=x_4-100, \\ x_2=-x_4+600, \\ x_3=x_4-300. \end{cases}$$

为了唯一确定未知流量，只要增添 x_4 统计的值即可.

例如，统计值 $x_4=320$ 时，则 $x_1=220$，$x_2=280$，$x_3=20$；若统计值 $x_4=170$，则 $x_1=70$，$x_2=430$，$x_3=-130<0$. 这表明单行线“③ ←④”不合理，应该改为“③ →④”才合理.

同时由$(\boldsymbol{A},\ \boldsymbol{b})$的行最简形可见，上述方程组中的最后一个方程是多余的. 这意味着最后一个方程中的数据“300”可以不用统计.

且由 $\begin{cases} x_1=x_4-100, \\ x_2=-x_4+600, \\ x_3=x_4-300, \end{cases}$ 可得

$$\begin{cases}x_2=-x_1+500,\\x_3=x_1-200,\\x_4=x_1+100\end{cases}\text{或}\begin{cases}x_1=-x_2+500,\\x_3=-x_2+300,\\x_4=-x_2+600\end{cases}\text{或}\begin{cases}x_1=x_3+200,\\x_2=-x_3+300,\\x_4=x_3+300.\end{cases}$$

这就是说 x_1, x_2, x_3, x_4 这四个未知量中，任意一个未知量的值统计出来之后都可以确定出其他三个未知量的值.

习　题　3

一、填空题

1. 设向量 $\boldsymbol{\alpha}_1=(-1,4)^{\mathrm{T}}$, $\boldsymbol{\alpha}_2=(1,2)^{\mathrm{T}}$, $\boldsymbol{\alpha}_3=(4,11)^{\mathrm{T}}$, 数 a 和 b 使 $a\boldsymbol{\alpha}_1-b\boldsymbol{\alpha}_2-\boldsymbol{\alpha}_3=\mathbf{0}$, 则 $a=$ ________, $b=$ ________.

2. 已知向量组 $\boldsymbol{\alpha}_1=(3,1,a)^{\mathrm{T}}$, $\boldsymbol{\alpha}_2=(4,a,0)^{\mathrm{T}}$, $\boldsymbol{\alpha}_3=(1,0,a)^{\mathrm{T}}$,则当 $a=$ ________ 时, $\boldsymbol{\alpha}_1$, $\boldsymbol{\alpha}_2$, $\boldsymbol{\alpha}_3$ 线性相关.

3. 设向量 $\boldsymbol{\alpha}_1=(1,3,6,2)^{\mathrm{T}}$, $\boldsymbol{\alpha}_2=(2,1,2,-1)^{\mathrm{T}}$, $\boldsymbol{\alpha}_3=(1,-1,a,-2)^{\mathrm{T}}$ 组线性无关,则 a 应满足条件________.

4. 设三阶矩阵 $\boldsymbol{A}=\begin{pmatrix}1&2&-2\\2&1&2\\3&0&4\end{pmatrix}$, $\boldsymbol{\alpha}=(a,1,1)^{\mathrm{T}}$, 已知 $\boldsymbol{A\alpha}$ 与 $\boldsymbol{\alpha}$ 线性相关,则 $a=$ ________.

5. 已知向量组 $\boldsymbol{\alpha}_1=(1,2,-1,1)^{\mathrm{T}}$, $\boldsymbol{\alpha}_2=(2,0,t,0)^{\mathrm{T}}$, $\boldsymbol{\alpha}_3=(0,-4,5,-2)^{\mathrm{T}}$ 的秩为 2,则 $t=$ ________.

6. 设 n 维向量组 $\boldsymbol{\alpha}_1$, $\boldsymbol{\alpha}_2$, $\boldsymbol{\alpha}_3$, $\boldsymbol{\alpha}_4$ 的秩为 4,则向量组 $\boldsymbol{\beta}_1=\boldsymbol{\alpha}_1+k_1\boldsymbol{\alpha}_2$, $\boldsymbol{\beta}_2=\boldsymbol{\alpha}_2+k_2\boldsymbol{\alpha}_3$, $\boldsymbol{\beta}_3=\boldsymbol{\alpha}_3+k_3\boldsymbol{\alpha}_4$ 的秩为________.

7. 设 $\boldsymbol{\alpha}=\begin{pmatrix}1\\0\\-1\\2\end{pmatrix}$, $\boldsymbol{\beta}=(0,1,0,2)$,矩阵 $\boldsymbol{A}=\boldsymbol{\alpha\beta}$,则 $r(\boldsymbol{A})=$ ________.

8. 设 n 阶方阵 $\boldsymbol{A}$,且 $r(\boldsymbol{A})=n$,则 $r(\boldsymbol{A}^*)=$ ________.

9. 设 n 阶方阵 $\boldsymbol{A}$,且 $r(\boldsymbol{A})=n-1$,则 $r(\boldsymbol{A}^*)=$ ________.

10. 设 n 阶方阵 $\boldsymbol{A}$,且 $r(\boldsymbol{A})<n$,则 $r(\boldsymbol{A}^*)=$ ________.

11. 如果四元线性方程组 $\boldsymbol{Ax}=\mathbf{0}$ 的同解方程组是 $\begin{cases}x_1=-3x_3,\\x_2=0,\end{cases}$ 则有秩$(\boldsymbol{A})=$ ________, 自由未知量的个数为________, $\boldsymbol{Ax}=\mathbf{0}$ 的基础解系里有________个解向量.

12. 设 n 阶矩阵 $\boldsymbol{A}$ 的各行元素和均为零,且 $\boldsymbol{A}$ 的秩为 $n-1$, 则线性方程组 $\boldsymbol{Ax}=\mathbf{0}$ 的通解为________________.

13. 设 $\boldsymbol{A}=\begin{pmatrix}1&2&-2\\4&a&3\\3&-1&1\end{pmatrix}$, $\boldsymbol{B}$ 为三阶非零矩阵,且 $\boldsymbol{AB}=\mathbf{0}$,则 $a=$ ________.

14. 齐次线性方程组 $\begin{cases}\lambda x_1+x_2+x_3=0,\\ x_1+\lambda x_2+x_3=0,\\ x_1+x_2+\lambda x_3=0\end{cases}$ 只有零解，则 λ 应满足的条件是________.

15. 设 $\boldsymbol{A}$ 为五阶方阵，且 $r(\boldsymbol{A})=3$，则线性空间 $W=\{\boldsymbol{x}\mid\boldsymbol{A}\boldsymbol{x}=\boldsymbol{0}\}$ 的维数是________.

16. 设 $\boldsymbol{\eta}_1,\boldsymbol{\eta}_2,\cdots,\boldsymbol{\eta}_s$ 是非齐次线性方程组 $\boldsymbol{A}\boldsymbol{x}=\boldsymbol{b}$ 的一组解向量，如果 $c_1\boldsymbol{\eta}_1+c_2\boldsymbol{\eta}_2+\cdots+c_s\boldsymbol{\eta}_s$ 也是该方程组的一个解，则 $c_1+c_2+\cdots+c_s=$________.

17. 设 $\boldsymbol{A}$ 是 n 阶方阵，x_1, x_2 均为方程组 $\boldsymbol{A}\boldsymbol{x}=\boldsymbol{b}$ 的解，且 $x_1\neq x_2$，则 $|\boldsymbol{A}|=$________.

18. 若线性方程组 $\begin{cases}x_1-x_2=a_1,\\ x_2-x_3=a_2,\\ x_3-x_4=a_3,\\ x_4-x_1=a_4\end{cases}$ 有解，则常数 a_1,a_2,a_3,a_4 应满足条件________.

二、选择题

1. 设向量 $\boldsymbol{\alpha}_1=(1,a,a^2)$，$\boldsymbol{\alpha}_2=(1,b,b^2)$，$\boldsymbol{\alpha}_3=(1,c,c^2)$，则向量组 $\boldsymbol{\alpha}_1,\boldsymbol{\alpha}_2,\boldsymbol{\alpha}_3$ 线性无关的充分必要条件是(　　).

A. a,b,c 全不为零　　B. a,b,c 不全为零

C. a,b,c 不全相等　　D. a,b,c 互不相等

2. 向量组Ⅰ：$\boldsymbol{\alpha}_1,\boldsymbol{\alpha}_2,\cdots,\boldsymbol{\alpha}_r$ 和向量组Ⅱ：$\boldsymbol{\beta}_1,\boldsymbol{\beta}_2,\cdots,\boldsymbol{\beta}_s$ 等价的定义是向量组(　　).

A. Ⅰ和Ⅱ可互相线性表示

B. Ⅰ和Ⅱ中有一组可由另一组线性表示

C. Ⅰ和Ⅱ中所含向量的个数相等

D. Ⅰ和Ⅱ的秩相等

3. 从矩阵关系式 $\boldsymbol{C}=\boldsymbol{AB}$ 可知 $\boldsymbol{C}$ 的列向量组是(　　).

A. $\boldsymbol{A}$ 的列向量组的线性组合　　B. $\boldsymbol{B}$ 的列向量组的线性组合

C. $\boldsymbol{A}$ 的行向量组的线性组合　　D. $\boldsymbol{B}$ 的行向量组的线性组合

4. 设 $\boldsymbol{A}$ 为 n 阶方阵，$\boldsymbol{AB}=\boldsymbol{O}$，且 $\boldsymbol{B}\neq\boldsymbol{O}$，则(　　).

A. $\boldsymbol{A}$ 的列向量组线性无关　　B. $\boldsymbol{A}=\boldsymbol{O}$

C. $\boldsymbol{A}$ 的列向量组线性相关　　D. $\boldsymbol{A}$ 的行向量组线性无关

5. 设有向量组 $\boldsymbol{A}$：$\boldsymbol{\alpha}_1,\boldsymbol{\alpha}_2,\boldsymbol{\alpha}_3,\boldsymbol{\alpha}_4$，其中 $\boldsymbol{\alpha}_1,\boldsymbol{\alpha}_2,\boldsymbol{\alpha}_3$ 线性无关，则(　　).

A. $\boldsymbol{\alpha}_1,\boldsymbol{\alpha}_3$ 线性无关　　B. $\boldsymbol{\alpha}_1,\boldsymbol{\alpha}_2,\boldsymbol{\alpha}_3,\boldsymbol{\alpha}_4$ 线性无关

C. $\boldsymbol{\alpha}_1,\boldsymbol{\alpha}_2,\boldsymbol{\alpha}_3,\boldsymbol{\alpha}_4$ 线性相关　　D. $\boldsymbol{\alpha}_2,\boldsymbol{\alpha}_3,\boldsymbol{\alpha}_4$ 线性相关

6. 设 $\boldsymbol{A},\boldsymbol{B}$ 分别为 $m\times n$ 和 $m\times k$ 矩阵，向量组Ⅰ是由 $\boldsymbol{A}$ 的列向量构成的向量组，向量组Ⅱ是由 $(\boldsymbol{A},\boldsymbol{B})$ 的列向量构成的向量组，则必有(　　).

A. 若Ⅰ线性无关，则Ⅱ线性无关　　B. 若Ⅰ线性无关，则Ⅱ线性相关

C. 若Ⅱ线性无关，则Ⅰ线性无关　　D. 若Ⅱ线性无关，则Ⅰ线性相关

7. 设三阶方阵 $\boldsymbol{A}$ 的元素全为 1，则秩 $r(\boldsymbol{A})$ 为(　　).

A. 0　　B. 1　　C. 2　　D. 3

8. 已知 3×4 矩阵 $\boldsymbol{A}$ 的行向量组线性无关，则秩 $r(\boldsymbol{A})^{\mathrm{T}}$ 等于(　　).

A. 1　　B. 2　　C. 3　　D. 4

9. 设 $\boldsymbol{A}$ 为 $m\times n$ 矩阵，$\boldsymbol{C}$ 是 n 阶可逆矩阵，$\boldsymbol{A}$ 的秩为 r_1，$\boldsymbol{B}=\boldsymbol{AC}$ 的秩为 r，则(　　).

A. $r>r_1$　　B. $r=r_1$

C. $r<r_1$　　D. r 与 r_1 的关系不能确定

10. 齐次线性方程组 $\boldsymbol{Ax}=\boldsymbol{0}$ 仅有零解的充要条件是(　　).

A. $\boldsymbol{A}$ 的行向量组线性无关　　B. $\boldsymbol{A}$ 的列向量组线性无关

C. $\boldsymbol{A}$ 的列向量组线性相关　　D. $\boldsymbol{A}$ 的行向量组线性相关

11. 设 $\boldsymbol{\eta}_1,\boldsymbol{\eta}_2,\boldsymbol{\eta}_3$ 是方程组 $\boldsymbol{Ax}=\boldsymbol{0}$ 的一个基础解系，则下面也为该方程组 $\boldsymbol{0}$ 的基础解系的是(　　).

A. $\boldsymbol{\eta}_1-\boldsymbol{\eta}_3,\ 3\boldsymbol{\eta}_2-\boldsymbol{\eta}_3,\ -\boldsymbol{\eta}_1-3\boldsymbol{\eta}_2+2\boldsymbol{\eta}_3$

B. $\boldsymbol{\eta}_1+2\boldsymbol{\eta}_2+\boldsymbol{\eta}_3,\ \boldsymbol{\eta}_1+\boldsymbol{\eta}_2,\ \boldsymbol{\eta}_2+\boldsymbol{\eta}_3$

C. $\boldsymbol{\eta}_1+\boldsymbol{\eta}_3,\ 2\boldsymbol{\eta}_1+\boldsymbol{\eta}_2,\ \boldsymbol{\eta}_1-\boldsymbol{\eta}_2+3\boldsymbol{\eta}_3$

D. $\boldsymbol{\eta}_1,\ \boldsymbol{\eta}_1+\boldsymbol{\eta}_2,\ \boldsymbol{\eta}_1+\boldsymbol{\eta}_2+\boldsymbol{\eta}_3$

12. 设 $\boldsymbol{A}$ 为 n 阶方阵，且秩 $(\boldsymbol{A})=n-1$，$\boldsymbol{\alpha}_1,\boldsymbol{\alpha}_2$，是 $\boldsymbol{Ax}=\boldsymbol{0}$ 的两个不同的解，则 $\boldsymbol{Ax}=\boldsymbol{0}$ 的通解为(　　).

A. $k\boldsymbol{\alpha}_1$　　B. $k\boldsymbol{\alpha}_2$

C. $k(\boldsymbol{\alpha}_1-\boldsymbol{\alpha}_2)$　　D. $k(\boldsymbol{\alpha}_1+\boldsymbol{\alpha}_2)$

13. 设 $\boldsymbol{\alpha}_1,\boldsymbol{\alpha}_2,\boldsymbol{\alpha}_3$ 是四元非齐次线性方程组 $\boldsymbol{Ax}=\boldsymbol{b}$ 的三个解向量，且秩 $(\boldsymbol{A})=3$，$\boldsymbol{\alpha}_1(1,2,3,4)^{\mathrm{T}}$，$\boldsymbol{\alpha}_2+\boldsymbol{\alpha}_3=(0,1,2,3)^{\mathrm{T}}$，则线性方程组 $\boldsymbol{Ax}=\boldsymbol{b}$ 的通解为(　　).

A. $\begin{pmatrix}1\\2\\3\\4\end{pmatrix}+k\begin{pmatrix}1\\1\\1\\1\end{pmatrix}$　　B. $\begin{pmatrix}1\\2\\3\\4\end{pmatrix}+k\begin{pmatrix}0\\1\\2\\3\end{pmatrix}$

C. $\begin{pmatrix}1\\2\\3\\4\end{pmatrix}+k\begin{pmatrix}2\\3\\4\\5\end{pmatrix}$　　D. $\begin{pmatrix}1\\2\\3\\4\end{pmatrix}+k\begin{pmatrix}3\\4\\5\\6\end{pmatrix}$

14. 已知 $\boldsymbol{\beta}_1,\boldsymbol{\beta}_2$ 是非齐次线性方程组 $\boldsymbol{Ax}=\boldsymbol{b}$ 的两个不同的解，$\boldsymbol{\alpha}_1,\boldsymbol{\alpha}_2$ 是对应的齐次线性方程组 $\boldsymbol{Ax}=\boldsymbol{0}$ 的基础解系，k_1,k_2 为任意常数，则方程组 $\boldsymbol{Ax}=\boldsymbol{b}$ 的通解必定是(　　).

A. $k_1\boldsymbol{\alpha}_1+k_2(\boldsymbol{\alpha}_1+\boldsymbol{\alpha}_2)+\dfrac{\boldsymbol{\beta}_1-\boldsymbol{\beta}_2}{2}$　　B. $k_1\boldsymbol{\alpha}_1+k_2(\boldsymbol{\alpha}_1-\boldsymbol{\alpha}_2)+\dfrac{\boldsymbol{\beta}_1+\boldsymbol{\beta}_2}{2}$

C. $k_1\boldsymbol{\alpha}_1+k_2(\boldsymbol{\beta}_1+\boldsymbol{\beta}_2)+\dfrac{\boldsymbol{\beta}_1-\boldsymbol{\beta}_2}{2}$　　D. $k_1\boldsymbol{\alpha}_1+k_2(\boldsymbol{\beta}_1-\boldsymbol{\beta}_2)+\dfrac{\boldsymbol{\beta}_1-\boldsymbol{\beta}_2}{2}$

15. 当 λ 取(　　)时，方程组 $\begin{cases}x_1+2x_2-x_3=\lambda-1,\\3x_2-x_3=\lambda-2,\\\lambda x_2-x_3=(\lambda-3)(\lambda-4)+(\lambda-2)\end{cases}$ 有无穷多解.

A. 1　　B. 2　　C. 3　　D. 4

三、计算题

1. 设 $\boldsymbol{\alpha}_1=(1, 4, 0, 2)^{\mathrm{T}}$，$\boldsymbol{\alpha}_2=(2, 7, 1, 3)^{\mathrm{T}}$，$\boldsymbol{\alpha}_3=(0, 1, -1, a)^{\mathrm{T}}$，$\boldsymbol{\beta}=(3, 10, b, 4)^{\mathrm{T}}$. 问：

(1) a, b 取何值时，$\boldsymbol{\beta}$ 不能由 $\boldsymbol{\alpha}_1$，$\boldsymbol{\alpha}_2$，$\boldsymbol{\alpha}_3$ 线性表示？

(2) a, b 取何值时，$\boldsymbol{\beta}$ 可由 $\boldsymbol{\alpha}_1$，$\boldsymbol{\alpha}_2$，$\boldsymbol{\alpha}_3$ 线性表示？并写出此表达式.

2. 设 $\boldsymbol{\alpha}_1=(6, a+1, 3)^{\mathrm{T}}$，$\boldsymbol{\alpha}_2=(a, 2, -2)^{\mathrm{T}}$，$\boldsymbol{\alpha}_3=(a, 1, 0)^{\mathrm{T}}$，$\boldsymbol{\alpha}_4=(0, 1, a)^{\mathrm{T}}$. 试问：

(1) a 为何值时，$\boldsymbol{\alpha}_1$，$\boldsymbol{\alpha}_2$ 线性相关？线性无关？

(2) a 为何值时，$\boldsymbol{\alpha}_1$，$\boldsymbol{\alpha}_2$，$\boldsymbol{\alpha}_3$ 线性相关？线性无关？

(3) a 为何值时，$\boldsymbol{\alpha}_1$，$\boldsymbol{\alpha}_2$，$\boldsymbol{\alpha}_3$，$\boldsymbol{\alpha}_4$ 线性相关？线性无关？

3. 求向量组 $\boldsymbol{\alpha}_1=(2, 1, 3, -1)^{\mathrm{T}}$，$\boldsymbol{\alpha}_2=(3, -1, 2, 0)^{\mathrm{T}}$，$\boldsymbol{\alpha}_3=(1, 3, 4, -2)^{\mathrm{T}}$，$\boldsymbol{\alpha}_4=(4, -3, 1, 1)^{\mathrm{T}}$ 的一个极大无关组，并将其余向量用此极大无关组线性表示.

4. 设 $\boldsymbol{A}$ 是 n 阶矩阵，若存在正整数 k，使线性方程组 $\boldsymbol{A}^k\boldsymbol{x}=\boldsymbol{0}$ 有解向量，且 $\boldsymbol{A}^{k-1}\boldsymbol{\alpha}\neq\boldsymbol{0}$. 证明：向量 $\boldsymbol{\alpha}$, $\boldsymbol{A\alpha}$, …, $A^{k-1}\boldsymbol{\alpha}$ 线性无关.

5. 已知向量组Ⅰ：$\boldsymbol{\alpha}_1$，$\boldsymbol{\alpha}_2$，$\boldsymbol{\alpha}_3$ 和向量组Ⅱ：$\boldsymbol{\beta}_1$，$\boldsymbol{\beta}_2$，$\boldsymbol{\beta}_3$，且 $\begin{cases}\boldsymbol{\beta}_1=\boldsymbol{\alpha}_1-\boldsymbol{\alpha}_2+\boldsymbol{\alpha}_3,\\ \boldsymbol{\beta}_2=\boldsymbol{\alpha}_1+\boldsymbol{\alpha}_2-\boldsymbol{\alpha}_3,\\ \boldsymbol{\beta}_3=-\boldsymbol{\alpha}_1+\boldsymbol{\alpha}_2+\boldsymbol{\alpha}_3,\end{cases}$ 试判断向量组Ⅰ和Ⅱ是否等价.

6. 已知矩阵 $\boldsymbol{A}=\begin{pmatrix}1&3&2&k\\-1&1&k&1\\1&7&5&3\end{pmatrix}$，秩$(\boldsymbol{A})=2$，求 k 的值.

7. 设矩阵 $\boldsymbol{A}=\begin{pmatrix}1&-2&-1&0&2\\-2&4&2&6&-6\\2&-1&0&2&3\\3&3&3&3&4\end{pmatrix}$. 求：

(1) 秩$(\boldsymbol{A})$；

(2) $\boldsymbol{A}$ 的列向量组的一个最大线性无关组.

8. 设 $\boldsymbol{A}$ 为 $m\times n$ 矩阵，$\boldsymbol{B}$ 为 $n\times m$ 矩阵，且 $m>n$，证明：$|\boldsymbol{AB}|=0$.

9. 设 $\boldsymbol{\alpha}_1$，$\boldsymbol{\alpha}_2$，$\boldsymbol{\alpha}_3$ 是一向量组的极大无关组，且 $\boldsymbol{\beta}_1=\boldsymbol{\alpha}_1+\boldsymbol{\alpha}_2+\boldsymbol{\alpha}_3$，$\boldsymbol{\beta}_2=\boldsymbol{\alpha}_1+\boldsymbol{\alpha}_2+2\boldsymbol{\alpha}_3$，$\boldsymbol{\beta}_3=\boldsymbol{\alpha}_1+2\boldsymbol{\alpha}_2+3\boldsymbol{\alpha}_3$，证明：$\boldsymbol{\beta}_1$，$\boldsymbol{\beta}_2$，$\boldsymbol{\beta}_3$，也是该向量组的极大无关组.

10. 求齐次线性方程组

$$\begin{cases}x_1+x_2+x_5=0,\\ x_1+x_2-x_3=0,\\ x_3+x_4+x_5=0\end{cases}$$

的基础解系.

11. 设 $\boldsymbol{A}=\begin{pmatrix}1&1&2\\2&2&4\\3&3&6\end{pmatrix}$，求一秩为 2 的三阶方阵 $\boldsymbol{B}$，使 $\boldsymbol{AB}=\boldsymbol{O}$.

12. 试问λ取何值时，方程组

$$\begin{cases}\lambda x_1+x_2+x_3=1,\\ x_1+\lambda x_2+x_3=\lambda,\\ x_1+x_2+\lambda x_3=\lambda^2\end{cases}$$

无解、有唯一解、有无穷多解？并在有解的情况下求出它的所有解.

13. 设$\boldsymbol{\eta}_0$是非齐次线性方程组$\boldsymbol{Ax}=\boldsymbol{b}$的一个特解，$\boldsymbol{\xi}_1$，$\boldsymbol{\xi}_2$是其导出组$\boldsymbol{Ax}=\boldsymbol{0}$的一个基础解系.试证明：

(1) $\boldsymbol{\eta}_1=\boldsymbol{\eta}_0+\boldsymbol{\xi}_1$，$\boldsymbol{\eta}_2=\boldsymbol{\eta}_0+\boldsymbol{\xi}_2$ 均是$\boldsymbol{Ax}=\boldsymbol{b}$的解；

(2) $\boldsymbol{\eta}_0$，$\boldsymbol{\eta}_1$，$\boldsymbol{\eta}_2$ 线性无关.

14. 已知非齐次线性方程组

$$\begin{cases}x_1+x_2+x_3+x_4=-1,\\ 4x_1+3x_2+5x_3-x_4=-1,\\ ax_1+x_2+3x_3-bx_4=1\end{cases}$$

有3个线性无关的解，

(1) 证明方程组系数矩阵$\boldsymbol{A}$的秩为2.

(2) 求a，b的值及方程组的通解.

15. 设

$$\boldsymbol{A}=\begin{pmatrix}\lambda & 1 & 1\\ 0 & \lambda-1 & 0\\ 1 & 1 & \lambda\end{pmatrix},\quad \boldsymbol{b}=\begin{pmatrix}a\\ 1\\ 1\end{pmatrix}.$$

已知线性方程组$\boldsymbol{Ax}=\boldsymbol{b}$存在两个不同的解，求：

(1) λ，a；

(2) 方程组$\boldsymbol{Ax}=\boldsymbol{b}$的通解.

16. 已知四阶方阵$\boldsymbol{A}=(\boldsymbol{\alpha}_1,\boldsymbol{\alpha}_2,\boldsymbol{\alpha}_3,\boldsymbol{\alpha}_4)$，$\boldsymbol{\alpha}_1$，$\boldsymbol{\alpha}_2$，$\boldsymbol{\alpha}_3$，$\boldsymbol{\alpha}_4$ 均为四维列向量，其中$\boldsymbol{\alpha}_2$，$\boldsymbol{\alpha}_3$，$\boldsymbol{\alpha}_4$线性无关，$\boldsymbol{\alpha}_1=2\boldsymbol{\alpha}_2-\boldsymbol{\alpha}_3$.若$\boldsymbol{\beta}=\boldsymbol{\alpha}_1+\boldsymbol{\alpha}_2+\boldsymbol{\alpha}_3+\boldsymbol{\alpha}_4$，求线性方程组$\boldsymbol{Ax}=\boldsymbol{\beta}$的通解.

第 4 章　特征值与特征向量

在本章中，将介绍矩阵的特征值、特征向量的概念、性质，以线性方程组的解的理论和求解方法为基础，给出方阵的特征值和特征向量的具体求法，研讨方阵化为对角阵的问题，并具体应用到实对称阵的对角化问题上. 这些内容是线性代数中比较重要的内容之一，它们在数学的其他分支以及物理、力学及其他许多学科中有着广泛的应用.

◆ **应用实例:城乡人口的流动问题**

全面建设社会主义小康社会，研究城乡人口的合理流动问题对城镇规划以及资源的合理配置具有重要的意义。我们国家现在人口的流动比例比较高，研究人口的趋势，并对城乡的人口流动作适当的预测具有很大意义.

对城乡人口流动的年度调查发现:每年农村居民有 2.5% 迁往城镇，城镇居民有 1% 迁往乡村. 假设城乡总人口保持不变，并且人口流动的这种趋势保持下去，那么今后各年住在城镇和农村的人口分别会是多少?

§4.1　特征值与特征向量

一、特征值与特征向量的定义

定义 1　设 $\boldsymbol{A}=(a_{ij})$ 为 n 阶矩阵，如果存在数 λ 和 n 维非零列向量 $\boldsymbol{x}$ 满足

$$\boldsymbol{A}\boldsymbol{x}=\lambda\boldsymbol{x}, \tag{1}$$

则称 λ 是 $\boldsymbol{A}$ 的一个**特征值**，相应的非零列向量 $\boldsymbol{x}$ 称为与特征值 λ 对应的**特征向量**.

将式(1)改写为

$$(\lambda\boldsymbol{E}_n-\boldsymbol{A})\boldsymbol{x}=\boldsymbol{0}, \tag{2}$$

即 n 元齐次线性方程组

$$\begin{cases}(\lambda-a_{11})x_1-a_{12}x_2-\cdots-a_{1n}x_n=0,\\-a_{21}x_1+(\lambda-a_{22})x_2-\cdots-a_{2n}x_n=0,\\\qquad\vdots\\-a_{n1}x_1-a_{n2}x_2-\cdots+(\lambda-a_{nn})x_n=0,\end{cases}\tag{3}$$

再把 λ 看成待定参数，那么 x 就是齐次线性方程组 $(\lambda\boldsymbol{E}_n-\boldsymbol{A})\boldsymbol{x}=\boldsymbol{0}$ 的一个非零解. 此方程组存在非零解的充分必要条件为系数行列式等于零，即 $|\lambda\boldsymbol{E}_n-\boldsymbol{A}|=0$.

例 1 设 λ 是 n 阶可逆矩阵 $\boldsymbol{A}$ 的一个特征值，证明：

(1) $\dfrac{1}{\lambda}$ 是 $\boldsymbol{A}^{-1}$ 的特征值 $(\lambda\neq 0)$；

(2) $\dfrac{|\boldsymbol{A}|}{\lambda}$ 是的伴随矩阵 $\boldsymbol{A}^*$ 的特征值 $(\lambda\neq 0)$.

证明 (1) 由条件知有非零向量 $\boldsymbol{x}$ 满足 $\boldsymbol{A}\boldsymbol{x}=\lambda\boldsymbol{x}$，两边同时左乘 $\boldsymbol{A}^{-1}$，得 $\boldsymbol{x}=\lambda\boldsymbol{A}^{-1}\boldsymbol{x}$. 由于 $\boldsymbol{x}$ 为非零向量，故 $\lambda\neq 0$，于是有 $\boldsymbol{A}^{-1}\boldsymbol{x}=\dfrac{1}{\lambda}\boldsymbol{x}$，即 $\dfrac{1}{\lambda}$ 是 $\boldsymbol{A}^{-1}$ 的特征值.

(2) 由于 $\boldsymbol{A}^{-1}=\dfrac{1}{|\boldsymbol{A}|}\boldsymbol{A}^*$，故 $\dfrac{1}{|\boldsymbol{A}|}\boldsymbol{A}^*\boldsymbol{x}=\dfrac{1}{\lambda}\boldsymbol{x}$，即 $\boldsymbol{A}^*\boldsymbol{x}=\dfrac{|\boldsymbol{A}|}{\lambda}\boldsymbol{x}$，故 $\dfrac{|\boldsymbol{A}|}{\lambda}$ 是 $\boldsymbol{A}$ 的伴随矩阵的特征值.

定义 2 设 $\boldsymbol{A}$ 为 n 阶矩阵，含有未知数 λ 的矩阵 $\lambda\boldsymbol{E}_n-\boldsymbol{A}$，称为 $\boldsymbol{A}$ 的特征矩阵，其行列式 $|\lambda\boldsymbol{E}_n-\boldsymbol{A}|$ 为 λ 的 n 次多项式，称为 $\boldsymbol{A}$ 的**特征多项式**，$|\lambda\boldsymbol{E}_n-\boldsymbol{A}|=0$ 称为 $\boldsymbol{A}$ 的**特征方程**.

下面我们讨论特征多项式的特点. 在

$$|\lambda\boldsymbol{E}_n-\boldsymbol{A}|=\begin{vmatrix}\lambda-a_{11} & -a_{12} & \cdots & -a_{1n}\\-a_{21} & \lambda-a_{22} & \cdots & -a_{2n}\\\vdots & \vdots & & \vdots\\-a_{n1} & -a_{n2} & \cdots & \lambda-a_{nn}\end{vmatrix}$$

的展开式中，有一项是主对角线上元素的连乘积 $(\lambda-a_{11})(\lambda-a_{22})\cdots(\lambda-a_{nn})$，展开式中其余各项至多包含 $n-2$ 个主对角线上元素，它对 λ 的次数最多是 $n-2$，因此特征多项式中含 λ 的 n 次与 $n-1$ 次的项只能在主对角线上元素的连乘积中出现，它们是

$$\lambda^n-(a_{11}+a_{22}+\cdots+a_{nn})\lambda^{n-1}.$$

在特征多项式中令 $\lambda=0$，即得常数项 $|-\boldsymbol{A}|=(-1)^n|\boldsymbol{A}|$.

因此，如果只写出特征多项式的前两项与常数项，就有

$$|\lambda \boldsymbol{E}_n - \boldsymbol{A}| = \lambda^n - (a_{11} + a_{22} + \cdots + a_{nn})\lambda^{n-1} + \cdots + (-1)^n |\boldsymbol{A}|.$$

由于 $|\lambda \boldsymbol{E}_n - \boldsymbol{A}| = (\lambda - a_{11})(\lambda - a_{22})\cdots(\lambda - a_{nn}) + \cdots$，在省略的各项中不含 λ 的幂次高于 $n-2$ 的项，所以 n 阶方阵 $\boldsymbol{A}$ 的特征多项式一定是 λ 的 n 次多项式. $\boldsymbol{A}$ 的特征方程的 n 个根（复根，包括实根或虚根，r 重根按 r 个计算）就是 $\boldsymbol{A}$ 的 n 个特征根. 从而，在复数范围内，n 阶方阵 $\boldsymbol{A}$ 一定有 n 个特征根.

设 n 阶方阵 $\boldsymbol{A}$ 的特征值为 $\lambda_1, \lambda_2, \cdots, \lambda_n$，由多项式的根与系数之间的关系即可得出：

(1) $\lambda_1 + \lambda_2 + \cdots + \lambda_n = a_{11} + a_{22} + \cdots + a_{nn}$；

(2) $\lambda_1\lambda_2\cdots\lambda_n = |\boldsymbol{A}|$.

一般地，我们将 $a_{11} + a_{22} + \cdots + a_{nn}$ 称为矩阵 $\boldsymbol{A}$ 的**迹**，记为 $\mathrm{tr}\,\boldsymbol{A}$.

综上所述，对于给定的 n 阶方阵 $\boldsymbol{A}$，求它的特征值就是求它的特征方程 $|\lambda \boldsymbol{E}_n - \boldsymbol{A}| = 0$ 的 n 个根. 而对于取定的一个特征值 λ_0，$\boldsymbol{A}$ 的相应于这个特征值 λ_0 的特征向量，就是对应的齐次线性方程组 $(\lambda_0 \boldsymbol{E}_n - \boldsymbol{A})\boldsymbol{x} = \boldsymbol{0}$ 的所有非零解.

注意　虽然零向量也是 $(\lambda_0 \boldsymbol{E}_n - \boldsymbol{A})\boldsymbol{x} = \boldsymbol{0}$ 的解，但零向量不是 $\boldsymbol{A}$ 的特征向量.

例 2　求矩阵 $\boldsymbol{A} = \begin{pmatrix} 3 & 1 \\ 5 & -1 \end{pmatrix}$ 的特征值与特征向量.

解　矩阵 $\boldsymbol{A}$ 的特征方程为

$$|\lambda \boldsymbol{E} - \boldsymbol{A}| = \begin{vmatrix} \lambda - 3 & -1 \\ -5 & \lambda + 1 \end{vmatrix} = 0,$$

化简得 $(\lambda - 4)(\lambda + 2) = 0$，所以 $\lambda_1 = 4$，$\lambda_2 = -2$ 是矩阵 $\boldsymbol{A}$ 的两个不同的特征值.

将 $\lambda_1 = 4$ 代入与特征方程对应的齐次线性方程组，得

$$\begin{cases} x_1 - x_2 = 0, \\ -5x_1 + 5x_2 = 0. \end{cases}$$

它的基础解系是 $\begin{pmatrix} 1 \\ 1 \end{pmatrix}$，所以 $c\begin{pmatrix} 1 \\ 1 \end{pmatrix}$ $(c \neq 0)$ 是矩阵 $\boldsymbol{A}$ 对应于 $\lambda_1 = 4$ 的全部特征向量.

将 $\lambda_2 = -2$ 代入与特征方程对应的齐次线性方程组，得

$$\begin{cases} -5x_1 - x_2 - 0, \\ -5x_1 - x_2 = 0. \end{cases}$$

它的基础解系是 $\begin{pmatrix} 1 \\ -5 \end{pmatrix}$，所以 $c\begin{pmatrix} 1 \\ -5 \end{pmatrix}$ $(c \neq 0)$ 是矩阵 $\boldsymbol{A}$ 对应于 $\lambda_2 = -2$ 的全部

特征向量.

例 3 求矩阵 $A=\begin{pmatrix}-1&1&0\\-4&3&0\\1&0&2\end{pmatrix}$ 的特征值与特征向量.

解 矩阵 A 的特征方程为

$$|\lambda E-A|=\begin{vmatrix}\lambda+1&-1&0\\4&\lambda-3&0\\-1&0&\lambda-2\end{vmatrix}=0,$$

化简得 $(\lambda-2)(\lambda-1)^2=0$，所以 $\lambda_1=2$，$\lambda_2=\lambda_3=1$ 是矩阵 A 的特征值，其中"1"的矩阵 A 的二重特征值.

将 $\lambda_1=2$ 代入与特征方程对应的齐次线性方程组，得

$$\begin{cases}3x_1-x_2=0,\\4x_1-x_2=0,\\-x_1=0.\end{cases}$$

它的基础解系是 $\begin{pmatrix}0\\0\\1\end{pmatrix}$，所以 $c\begin{pmatrix}0\\0\\1\end{pmatrix}$ $(c\neq 0)$ 是矩阵 A 对应于 $\lambda_1=2$ 的全部特征向量.

将 $\lambda_2=\lambda_3=1$ 代入与特征方程对应的齐次线性方程组(3)，得

$$\begin{cases}2x_1-x_2=0,\\4x_1-2x_2=0,\\-x_1-x_3=0.\end{cases}$$

它的基础解系是 $\begin{pmatrix}1\\2\\-1\end{pmatrix}$，所以 $c\begin{pmatrix}1\\2\\-1\end{pmatrix}$ $(c\neq 0)$ 是矩阵 A 对应于二重特征值 $\lambda_2=\lambda_3=1$ 的全部特征向量.

例 4 求矩阵 $A=\begin{pmatrix}4&6&0\\-3&-5&0\\-3&-6&1\end{pmatrix}$ 的特征值与特征向量.

解 由

$$|\lambda E-A|=\begin{vmatrix}\lambda-4&-6&0\\3&\lambda+5&0\\3&6&\lambda-1\end{vmatrix}=(\lambda+2)(\lambda-1)^2=0,$$

得特征值 $\lambda_1=-2$，$\lambda_2=\lambda_3=1$.

当 $\lambda_1=-2$ 时,有

$$\begin{cases}-6x_1-6x_2=0,\\3x_1+3x_2=0,\\3x_1+6x_2-3x_3=0.\end{cases}$$

它的基础解系是 $\begin{pmatrix}-1\\1\\1\end{pmatrix}$,所以 $c\begin{pmatrix}-1\\1\\1\end{pmatrix}$ $(c\neq0)$ 是矩阵 $\boldsymbol{A}$ 对应于 $\lambda_1=-2$ 的全部特征向量.

当 $\lambda_2=\lambda_3=1$ 时,有

$$\begin{cases}-3x_1-6x_2=0,\\3x_1+6x_2=0,\\3x_1+6x_2=0.\end{cases}$$

它的基础解系是 $\begin{pmatrix}-2\\1\\0\end{pmatrix}$, $\begin{pmatrix}0\\0\\1\end{pmatrix}$,所以对应于 $\lambda_2=\lambda_3=1$，矩阵 $\boldsymbol{A}$ 的全部特征向量是

$$c_1\begin{pmatrix}-2\\1\\0\end{pmatrix}+c_2\begin{pmatrix}0\\0\\1\end{pmatrix}\quad(c_1,\ c_2\ \text{不全为零}).$$

例 5　设矩阵 $\boldsymbol{A}=\begin{pmatrix}2&1&1\\1&2&1\\1&1&a\end{pmatrix}$ 可逆,向量 $\boldsymbol{\alpha}=\begin{pmatrix}1\\b\\1\end{pmatrix}$ 是矩阵 $\boldsymbol{A}^*$ 的一个特征向量，λ 是 $\boldsymbol{\alpha}$ 对应的特征值,其中 $\boldsymbol{A}^*$ 是矩阵 $\boldsymbol{A}$ 的伴随矩阵,试求 a, b 和 λ 的值.

解　矩阵 $\boldsymbol{A}^*$ 属于特征值 λ 的特征向量为 $\boldsymbol{\alpha}$,由于矩阵 $\boldsymbol{A}$ 可逆,故 $\boldsymbol{A}^*$ 可逆. 于是 $\lambda\neq0$, $|\boldsymbol{A}|\neq0$, 且

$$\boldsymbol{A}^*\boldsymbol{\alpha}=\lambda\boldsymbol{\alpha}.$$

两边同时左乘矩阵 $\boldsymbol{A}$,得

$$\boldsymbol{A}\boldsymbol{A}^*\boldsymbol{\alpha}=\lambda\boldsymbol{A}\boldsymbol{\alpha},\quad \boldsymbol{A}\boldsymbol{\alpha}=\frac{|\boldsymbol{A}|}{\lambda}\boldsymbol{\alpha},$$

即

$$\begin{pmatrix} 2 & 1 & 1 \\ 1 & 2 & 1 \\ 1 & 1 & a \end{pmatrix}\begin{pmatrix} 1 \\ b \\ 1 \end{pmatrix} = \frac{|\boldsymbol{A}|}{\lambda}\begin{pmatrix} 1 \\ b \\ 1 \end{pmatrix}.$$

由此，得方程组

$$\begin{cases} 3+b = \dfrac{|\boldsymbol{A}|}{\lambda}, & (5) \\ 2+2b = \dfrac{|\boldsymbol{A}|}{\lambda}b, & (6) \\ a+b+1 = \dfrac{|\boldsymbol{A}|}{\lambda}. & (7) \end{cases}$$

由式(5)，式(6)，解得

$$b = 1 \quad 或 \quad b = -2.$$

由式(5)，式(7)，解得

$$a = 2.$$

由于

$$|\boldsymbol{A}| = \begin{vmatrix} 2 & 1 & 1 \\ 1 & 2 & 1 \\ 1 & 1 & a \end{vmatrix} = 3a - 2 = 4,$$

根据式(5)知，特征向量 $\boldsymbol{\alpha}$ 所对应的特征值

$$\lambda = \frac{|\boldsymbol{A}|}{3+b} = \frac{4}{3+b}.$$

所以，当 $b=1$ 时，$\lambda = 1$；当 $b=-2$ 时，$\lambda = 4$.

二、关于特征值与特征向量的若干结论

首先，我们指出以下几个重要事实.

命题 1 实方阵的特征值未必是实数，特征向量也未必是实向量.

例如，设 $\boldsymbol{A} = \begin{pmatrix} 0 & 1 \\ -1 & 0 \end{pmatrix}$，容易求得 $\boldsymbol{A}$ 的特征值为 $\lambda_1 = \mathrm{i}$，$\lambda_2 = -\mathrm{i}$；而对应于特征值 $\lambda_1 = \mathrm{i}$ 的特征向量为 $\begin{pmatrix} 1 \\ \mathrm{i} \end{pmatrix}$.

命题 2　三角矩阵的特征值就是它的全体对角元.

命题 3　一个向量 x 不可能是对应于同一方阵 A 的不同特征值的特征向量.

事实上,如果

$$Ax = \lambda x, \quad Ax = \mu x,$$

则 $(\lambda - \mu)x = \mathbf{0}$. 因为 $x \neq 0$,所以必有 $\lambda = \mu$.

其次,我们证明以下两个常用的基本结论.

定理 1　n 阶方阵 A 和它的转置矩阵 A^{T} 必有相同的特征值.

证明　由转置矩阵的性质得到矩阵等式 $(\lambda E_n - A)^{\mathrm{T}} = \lambda E_n - A^{\mathrm{T}}$,再由行列式性质知道

$$|\lambda E_n - A| = |(\lambda E_n - A)^{\mathrm{T}}| = |\lambda E_n - A^{\mathrm{T}}|.$$

这说明 A 和 A^{T} 必有相同的特征多项式,因而必有相同的特征值.

定理 2　m 阶方阵 A 互不相同的特征值 $\lambda_1, \lambda_2, \cdots, \lambda_m$ 对应的特征向量 $x_1, x_2, \cdots, x_m$ 必定线性无关.

证明　用数学归纳法证明. 当 $m = 1$ 时,由于特征向量是非零向量,必定线性无关,定理成立.

设 A 的 $m-1$ 个互不相同的特征值为 $\lambda_1, \lambda_2, \cdots, \lambda_{m-1}$,对应的特征向量 $x_1, x_2, \cdots, x_{m-1}$ 线性无关. 现证明对 m 个互不相同的特征值为 $\lambda_1, \lambda_2, \cdots, \lambda_{m-1}, \lambda_m$ 对应的特征向量 $x_1, x_2, \cdots, x_{m-1}, x_m$ 线性无关.

设

$$k_1x_1 + k_2x_2 + \cdots + k_{m-1}x_{m-1} + k_mx_m = \mathbf{0} \tag{8}$$

成立,以矩阵 A 乘式(8)两端,由 $Ax_i = \lambda_i x_i (i = 1, 2, \cdots, m)$,整理后得

$$k_1\lambda_1x_1 + k_2\lambda_2x_2 + \cdots + k_{m-1}\lambda_{mk-1}x_{m-1} + k_m\lambda_mx_m = \mathbf{0}. \tag{9}$$

由式(8),式(9)消去 x_m,得

$$k_1(\lambda_1 - \lambda_m)x_1 + k_2(\lambda_2 - \lambda_m)x_2 + \cdots + k_{m-1}(\lambda_{m-1} - \lambda_m)x_{m-1} = \mathbf{0}.$$

由归纳法所设 $x_1, x_2, \cdots, x_{m-1}$ 线性无关,于是

$$k_i(\lambda_i - \lambda_m) = \mathbf{0} \quad (i = 1, 2, \cdots, m-1).$$

因 $\lambda_i - \lambda_m \neq 0\ (i = 1, 2, \cdots, m-1)$,因此 $k_i = 0\ (i = 1, 2, \cdots, m-1)$,于是式(8)化为 $k_mx_m = \mathbf{0}$,又因 $x_m \neq \mathbf{0}$,应有 $k_m = 0$,因而 $x_1, x_2, \cdots, x_{m-1}, x_m$ 线性无关.

§4.2 相似矩阵和矩阵的相似对角化

定义 设 $\boldsymbol{A}$, $\boldsymbol{B}$ 为 n 阶矩阵,如果存在 n 阶可逆矩阵 $\boldsymbol{P}$,使得

$$\boldsymbol{P}^{-1}\boldsymbol{A}\boldsymbol{P}=\boldsymbol{B}$$

成立,则称矩阵 $\boldsymbol{A}$ 与 $\boldsymbol{B}$ 相似,记作 $\boldsymbol{A}\sim\boldsymbol{B}$.

例如, $\boldsymbol{A}=\begin{pmatrix}1&0\\-1&2\end{pmatrix}$, $\boldsymbol{B}=\begin{pmatrix}1&0\\0&2\end{pmatrix}$, $\boldsymbol{P}=\begin{pmatrix}1&0\\1&1\end{pmatrix}$, 容易验证, $\boldsymbol{P}^{-1}\boldsymbol{A}\boldsymbol{P}=\boldsymbol{B}$, 所以 $\boldsymbol{A}\sim\boldsymbol{B}$.

同阶方阵之间的相似关系有以下三条性质:

(1) **反身性** $\boldsymbol{A}\sim\boldsymbol{A}$. 这说明任意一个方阵都与自己相似.

事实上,有矩阵等式 $\boldsymbol{E}^{-1}\boldsymbol{A}\boldsymbol{E}=\boldsymbol{A}$.

(2) **对称性** 若 $\boldsymbol{A}\sim\boldsymbol{B}$,则 $\boldsymbol{B}\sim\boldsymbol{A}$.

事实上,有 $\boldsymbol{P}^{-1}\boldsymbol{A}\boldsymbol{P}=\boldsymbol{B}\Leftrightarrow\boldsymbol{A}=\boldsymbol{P}\boldsymbol{B}\boldsymbol{P}^{-1}\Leftrightarrow\boldsymbol{A}=(\boldsymbol{P}^{-1})^{-1}\boldsymbol{B}\boldsymbol{P}^{-1}$.

(3) **传递性** 若 $\boldsymbol{A}\sim\boldsymbol{B}$, $\boldsymbol{B}\sim\boldsymbol{C}$,则 $\boldsymbol{A}\sim\boldsymbol{C}$.

事实上,由 $\boldsymbol{B}=\boldsymbol{P}^{-1}\boldsymbol{A}\boldsymbol{P}$, $\boldsymbol{C}=\boldsymbol{Q}^{-1}\boldsymbol{B}\boldsymbol{Q}$, 即可推出

$$\boldsymbol{C}=\boldsymbol{Q}^{-1}\boldsymbol{P}^{-1}\boldsymbol{A}\boldsymbol{P}\boldsymbol{Q}=(\boldsymbol{P}\boldsymbol{Q})^{-1}\boldsymbol{A}(\boldsymbol{P}\boldsymbol{Q}).$$

定理 1 相似矩阵必有相同的特征多项式,因而有相同的特征值、相同的迹和相同的行列式.

证明 设 $\boldsymbol{A}\sim\boldsymbol{B}$,则存在 n 阶可逆矩阵 $\boldsymbol{P}$,使得 $\boldsymbol{B}=\boldsymbol{P}^{-1}\boldsymbol{A}\boldsymbol{P}$, 则由

$$\lambda\boldsymbol{E}_n-\boldsymbol{B}=\lambda\boldsymbol{E}_n-\boldsymbol{P}^{-1}\boldsymbol{A}\boldsymbol{P}=\boldsymbol{P}^{-1}(\lambda\boldsymbol{E}_n-\boldsymbol{A})\boldsymbol{P},$$

可得到

$$\begin{aligned}|\lambda\boldsymbol{E}_n-\boldsymbol{B}|&=|\boldsymbol{P}^{-1}(\lambda\boldsymbol{E}_n-\boldsymbol{A})\boldsymbol{P}|=|\boldsymbol{P}^{-1}||\lambda\boldsymbol{E}_n-\boldsymbol{A}||\boldsymbol{P}|\\&=|\boldsymbol{P}^{-1}||\boldsymbol{P}||\lambda\boldsymbol{E}_n-\boldsymbol{A}|\\&=|\boldsymbol{P}^{-1}\boldsymbol{P}||\lambda\boldsymbol{E}_n-\boldsymbol{A}|=|\lambda\boldsymbol{E}_n-\boldsymbol{A}|.\end{aligned}$$

注意 此定理的逆命题并不成立. 具有相同特征多项式的两个方阵未必相似. 例如,

$$\begin{pmatrix}1&0\\0&1\end{pmatrix}\quad 与\quad\begin{pmatrix}1&0\\1&1\end{pmatrix}$$

的特征多项式同为 $(\lambda-1)^2$，但它们不相似. 事实上，与单位矩阵相似的矩阵必为单位矩阵.

例 1　设矩阵 $\boldsymbol{A}$ 与 $\boldsymbol{B}$ 相似，其中

$$\boldsymbol{A}=\begin{pmatrix}1&0&0\\0&0&1\\0&1&x\end{pmatrix},\quad \boldsymbol{B}=\begin{pmatrix}1&0&0\\0&y&0\\0&0&-1\end{pmatrix},$$

求参数 x 与 y 的值.

解　由定理 1，相似矩阵有相同的迹和相同的行列式，有 $1+x=y$ 及 $|\boldsymbol{A}|=-1$，$|\boldsymbol{B}|=-y$，解得 $x=0$，$y=1$.

例 2　设三阶方阵 $\boldsymbol{A}$ 的特征值为 1，2，-3，求 $|\boldsymbol{A}^3-3\boldsymbol{A}+\boldsymbol{E}|$.

解　由 $\boldsymbol{A}$ 的特征值，我们不难求出关于 $\boldsymbol{A}$ 的矩阵多项式 $\boldsymbol{A}^3-3\boldsymbol{A}+\boldsymbol{E}$ 的全部特征值. 设 $\boldsymbol{A}$ 的特征值为 λ，记 $\boldsymbol{A}^3-3\boldsymbol{A}+\boldsymbol{E}$ 的特征值为 $f(\lambda)=\lambda^3-3\lambda+1$，得 $f(1)=-1$，$f(2)=3$，$f(-3)=-17$，因此 $|\boldsymbol{A}^3-3\boldsymbol{A}+\boldsymbol{E}|=f(1)\cdot f(2)\cdot f(-3)=51$.

定理 2　n 阶矩阵 $\boldsymbol{A}$ 与 n 阶对角矩阵

$$\boldsymbol{\Lambda}=\begin{pmatrix}\lambda_1&&&\\&\lambda_2&&\\&&\ddots&\\&&&\lambda_n\end{pmatrix}$$

相似的充分必要条件是 $\boldsymbol{A}$ 有 n 个线性无关的特征向量.

证明　必要性. 如果 $\boldsymbol{A}$ 与对角矩阵 $\boldsymbol{\Lambda}$ 相似，则存在可逆矩阵 $\boldsymbol{P}$，使得 $\boldsymbol{P}^{-1}\boldsymbol{A}\boldsymbol{P}=\boldsymbol{\Lambda}$. 设 $\boldsymbol{P}=(\boldsymbol{x}_1,\boldsymbol{x}_2,\cdots,\boldsymbol{x}_n)$，由 $\boldsymbol{A}\boldsymbol{P}=\boldsymbol{P}\boldsymbol{\Lambda}$ 有

$$\boldsymbol{A}(\boldsymbol{x}_1,\boldsymbol{x}_2,\cdots,\boldsymbol{x}_n)=(\boldsymbol{x}_1,\boldsymbol{x}_2,\cdots,\boldsymbol{x}_n)\begin{pmatrix}\lambda_1&&&\\&\lambda_2&&\\&&\ddots&\\&&&\lambda_n\end{pmatrix},$$

可得 $\boldsymbol{A}\boldsymbol{x}_i=\lambda\boldsymbol{x}_i(i=1,2,\cdots,n)$. 因为 $\boldsymbol{P}$ 可逆，有 $|\boldsymbol{P}|\neq 0$，所以 $\boldsymbol{x}_i$ 都是非零向量，因而 $\boldsymbol{x}_1,\boldsymbol{x}_2,\cdots,\boldsymbol{x}_n$ 都是 $\boldsymbol{A}$ 的特征向量，并且这 n 个特征向量线性无关.

充分性. 设 $\boldsymbol{x}_1,\boldsymbol{x}_2,\cdots,\boldsymbol{x}_n$ 是 $\boldsymbol{A}$ 的 n 个线性无关的特征向量，它们所对应的特征值依次为 $\lambda_1,\lambda_2,\cdots,\lambda_n$，则有 $\boldsymbol{A}\boldsymbol{x}_i=\lambda_i\boldsymbol{x}_i(i=1,2,\cdots,n)$.

令 $\boldsymbol{P}=(\boldsymbol{x}_1,\boldsymbol{x}_2,\cdots,\boldsymbol{x}_n)$，因为 $\boldsymbol{x}_1,\boldsymbol{x}_2,\cdots,\boldsymbol{x}_n$ 线性无关，所以 $\boldsymbol{P}$ 可逆. 故

$$\begin{aligned} \boldsymbol{AP} &= \boldsymbol{A}(\boldsymbol{x}_1, \boldsymbol{x}_2, \cdots, \boldsymbol{x}_n) \\ &= (\boldsymbol{Ax}_1, \boldsymbol{Ax}_2, \cdots, \boldsymbol{Ax}_n) \\ &= (\lambda_1\boldsymbol{x}_1, \lambda_2\boldsymbol{x}_2, \cdots, \lambda_n\boldsymbol{x}_n) \\ &= (\boldsymbol{x}_1, \boldsymbol{x}_2, \cdots, \boldsymbol{x}_n)\begin{pmatrix} \lambda_1 & & & \\ & \lambda_2 & & \\ & & \ddots & \\ & & & \lambda_n \end{pmatrix} = \boldsymbol{P\Lambda}. \end{aligned}$$

用 $\boldsymbol{P}^{-1}$ 左乘上式两端得 $\boldsymbol{P}^{-1}\boldsymbol{AP} = \boldsymbol{\Lambda}$，即矩阵 $\boldsymbol{A}$ 与对角矩阵 $\boldsymbol{\Lambda}$ 相似.

推论 若 n 阶矩阵 $\boldsymbol{A}$ 有 n 个相异的特征值 $\lambda_1, \lambda_2, \cdots, \lambda_n$，则 $\boldsymbol{A}$ 与对角矩阵

$$\boldsymbol{\Lambda} = \begin{pmatrix} \lambda_1 & & & \\ & \lambda_2 & & \\ & & \ddots & \\ & & & \lambda_n \end{pmatrix}$$

相似.

注意 (1) $\boldsymbol{A}$ 有 n 个相异的特征值只是 $\boldsymbol{A}$ 与对角阵相似的充分条件而不是必要条件.

(2) 在对 $\boldsymbol{A}$ 相似对角化时(亦即求一可逆矩阵 $\boldsymbol{P}$，使得 $\boldsymbol{P}^{-1}\boldsymbol{AP} = \boldsymbol{\Lambda}$ 为对角阵)，特征值的编号可以是任意排列的. 但是，$\boldsymbol{P}$ 的各列向量的排列次序与对角阵 $\boldsymbol{\Lambda}$ 中各个对角元($\boldsymbol{A}$ 的特征值)的排列次序必须相互对应，不可放错位置.

例如，$\boldsymbol{A} = \begin{pmatrix} 3 & 1 \\ 5 & -1 \end{pmatrix}$ 有两个互不相同的特征值 $\lambda_1 = 4$，$\lambda_2 = -2$，其对应的特征向量分别为 $\boldsymbol{x}_1 = \begin{pmatrix} 1 \\ 1 \end{pmatrix}$，$\boldsymbol{x}_2 = \begin{pmatrix} 1 \\ -5 \end{pmatrix}$.

如果取 $\boldsymbol{\Lambda}_1 = \begin{pmatrix} 4 & 0 \\ 0 & -2 \end{pmatrix}$，$\boldsymbol{P} = (\boldsymbol{x}_1, \boldsymbol{x}_2) = \begin{pmatrix} 1 & 1 \\ 1 & -5 \end{pmatrix}$，则 $\boldsymbol{P}^{-1}\boldsymbol{AP} = \boldsymbol{\Lambda}_1$.

如果取 $\boldsymbol{\Lambda}_2 = \begin{pmatrix} -2 & 0 \\ 0 & 4 \end{pmatrix}$，则亦有 $\boldsymbol{P}^{-1}\boldsymbol{AP} = \boldsymbol{\Lambda}_2$，但此时 $\boldsymbol{P} = (\boldsymbol{x}_2, \boldsymbol{x}_1) = \begin{pmatrix} 1 & 1 \\ -5 & 1 \end{pmatrix}$.

又例如，$\boldsymbol{A} = \begin{pmatrix} 4 & 6 & 0 \\ -3 & -5 & 0 \\ -3 & -6 & 1 \end{pmatrix}$ 的 3 个特征向量为 $\boldsymbol{x}_1 = \begin{pmatrix} -1 \\ 1 \\ 1 \end{pmatrix}$，$\boldsymbol{x}_2 = \begin{pmatrix} -2 \\ 1 \\ 0 \end{pmatrix}$，

$x_3=\begin{pmatrix}0\\0\\1\end{pmatrix}$，容易验证 x_1，x_2，x_3 线性无关.

令 $P=(x_1, x_2, x_3)=\begin{pmatrix}-1&-2&0\\1&1&0\\1&0&1\end{pmatrix}$，则 $P^{-1}=\begin{pmatrix}1&2&0\\-1&-1&0\\-1&-2&1\end{pmatrix}$，可得

$$P^{-1}AP=\Lambda=\begin{pmatrix}-2&&\\&1&\\&&1\end{pmatrix}.$$

这个例子说明了 A 的特征值不全相异时，A 也可能化为对角矩阵.

定理 3　如果 λ_1，λ_2，…，λ_k 是矩阵 A 的不同特征值，而 $\boldsymbol{\alpha}_{i1}$，$\boldsymbol{\alpha}_{i2}$…，$\boldsymbol{\alpha}_{ir_i}$ 是属于特征值 λ_i 的线性无关的特征向量，$i=1, 2, \cdots, k$，那么 $\boldsymbol{\alpha}_{11}$，…，$\boldsymbol{\alpha}_{1r_1}$，…，$\boldsymbol{\alpha}_{k_1}$，…，$\boldsymbol{\alpha}_{kr_k}$ 也线性无关.

这个定理的证明与 §4.1 定理 2 的证明相仿，也是对 k 作数学归纳法，此处从略.

由此定理我们可以得到矩阵 A 与对角矩阵相似的又一充分必要条件.

定理 4　n 阶方阵 A 与对角矩阵相似的充分必要条件是对于每一个 n_i 重特征根 λ_i，矩阵 $\lambda_i E_n-A$ 的秩是 $n-n_i$.（证明略.）

例如，$A=\begin{pmatrix}-1&1&0\\-4&3&0\\1&0&2\end{pmatrix}$ 的特征值为 $\lambda_1=2$，$\lambda_2=\lambda_3=1$，其中"1"是矩阵 A 的二重特征值，而 $E-A$ 的秩为 2，而 $n-n_i=3-2=1$，二者不等，所以矩阵 A 不与对角矩阵相似.

例 3　问 $A=\begin{pmatrix}3&-1&-2\\2&0&-2\\2&-1&-1\end{pmatrix}$ 是否相似于对角矩阵？若是，求出可逆矩阵 P 和 Λ，使得 $P^{-1}AP=\Lambda$.

解　$|\lambda E-A|=\begin{vmatrix}\lambda-3&1&2\\-2&\lambda&2\\-2&1&\lambda+1\end{vmatrix}=\lambda(\lambda-1)^2=0$，

得特征值 $\lambda_1=\lambda_2=1$，$\lambda_3=0$.

对于二重特征值 $\lambda_1=\lambda_2=1$，有 $r(E-A)=1=3-2$，从而矩阵 A 可对角化.

对应于 $\lambda_1=\lambda_2=1$ 的特征向量满足：

$$-2x_1 + x_2 + 2x_3 = 0,$$

可取两个线性无关的解 $\boldsymbol{p}_1 = \begin{pmatrix}1\\2\\0\end{pmatrix}$，$\boldsymbol{p}_2 = \begin{pmatrix}0\\-2\\1\end{pmatrix}$.

对应于 $\lambda_3 = 0$ 的特征向量为 $\boldsymbol{p}_3 = \begin{pmatrix}1\\1\\1\end{pmatrix}$.

于是找到可逆矩阵 $\boldsymbol{P} = (\boldsymbol{p}_1, \boldsymbol{p}_2, \boldsymbol{p}_3) = \begin{pmatrix}1 & 0 & 1\\2 & -2 & 1\\0 & 1 & 1\end{pmatrix}$ 及对角阵 $\boldsymbol{\Lambda} = \begin{pmatrix}1 & & \\ & 1 & \\ & & 0\end{pmatrix}$，使得 $\boldsymbol{P}^{-1}\boldsymbol{AP} = \boldsymbol{\Lambda}$.

亦或找到可逆矩阵 $\boldsymbol{P} = (\boldsymbol{p}_2, \boldsymbol{p}_3, \boldsymbol{p}_1) = \begin{pmatrix}0 & 1 & 1\\-2 & 1 & 2\\1 & 1 & 0\end{pmatrix}$ 及对角阵 $\boldsymbol{\Lambda} = \begin{pmatrix}1 & & \\ & 0 & \\ & & 1\end{pmatrix}$，使得 $\boldsymbol{P}^{-1}\boldsymbol{AP} = \boldsymbol{\Lambda}$.

例 4 设 $\boldsymbol{A} = \begin{pmatrix}1 & 2 & 2\\2 & 1 & 2\\2 & 2 & 1\end{pmatrix}$，计算 $\boldsymbol{A}^{100}$.

解 用例 3 的方法，取 $\boldsymbol{C} = \begin{pmatrix}1 & 1 & 0\\1 & 0 & 1\\1 & -1 & -1\end{pmatrix}$，则 $\boldsymbol{C}^{-1}\boldsymbol{AC} = \boldsymbol{\Lambda} = \begin{pmatrix}5 & & \\ & -1 & \\ & & -1\end{pmatrix}$，

于是 $\boldsymbol{C}^{-1}\boldsymbol{A}^{100}\boldsymbol{C} = \boldsymbol{\Lambda}^{100} = \begin{pmatrix}5^{100} & & \\ & 1 & \\ & & 1\end{pmatrix}$.

故
$$\boldsymbol{A}^{100} = \boldsymbol{C\Lambda}^{100}\boldsymbol{C}^{-1} = \boldsymbol{C}\begin{pmatrix}5^{100} & & \\ & 1 & \\ & & 1\end{pmatrix}\boldsymbol{C}^{-1}$$
$$= \frac{1}{3}\begin{pmatrix}5^{100}+2 & 5^{100}-1 & 5^{100}-1\\5^{100}-1 & 5^{100}+2 & 5^{100}-1\\5^{100}-1 & 5^{100}-1 & 5^{100}+2\end{pmatrix}.$$

§4.3　向量内积和正交矩阵

为了引进正交矩阵这一类重要的方阵，先介绍两个向量内积的概念.

一、向量内积

定义 1　设两个 n 维列向量 $\boldsymbol{\alpha}=(x_1, x_2, \cdots, x_n)^{\mathrm{T}}$，$\boldsymbol{\beta}=(y_1, y_2, \cdots, y_n)^{\mathrm{T}}$，它们对应分量乘积之和称为 $\boldsymbol{\alpha}$ 与 $\boldsymbol{\beta}$ 的**内积**，记为 $[\boldsymbol{\alpha}, \boldsymbol{\beta}]$，即

$$[\boldsymbol{\alpha}, \boldsymbol{\beta}]=x_1y_1+x_2y_2+\cdots+x_ny_n,$$

用矩阵表示就是

$$[\boldsymbol{\alpha}, \boldsymbol{\beta}]=\boldsymbol{\alpha}^{\mathrm{T}}\boldsymbol{\beta}.$$

容易验证，上述定义的内积 $[\boldsymbol{\alpha}, \boldsymbol{\beta}]$ 具有以下基本性质：

(1) **对称性**　$[\boldsymbol{\alpha}, \boldsymbol{\beta}]=[\boldsymbol{\beta}, \boldsymbol{\alpha}]$；

(2) **线性性**　对任何实数 k，l，及向量 $\boldsymbol{\alpha}, \boldsymbol{\beta}, \boldsymbol{\gamma}\in\mathbf{R}^n$，

$$[k\boldsymbol{\alpha}+l\boldsymbol{\beta}, \boldsymbol{\gamma}]=k[\boldsymbol{\alpha}, \boldsymbol{\gamma}]+l[\boldsymbol{\beta}, \boldsymbol{\gamma}];$$

(3) **非负性**　$[\boldsymbol{\alpha}, \boldsymbol{\alpha}]\geqslant 0$，当且仅当 $\boldsymbol{\alpha}=\mathbf{0}$ 时等号成立；

(4) **施瓦茨(Schwarz)不等式**　$[\boldsymbol{\alpha}, \boldsymbol{\beta}]^2\leqslant[\boldsymbol{\alpha}, \boldsymbol{\alpha}]\cdot[\boldsymbol{\beta}, \boldsymbol{\beta}]$，当且仅当 $\boldsymbol{\alpha}$ 与 $\boldsymbol{\beta}$ 线性相关时等号成立.

定义 2　令 $\|\boldsymbol{\alpha}\|=\sqrt{[\boldsymbol{\alpha}, \boldsymbol{\alpha}]}=\sqrt{x_1^2+x_2^2+\cdots+x_n^2}$，$\|\boldsymbol{\alpha}\|$ 称为 n 维向量 $\boldsymbol{\alpha}=(x_1, x_2, \cdots, x_n)^{\mathrm{T}}$ 的**长度(或范数)**.

向量的长度具有以下性质：

(1) **非负性**　当 $\boldsymbol{\alpha}\neq\mathbf{0}$ 时，$\|\boldsymbol{\alpha}\|>0$；当且仅当 $\boldsymbol{\alpha}=\mathbf{0}$ 时，$\|\boldsymbol{\alpha}\|=0$；

(2) **齐次性**　$\|k\boldsymbol{\alpha}\|=|k|\,\|\boldsymbol{\alpha}\|$，这里，$|k|$ 是数 k 的绝对值；

(3) **三角不等式**　$\|\boldsymbol{\alpha}+\boldsymbol{\beta}\|\leqslant\|\boldsymbol{\alpha}\|+\|\boldsymbol{\beta}\|$.

当 $\|\boldsymbol{\alpha}\|=1$ 时，称 $\boldsymbol{\alpha}$ 为单位向量.

在 $\mathbf{R}^n$ 中的 n 个标准单位向量

$$\boldsymbol{\varepsilon}_i=(0, \cdots 0, \underset{\text{第}i\text{列}}{1}, 0, \cdots, 0)^{\mathrm{T}},\quad i=1, 2, \cdots, n,$$

当然都是单位向量.

任意一个非零向量 $\boldsymbol{\alpha}$ 都可以单位化：

$$e_{\alpha}=\frac{\boldsymbol{\alpha}}{\|\boldsymbol{\alpha}\|},$$

即用 $\boldsymbol{\alpha}$ 的长度去除 $\boldsymbol{\alpha}$ 中的每一个分量. 事实上,容易验证: $\|e_{\alpha}\|=1$.

定义 3 非零向量的夹角 $\langle\boldsymbol{\alpha}, \boldsymbol{\beta}\rangle$ 规定为

$$\langle\boldsymbol{\alpha}, \boldsymbol{\beta}\rangle=\arccos\frac{[\boldsymbol{\alpha}, \boldsymbol{\beta}]}{\|\boldsymbol{\alpha}\|\ \|\boldsymbol{\beta}\|}, \quad 0\leqslant\langle\boldsymbol{\alpha}, \boldsymbol{\beta}\rangle\leqslant\pi.$$

定义 4 如果 $\boldsymbol{\alpha}$ 与 $\boldsymbol{\beta}$ 的内积为零,即 $[\boldsymbol{\alpha}, \boldsymbol{\beta}]=0$, 那么 $\boldsymbol{\alpha}$ 与 $\boldsymbol{\beta}$ 称为**正交或互相垂直**,记作 $\boldsymbol{\alpha}\perp\boldsymbol{\beta}$.

如果一组非零向量 $\boldsymbol{\alpha}_1, \boldsymbol{\alpha}_2, \cdots, \boldsymbol{\alpha}_m$ 两两正交,则称此向量组为**正交向量组**.

定理 1 正交向量组一定线性无关.

证明 设 $\boldsymbol{\alpha}_1, \boldsymbol{\alpha}_2, \cdots, \boldsymbol{\alpha}_m, m\geqslant 2$ 为正交向量组,并记

$$k_1\boldsymbol{\alpha}_1+k_2\boldsymbol{\alpha}_2+\cdots+k_m\boldsymbol{\alpha}_m=\mathbf{0},$$

等式两边与向量 $\boldsymbol{\alpha}_i$ 取内积

$$[\boldsymbol{\alpha}_i, k_1\boldsymbol{\alpha}_1+k_2\boldsymbol{\alpha}_2+\cdots+k_m\boldsymbol{\alpha}_m]=k_1[\boldsymbol{\alpha}_2, \boldsymbol{\alpha}_1]+\cdots+k_m[\boldsymbol{\alpha}_i, \boldsymbol{\alpha}_m]=\mathbf{0}.$$

由于当 $i\neq j$ 时, $[\boldsymbol{\alpha}_i, \boldsymbol{\alpha}_j]=0$, 所以 $k_i[\boldsymbol{\alpha}_i, \boldsymbol{\alpha}_i]=0$. 由于 $\boldsymbol{\alpha}_i$ 是非零向量, $[\boldsymbol{\alpha}_i, \boldsymbol{\alpha}_i]\neq 0$, 所以 $k_i=0$, $i=1, 2, \cdots, m$, 故 $\boldsymbol{\alpha}_1, \boldsymbol{\alpha}_2, \cdots, \boldsymbol{\alpha}_m$ 线性无关.

定义 5 设 n 维向量 $e_1, e_2, \cdots, e_r$ 是向量空间 $V(V\subset\mathbf{R}^n)$ 的一个基,如果 $e_1, e_2, \cdots, e_r$ 两两正交,且都是单位向量,则称 $e_1, e_2, \cdots, e_r$ 是 V 的**正交规范基**.

例如, $\boldsymbol{\varepsilon}_1=(1, 0, \cdots, 0)^{\mathrm{T}}, \boldsymbol{\varepsilon}_2=(0, 1, \cdots, 0)^{\mathrm{T}}, \cdots, \boldsymbol{\varepsilon}_n=(0, 0, \cdots, 1)^{\mathrm{T}}$ 就是 $\mathbf{R}^n$ 的一个正交规范基. 这里的向量"规范"指的是"单位向量".

因为线性无关向量组未必是正交向量组,所以自然会提出问题:如何根据已给的线性无关向量组,构造出与它等价的正交向量组. 为此,下面介绍施密特(Schmidt)正交化方法.

设, $\boldsymbol{\alpha}_1, \boldsymbol{\alpha}_2, \cdots, \boldsymbol{\alpha}_m$ 是向量空间 V 的一个基,首先取

$$\boldsymbol{\beta}_1=\boldsymbol{\alpha}_1, \quad e_1=\frac{\boldsymbol{\beta}_1}{\|\boldsymbol{\beta}_1\|},$$

再取

$$\boldsymbol{\beta}_2=\boldsymbol{\alpha}_2-[\boldsymbol{\alpha}_2, e_1]e_1, \quad e_2=\frac{\boldsymbol{\beta}_2}{\|\boldsymbol{\beta}_2\|},$$

容易验证 $\boldsymbol{\beta}_2$ 与单位向量 e_1 正交,因此单位向量 e_1 与 e_2 是正交的.

同样的，取

$$\boldsymbol{\beta}_3=\boldsymbol{\alpha}_3-[\boldsymbol{\alpha}_3,\boldsymbol{e}_1]\boldsymbol{e}_1-[\boldsymbol{\alpha}_3,\boldsymbol{e}_2]\boldsymbol{e}_2,\quad \boldsymbol{e}_3=\frac{\boldsymbol{\beta}_3}{\|\boldsymbol{\beta}_3\|},$$

可以验证 $\boldsymbol{\beta}_3$ 与 $\boldsymbol{e}_1$，$\boldsymbol{e}_2$ 都是正交的，因此这样得到的 $\boldsymbol{e}_1$，$\boldsymbol{e}_2$，$\boldsymbol{e}_3$ 是两两正交的单位向量.

依次类推，在求得了两两正交的 $\boldsymbol{e}_1,\boldsymbol{e}_2,\cdots,\boldsymbol{e}_k$ 后，取

$$\boldsymbol{\beta}_{k+1}=\boldsymbol{\alpha}_{k+1}-[\boldsymbol{\alpha}_{k+1},\boldsymbol{e}_1]\boldsymbol{e}_1-[\boldsymbol{\alpha}_{k+1},\boldsymbol{e}_2]\boldsymbol{e}_2-\cdots-[\boldsymbol{\alpha}_{k+1},\boldsymbol{e}_k]\boldsymbol{e}_k,$$
$$\boldsymbol{e}_{k+1}=\frac{\boldsymbol{\beta}_{k+1}}{\|\boldsymbol{\beta}_{k+1}\|},\quad k=1,2,\cdots,r-1,$$

不难证明 $\boldsymbol{\beta}_{k+1}$ 与单位向量 $\boldsymbol{e}_1,\boldsymbol{e}_2,\cdots,\boldsymbol{e}_k$ 都正交.

事实上，

$$[\boldsymbol{\beta}_{k+1},\boldsymbol{e}_i]=[\boldsymbol{\alpha}_{k+1},\boldsymbol{e}_i]-[\boldsymbol{\alpha}_{k+1},\boldsymbol{e}_1][\boldsymbol{e}_1,\boldsymbol{e}_i]-\cdots-[\boldsymbol{\alpha}_{k+1},\boldsymbol{e}_i][\boldsymbol{e}_i,\boldsymbol{e}_i]-\cdots-[\boldsymbol{\alpha}_{k+1},\boldsymbol{e}_k][\boldsymbol{e}_k,\boldsymbol{e}_i],$$

由于 $\boldsymbol{e}_1,\boldsymbol{e}_2,\cdots,\boldsymbol{e}_k$ 为两两正交的单位向量，所以

$$[\boldsymbol{e}_i,\boldsymbol{e}_j]=\begin{cases}1, & j=i,\\ 0, & j\neq i.\end{cases}$$

代入上式，得

$$[\boldsymbol{\beta}_{k+1},\boldsymbol{e}_i]=[\boldsymbol{\alpha}_{k+1},\boldsymbol{e}_i]-[\boldsymbol{\alpha}_{k+1},\boldsymbol{e}_i]=0\quad(i=1,2,\cdots,k;\ k=1,2,\cdots,r-1).$$

这样求得的 r 个两两正交的单位向量，它们必定线性无关，因此构成一个正交规范基.

施密特正交化方法包括两个过程：

(1) 求 $\boldsymbol{\beta}_k(k=1,2,\cdots,r)$，称为**正交化过程**；

(2) 求 $\boldsymbol{e}_k=\dfrac{\boldsymbol{\beta}_k}{\|\boldsymbol{\beta}_k\|}\ (k=1,2,\cdots,r)$，称为**单位化过程**.

例 1　设 $\boldsymbol{\alpha}_1=(1,1,0,0)^{\mathrm{T}}$，$\boldsymbol{\alpha}_2=(0,0,1,1)^{\mathrm{T}}$，$\boldsymbol{\alpha}_3=(1,0,0,-1)^{\mathrm{T}}$，$\boldsymbol{\alpha}_4=(1,-1,-1,1)^{\mathrm{T}}$，试用施密特正交化方法将这组向量正交规范化.

解　取

$$\boldsymbol{\beta}_1=\boldsymbol{\alpha}_1,\quad \boldsymbol{e}_1=\frac{\boldsymbol{\beta}_1}{\|\boldsymbol{\beta}_1\|}=\frac{1}{\sqrt{2}}(1,1,0,0)^{\mathrm{T}},$$

$$\boldsymbol{\beta}_2=\boldsymbol{\alpha}_2-[\boldsymbol{\alpha}_2,\boldsymbol{e}_1]\boldsymbol{e}_1=\boldsymbol{\alpha}_2,\quad \boldsymbol{e}_2=\frac{\boldsymbol{\beta}_2}{\|\boldsymbol{\beta}_2\|}=\frac{1}{\sqrt{2}}(0,0,1,1)^{\mathrm{T}},$$

$$\boldsymbol{\beta}_3=\boldsymbol{\alpha}_3-[\boldsymbol{\alpha}_3,\boldsymbol{e}_1]\boldsymbol{e}_1-[\boldsymbol{\alpha}_3,\boldsymbol{e}_2]\boldsymbol{e}_2$$

$$=(1,0,0,-1)^{\mathrm{T}}-\frac{1}{\sqrt{2}}\times\frac{1}{\sqrt{2}}(1,1,0,0)^{\mathrm{T}}-\left(-\frac{1}{\sqrt{2}}\right)\times\frac{1}{\sqrt{2}}(0,0,1,1)^{\mathrm{T}}$$

$$=\frac{1}{2}(1,-1,1,-1)^{\mathrm{T}},$$

$$\boldsymbol{e}_3=\frac{\boldsymbol{\beta}_3}{\|\boldsymbol{\beta}_3\|}=\frac{1}{2}(1,-1,1,-1)^{\mathrm{T}},$$

$$\boldsymbol{\beta}_4=\boldsymbol{\alpha}_4-[\boldsymbol{\alpha}_4,\boldsymbol{e}_1]\boldsymbol{e}_1-[\boldsymbol{\alpha}_4,\boldsymbol{e}_2]\boldsymbol{e}_2-[\boldsymbol{\alpha}_4,\boldsymbol{e}_3]\boldsymbol{e}_3=\boldsymbol{\alpha}_4,$$

$$\boldsymbol{e}_4=\frac{\boldsymbol{\beta}_4}{\|\boldsymbol{\beta}_4\|}=\frac{1}{2}(1,-1,-1,1)^{\mathrm{T}},$$

$\boldsymbol{e}_1,\boldsymbol{e}_2,\boldsymbol{e}_3,\boldsymbol{e}_4$ 即为所求.

二、正交矩阵

定义 6 设 $\boldsymbol{A}$ 是一个 n 阶实方阵，若 $\boldsymbol{A}$ 满足条件

$$\boldsymbol{A}\boldsymbol{A}^{\mathrm{T}}=\boldsymbol{E},$$

则称 $\boldsymbol{A}$ 为**正交矩阵**，简称**正交阵**.

正交阵是一种应用广泛的矩阵，下面介绍它的一些最基本的性质：

(1) $\boldsymbol{A}^{\mathrm{T}}=\boldsymbol{A}^{-1}$，即 $\boldsymbol{A}$ 的转置就是 $\boldsymbol{A}$ 的逆阵；

(2) $\boldsymbol{A}\boldsymbol{A}^{\mathrm{T}}=\boldsymbol{A}^{\mathrm{T}}\boldsymbol{A}=\boldsymbol{E}$；

(3) 若 $\boldsymbol{A}$ 是正交阵，则 $\boldsymbol{A}^{\mathrm{T}}$(或 $\boldsymbol{A}^{-1}$)也是正交阵；

(4) 两个正交阵之积仍是正交阵；

(5) 正交阵的行列式等于 1 或 -1.

证明 (1)与(2)是显然的.

(3) 因为 $\boldsymbol{A}=(\boldsymbol{A}^{\mathrm{T}})^{\mathrm{T}}$，因此 $\boldsymbol{A}^{\mathrm{T}}=\boldsymbol{A}^{-1}$ 也是正交阵.

(4) 设 $\boldsymbol{A}$ 与 $\boldsymbol{B}$ 都是 n 阶正交阵，则

$$(\boldsymbol{AB})(\boldsymbol{AB})^{\mathrm{T}}=(\boldsymbol{AB})(\boldsymbol{B}^{\mathrm{T}}\boldsymbol{A}^{\mathrm{T}})=\boldsymbol{A}(\boldsymbol{B}\boldsymbol{B}^{\mathrm{T}})A^{\mathrm{T}}=\boldsymbol{AEA}^{\mathrm{T}}=\boldsymbol{AA}^{\mathrm{T}}=\boldsymbol{E},$$

由正交阵的定义知，$\boldsymbol{AB}$ 也是正交阵.

(5) 若 $\boldsymbol{A}$ 是正交阵，则 $\boldsymbol{AA}^{\mathrm{T}}=\boldsymbol{E}$，$|\boldsymbol{AA}^{\mathrm{T}}|=1$，而 $|\boldsymbol{A}|=|\boldsymbol{A}^{\mathrm{T}}|$，从而 $|\boldsymbol{A}|^2=1$，因此 $|\boldsymbol{A}|=\pm1$.

定理 2 n 阶实方阵 $\boldsymbol{A}$ 是正交阵的充分必要条件是：$\boldsymbol{A}$ 的 n 个行向量构成 $\mathbf{R}^n$ 的一组正交规范基.

证明 设 $\boldsymbol{A}=(a_{ij})_{n\times n}$，将 $\boldsymbol{A}$ 写出行向量的形式

$$A = \begin{pmatrix} \boldsymbol{\alpha}_1 \\ \boldsymbol{\alpha}_2 \\ \vdots \\ \boldsymbol{\alpha}_n \end{pmatrix}.$$

其中 $\boldsymbol{\alpha}_i = (a_{i1}, a_{i2}, \cdots, a_{in})$，现设 $\boldsymbol{\alpha}_1, \boldsymbol{\alpha}_2, \cdots, \boldsymbol{\alpha}_n$ 是 $\mathbf{R}^n$ 的一组正交规范基，要证明 $\boldsymbol{A}$ 是一个正交阵. 利用分块的乘法可得

$$\boldsymbol{A}\boldsymbol{A}^{\mathrm{T}} = \begin{pmatrix} \boldsymbol{\alpha}_1 \\ \boldsymbol{\alpha}_2 \\ \vdots \\ \boldsymbol{\alpha}_n \end{pmatrix} (\boldsymbol{\alpha}_1^{\mathrm{T}}, \boldsymbol{\alpha}_2^{\mathrm{T}}, \cdots, \boldsymbol{\alpha}_n^{\mathrm{T}}) = \begin{pmatrix} \boldsymbol{\alpha}_1\boldsymbol{\alpha}_1^{\mathrm{T}} & \boldsymbol{\alpha}_1\boldsymbol{\alpha}_2^{\mathrm{T}} & \cdots & \boldsymbol{\alpha}_1\boldsymbol{\alpha}_n^{\mathrm{T}} \\ \boldsymbol{\alpha}_2\boldsymbol{\alpha}_1^{\mathrm{T}} & \boldsymbol{\alpha}_2\boldsymbol{\alpha}_2^{\mathrm{T}} & \cdots & \boldsymbol{\alpha}_2\boldsymbol{\alpha}_n^{\mathrm{T}} \\ \vdots & \vdots & & \vdots \\ \boldsymbol{\alpha}_n\boldsymbol{\alpha}_1^{\mathrm{T}} & \boldsymbol{\alpha}_n\boldsymbol{\alpha}_2^{\mathrm{T}} & \vdots & \boldsymbol{\alpha}_n\boldsymbol{\alpha}_n^{\mathrm{T}} \end{pmatrix}.$$

其中

$$\boldsymbol{\alpha}_i\boldsymbol{\alpha}_j^{\mathrm{T}} = (a_{i1}, a_{i2}, \cdots, a_{in}) \begin{pmatrix} a_{j1} \\ a_{j2} \\ \vdots \\ a_{jn} \end{pmatrix} = a_{i1}a_{j1} + a_{i2}a_{j2} + \cdots + a_{in}a_{jn}.$$

由于 $\boldsymbol{\alpha}_1, \boldsymbol{\alpha}_2, \cdots, \boldsymbol{\alpha}_n$ 是 $\mathbf{R}^n$ 的一组正交规范基，因此

$$\boldsymbol{\alpha}_i\boldsymbol{\alpha}_j^{\mathrm{T}} = \begin{cases} 1, & i = j, \\ 0, & i \neq j. \end{cases}$$

于是 $\boldsymbol{A}\boldsymbol{A}^{\mathrm{T}} = \boldsymbol{E}$，这就证明了 $\boldsymbol{A}$ 是正交阵.

反过来，若 $\boldsymbol{A}$ 是正交阵，同样可用分块矩阵乘法得到

$$\boldsymbol{A}\boldsymbol{A}^{\mathrm{T}} = \begin{pmatrix} \boldsymbol{\alpha}_1\boldsymbol{\alpha}_1^{\mathrm{T}} & \boldsymbol{\alpha}_1\boldsymbol{\alpha}_2^{\mathrm{T}} & \cdots & \boldsymbol{\alpha}_1\boldsymbol{\alpha}_n^{\mathrm{T}} \\ \boldsymbol{\alpha}_2\boldsymbol{\alpha}_1^{\mathrm{T}} & \boldsymbol{\alpha}_2\boldsymbol{\alpha}_2^{\mathrm{T}} & \cdots & \boldsymbol{\alpha}_2\boldsymbol{\alpha}_n^{\mathrm{T}} \\ \vdots & \vdots & & \vdots \\ \boldsymbol{\alpha}_n\boldsymbol{\alpha}_1^{\mathrm{T}} & \boldsymbol{\alpha}_n\boldsymbol{\alpha}_2^{\mathrm{T}} & \cdots & \boldsymbol{\alpha}_n\boldsymbol{\alpha}_n^{\mathrm{T}} \end{pmatrix}.$$

由于 $\boldsymbol{A}\boldsymbol{A}^{\mathrm{T}} = \boldsymbol{E}$，所以

$$\boldsymbol{\alpha}_i\boldsymbol{\alpha}_j^{\mathrm{T}} = \begin{cases} 1, & i = j, \\ 0, & i \neq j. \end{cases}$$

这就证明了 $\boldsymbol{\alpha}_1, \boldsymbol{\alpha}_2, \cdots, \boldsymbol{\alpha}_n$ 是 $\mathbf{R}^n$ 的一组正交规范基.

推论　n 阶实方阵 $\boldsymbol{A}$ 是正交阵的充分必要条件是：$\boldsymbol{A}$ 是 n 个列向量构成 $\mathbf{R}^n$ 的

一组正交规范基.

例 2 根据定理 2 可以直接验证以下两个方阵都是正交矩阵:

$$A_1=\begin{pmatrix}0 & \frac{1}{\sqrt{2}} & -\frac{1}{\sqrt{2}}\\ \frac{2}{\sqrt{6}} & \frac{1}{\sqrt{6}} & \frac{1}{\sqrt{6}}\\ \frac{1}{\sqrt{3}} & -\frac{1}{\sqrt{3}} & -\frac{1}{\sqrt{3}}\end{pmatrix},$$

$$A_2=\begin{pmatrix}\frac{1}{2} & -\frac{1}{2} & \frac{1}{2} & -\frac{1}{2}\\ \frac{1}{2} & -\frac{1}{2} & -\frac{1}{2} & \frac{1}{2}\\ \frac{1}{\sqrt{2}} & \frac{1}{\sqrt{2}} & 0 & 0\\ 0 & 0 & \frac{1}{\sqrt{2}} & \frac{1}{\sqrt{2}}\end{pmatrix}.$$

验证方法如下:每个行向量中的各个分量的平方之和都为 1,而且任意两个行向量中对应分量乘积之和都为 0.

§4.4 实对称矩阵正交对角化

虽然并不是所有矩阵都相似于一个对角阵,但是对于实对称阵来说,它们肯定相似于对角阵,不仅如此,变换矩阵 $\boldsymbol{P}$ 还可以要求它是一个正交阵.

定理 1 实对称阵的特征值一定是实数,其特征向量一定是实向量.

(证明略.)

定理 2 实对称阵 $\boldsymbol{A}$ 的不同特征值对应的特征向量一定正交.

证明 设 λ_1, λ_2 是 $\boldsymbol{A}$ 的两个特征值,且 $\lambda_1\neq\lambda_2$,记 $\boldsymbol{x}_1$, $\boldsymbol{x}_2$ 分别是对应于 λ_1, λ_2 的特征向量,则有 $\boldsymbol{A}\boldsymbol{x}_1=k\boldsymbol{x}_1$, $\boldsymbol{A}\boldsymbol{x}_2=\lambda_2\boldsymbol{x}_2$. 因 $\boldsymbol{A}$ 是对称阵,故

$$\lambda_1\boldsymbol{x}_1^{\mathrm{T}}=(\lambda_1\boldsymbol{x}_1)^{\mathrm{T}}=(\boldsymbol{A}\boldsymbol{x}_1)^{\mathrm{T}}=\boldsymbol{x}_1^{\mathrm{T}}A^{\mathrm{T}}=\boldsymbol{x}_1^{\mathrm{T}}A,$$

于是

$$\lambda_1\boldsymbol{x}_1^{\mathrm{T}}\boldsymbol{x}_2=\boldsymbol{x}_1^{\mathrm{T}}\boldsymbol{A}\boldsymbol{x}_2=\boldsymbol{x}_1^{\mathrm{T}}\lambda_2\boldsymbol{x}_2=\lambda_2\boldsymbol{x}_1^{\mathrm{T}}\boldsymbol{x}_2,$$

即

$$(\lambda_1-\lambda_2)\boldsymbol{x}_1^{\mathrm{T}}\boldsymbol{x}_2=0.$$

但 $\lambda_1\neq\lambda_2$，故 $\boldsymbol{x}_1^{\mathrm{T}}\boldsymbol{x}_2=0$，即 $\boldsymbol{x}_1$ 与 $\boldsymbol{x}_2$ 正交.

定理3 设 $\boldsymbol{A}$ 为 n 阶对称阵，λ 是 $\boldsymbol{A}$ 的 r 重特征值，则方阵 $\lambda\boldsymbol{E}_n-\boldsymbol{A}$ 的秩为 $r(\lambda\boldsymbol{E}_n-\boldsymbol{A})=n-r$，从而对应特征值 λ 恰有 r 个线性无关的特征向量.

定理4 设 $\boldsymbol{A}$ 为 n 阶实对称阵，则必有正交阵 $\boldsymbol{P}$，使得 $\boldsymbol{P}^{-1}\boldsymbol{A}\boldsymbol{P}=\boldsymbol{\Lambda}$，其中 $\boldsymbol{\Lambda}$ 是以 $\boldsymbol{A}$ 的 n 个特征值为对角元素的对角阵；反之，凡是正交相似于对角矩阵的实方阵一定是对称矩阵.

我们略去定理3和定理4的严格证明，而仅仅作以下说明：

(1) 当 $\boldsymbol{P}$ 是可逆矩阵时，称 $\boldsymbol{P}^{-1}\boldsymbol{A}\boldsymbol{P}=\boldsymbol{B}$ 与 $\boldsymbol{A}$ 相似；当 $\boldsymbol{P}$ 是正交矩阵时，称 $\boldsymbol{P}^{-1}\boldsymbol{A}\boldsymbol{P}=\boldsymbol{B}$ 与 $\boldsymbol{A}$ 正交相似.

(2) 因为对角矩阵 $\boldsymbol{\Lambda}$ 必为对称矩阵，所以，当 $\boldsymbol{A}$ 正交相似于对角矩阵 $\boldsymbol{\Lambda}$ 时，根据 $\boldsymbol{P}^{-1}\boldsymbol{A}\boldsymbol{P}=\boldsymbol{\Lambda}$，就可推出 $\boldsymbol{A}=\boldsymbol{P}\boldsymbol{\Lambda}\boldsymbol{P}^{-1}=(\boldsymbol{P}^{-1})\boldsymbol{\Lambda}\boldsymbol{P}^{-1}$，于是必有

$$\boldsymbol{A}^{\mathrm{T}}=(\boldsymbol{P}\boldsymbol{\Lambda}\boldsymbol{P}^{-1})^{\mathrm{T}}=(\boldsymbol{P}^{-1})^{\mathrm{T}}\boldsymbol{\Lambda}\boldsymbol{P}^{-1}=\boldsymbol{A}.$$

这就证明了 $\boldsymbol{A}$ 必是对称矩阵.

(3) 既然 n 阶实对称阵 $\boldsymbol{A}$ 一定相似于对角矩阵，这说明 $\boldsymbol{A}$ 一定有 n 个线性无关的特征向量，对应于每一个特征值的线性无关的特征向量个数一定与此特征值的重数相等，它就是用来求特征向量的齐次线性方程组的自由未知量的个数. 这一事实，在求线性无关的特征向量时，必须随时检查. 例如，当 λ 是 $\boldsymbol{A}$ 的三重特征值时，一定要找出三个线性无关的对应于 λ 的特征向量.

根据定理4，可以按以下步骤求出正交阵 $\boldsymbol{P}$，使得 $\boldsymbol{P}^{-1}\boldsymbol{A}\boldsymbol{P}=\boldsymbol{\Lambda}$（其中 $\boldsymbol{A}$ 必须是实对称阵）.

(1) 求出实对称阵 $\boldsymbol{A}$ 的特征方程 $|\lambda\boldsymbol{E}_n-\boldsymbol{A}|=0$ 的全部特征值 $\lambda_1, \lambda_2, \cdots, \lambda_n$.

(2) 对每个 λ_i（相同的只需计算一次），求出齐次线性方程组 $(\lambda\boldsymbol{E}_n-\boldsymbol{A})x=\boldsymbol{0}$ 的基础解系，它们就是对应于 λ_i 的线性无关的特征向量.

(3) 将每个 λ_i 相应的线性无关的特征向量用施密特方法正交规范化，使之成为正交单位向量组. 在这里，λ_i 是重根才需要正交规范化；若 λ_i 是一个根，对应的特征向量也只有一个，则只需将这个向量单位化就可以了.

(4) 将所有对应不同特征值的已单位正交化的特征向量放在特征值在对角阵相应的位置就得到了正交矩阵 $\boldsymbol{P}$.

例 1 设 $\boldsymbol{A}=\begin{pmatrix}4&2&2\\2&4&2\\2&2&4\end{pmatrix}$，求一个正交阵 $\boldsymbol{P}$，使 $\boldsymbol{P}^{-1}\boldsymbol{A}\boldsymbol{P}=\boldsymbol{\Lambda}$ 为对角阵.

解 $\boldsymbol{A}$ 的特征方程为

$$|\lambda\boldsymbol{E}-\boldsymbol{A}|=\begin{vmatrix}\lambda-4&-2&-2\\-2&\lambda-4&-2\\-2&-2&\lambda-4\end{vmatrix}=(\lambda-2)^2(\lambda-8)=0,$$

故 $\boldsymbol{A}$ 的特征值为 2，2，8.

令 $\lambda=8$，解线性方程组 $(\lambda\boldsymbol{E}-\boldsymbol{A})\boldsymbol{x}=\boldsymbol{0}$，解得相应于特征值 8 的特征向量

$$\boldsymbol{\alpha}_1=\begin{pmatrix}1\\1\\1\end{pmatrix},$$

将 $\boldsymbol{\alpha}_1$ 单位化，得向量

$$\boldsymbol{p}_1=\frac{1}{\sqrt{3}}\begin{pmatrix}1\\1\\1\end{pmatrix}=\begin{pmatrix}\frac{1}{\sqrt{3}}\\\frac{1}{\sqrt{3}}\\\frac{1}{\sqrt{3}}\end{pmatrix}.$$

令 $\lambda=2$，求出齐次线性方程组 $(\lambda\boldsymbol{E}-\boldsymbol{A})\boldsymbol{x}=\boldsymbol{0}$ 的基础解系

$$\boldsymbol{\alpha}_2=\begin{pmatrix}-1\\1\\0\end{pmatrix},\quad \boldsymbol{\alpha}_3=\begin{pmatrix}-1\\0\\1\end{pmatrix},$$

用施密特方法将 $\boldsymbol{\alpha}_2$，$\boldsymbol{\alpha}_3$ 正交化，得到两个正交的单位向量

$$\boldsymbol{p}_2=\begin{pmatrix}-\frac{1}{\sqrt{2}}\\\frac{1}{\sqrt{2}}\\0\end{pmatrix},\quad \boldsymbol{p}_3=\begin{pmatrix}-\frac{1}{\sqrt{6}}\\-\frac{1}{\sqrt{6}}\\\frac{2}{\sqrt{6}}\end{pmatrix}.$$

于是

$$P=(p_1,\ p_2,\ p_3)=\begin{pmatrix}\frac{1}{\sqrt{3}} & -\frac{1}{\sqrt{2}} & -\frac{1}{\sqrt{6}}\\ \frac{1}{\sqrt{3}} & \frac{1}{\sqrt{2}} & -\frac{1}{\sqrt{6}}\\ \frac{1}{\sqrt{3}} & 0 & \frac{2}{\sqrt{6}}\end{pmatrix},$$

使得

$$P^{-1}AP=\Lambda=\begin{pmatrix}8&0&0\\0&2&0\\0&0&2\end{pmatrix}.$$

例 2　设三阶实对称矩阵 A 的各行元素之和都为 3,向量 $\alpha_1=(-1,\ 2,\ -1)^T$, $\alpha_2=(0,\ -1,\ 1)^T$ 都是齐次线性方程组 $Ax=0$ 的解.求:

(1) A 的所有特征值和特征向量;

(2) 作正交矩阵 Q 和对角矩阵 Λ,使得 $Q^{-1}AQ=\Lambda$.

解　(1) 条件说明 $A(1,\ 1,\ 1)^T=(3,\ 3,\ 3)^T$,即 $\alpha_1=(1,\ 1,\ 1)^T$ 是 A 的特征向量,特征值为 3.又 α_2, α_3 都是 $Ax=0$ 的解,说明它们也都是 A 的特征向量,特征值为 0.由于 α_2, α_3 线性无关,特征值 0 的重数大于 1.于是 A 的特征值为 3, 0, 0.

属于 3 的所有特征向量: $c_1\alpha_1$, $c_1\neq 0$;

属于 0 的所有特征向量: $c_2\alpha_2+c_3\alpha_3$, c_2, c_3 不全为 0.

(2) 将 α_1 单位化,得 $\eta_1=\left(\frac{\sqrt{3}}{3},\ \frac{\sqrt{3}}{3},\ \frac{\sqrt{3}}{3}\right)^T$.

对 α_2, α_3 作施密特正交化,得 $\eta_2=\left(0,\ -\frac{\sqrt{2}}{2},\ \frac{\sqrt{2}}{2}\right)^T$, $\eta_3=\left(-\frac{\sqrt{6}}{3},\ \frac{\sqrt{6}}{6},\ \frac{\sqrt{6}}{6}\right)^T$,作 $Q=(\eta_1,\ \eta_2,\ \eta_3)$,则 Q 是正交矩阵,并且

$$Q^{-1}AQ=\Lambda=\begin{pmatrix}3&0&0\\0&0&0\\0&0&0\end{pmatrix}.$$

◆ 应用实例解答

设开始时城镇人口为 x_0(4.9 亿),农村人口为 y_0(7 亿),第 i 年后城镇人口为 x_i,乡村人口为 y_i,则根据人口流动的比例数据,可推算 1 年以后的城镇人口与农

村人口计算公式为

$$x_1 = 0.99x_0 + 0.025y_0,$$
$$y_1 = 0.01x_0 + 0.975y_0.$$

用矩阵表示为

$$\begin{pmatrix} x_1 \\ y_1 \end{pmatrix} = \begin{pmatrix} 0.99 & 0.025 \\ 0.01 & 0.975 \end{pmatrix} \begin{pmatrix} x_0 \\ y_0 \end{pmatrix}.$$

依次类推,可得到 2 年后城镇人口与农村人口计算公式为

$$\begin{pmatrix} x_2 \\ y_2 \end{pmatrix} = \begin{pmatrix} 0.99 & 0.025 \\ 0.01 & 0.975 \end{pmatrix} \begin{pmatrix} x_1 \\ y_1 \end{pmatrix} = \begin{pmatrix} 0.99 & 0.025 \\ 0.01 & 0.975 \end{pmatrix}^2 \begin{pmatrix} x_0 \\ y_0 \end{pmatrix}.$$

及第 k 年后城镇人口与农村人口计算公式为

$$\begin{pmatrix} x_k \\ y_k \end{pmatrix} = \begin{pmatrix} 0.99 & 0.025 \\ 0.01 & 0.975 \end{pmatrix}^k \begin{pmatrix} x_0 \\ y_0 \end{pmatrix}.$$

令 $\boldsymbol{A} = \begin{pmatrix} 0.99 & 0.025 \\ 0.01 & 0.975 \end{pmatrix}$,则上述计算的关键是求得 $\boldsymbol{A}^k$. 利用本章求特征值和特征向量的知识,可以求得可逆矩阵 $\boldsymbol{P} = \begin{pmatrix} -1 & \frac{5}{2} \\ 1 & 1 \end{pmatrix}$ 与对角矩阵 $\boldsymbol{\Lambda} = \begin{pmatrix} 0.965 & 0 \\ 0 & 1 \end{pmatrix}$,使

$$\boldsymbol{P}^{-1}\boldsymbol{A}\boldsymbol{P} = \boldsymbol{\Lambda}, \quad \boldsymbol{A} = \boldsymbol{P}\boldsymbol{\Lambda}\boldsymbol{P}^{-1}, \quad \boldsymbol{A}^k = (\boldsymbol{P}\boldsymbol{\Lambda}\boldsymbol{P}^{-1})(\boldsymbol{P}\boldsymbol{\Lambda}\boldsymbol{P}^{-1})\cdots(\boldsymbol{P}\boldsymbol{\Lambda}\boldsymbol{P}^{-1}) = \boldsymbol{P}\boldsymbol{\Lambda}^k\boldsymbol{P}^{-1}.$$

从而

$$\begin{pmatrix} x_k \\ y_k \end{pmatrix} = \boldsymbol{A}^k \begin{pmatrix} x_0 \\ y_0 \end{pmatrix} = \boldsymbol{P}\boldsymbol{\Lambda}^k\boldsymbol{P}^{-1} \begin{pmatrix} x_0 \\ y_0 \end{pmatrix} = \begin{pmatrix} -1 & \frac{5}{2} \\ 1 & 1 \end{pmatrix} \begin{pmatrix} 0.965^k & 0 \\ 0 & 1 \end{pmatrix} \begin{pmatrix} -\frac{2}{7} & \frac{5}{7} \\ \frac{2}{7} & \frac{2}{7} \end{pmatrix} \begin{pmatrix} x_0 \\ y_0 \end{pmatrix}$$

$$= \begin{pmatrix} 0.965^k\left(\frac{2}{7}x_0 - \frac{5}{7}y_0\right) + \frac{5}{7}(x_0 + y_0) \\ 0.965^k\left(-\frac{2}{7}x_0 + \frac{5}{7}y_0\right) + \frac{2}{7}(x_0 + y_0) \end{pmatrix}.$$

在计算公式中代入数据后可以得到:

1 年后,城镇人口为 5.026 亿,农村人口为 6.874 亿;

2 年后,城镇人口为 5.148 亿,农村人口为 6.752 亿;

10 年后,城镇人口为 5.979 亿,农村人口为 5.921 亿;

50 年后,城镇人口为 7.894 亿,农村人口为 4.006 亿.

因为 $\lim\limits_{k\to\infty}\begin{pmatrix}x_k\\y_k\end{pmatrix}=\begin{pmatrix}\frac{5}{7}(x_0+y_0)\\\frac{2}{7}(x_0+y_0)\end{pmatrix}$，所以最终总人口将有$\frac{5}{7}$在城镇，$\frac{2}{7}$在农村.

习　题　4

一、填空题

1. 设 n 阶方阵 $\boldsymbol{A}$ 的特征值为 λ_1, λ_2, …, λ_n 则 $k\boldsymbol{A}$ 的特征值为________，$\boldsymbol{A}^k$ 的特征值为________，$\boldsymbol{A}$ 可逆时，$\boldsymbol{A}^{-1}$ 的特征值为________(k 为常数).

2. 已知三阶矩阵 $\boldsymbol{A}$ 的特征值为 -1, 1, 2，则矩阵 $\boldsymbol{B}=(3\boldsymbol{A}^*)^{-1}$ 的特征值为________(其中为 $\boldsymbol{A}^*$ 的伴随矩阵).

3. 设 n 阶方阵 $\boldsymbol{A}$ 有个 n 特征值 0, 1, 2, …, $n-1$，且方阵 $\boldsymbol{B}$ 与 $\boldsymbol{A}$ 相似，则 $|\boldsymbol{B}+\boldsymbol{E}|=$ ________.

4. 设 $\boldsymbol{P}$ 为 n 阶正交矩阵，$\boldsymbol{\alpha}$, $\boldsymbol{\beta}$ 为 n 维列向量，$[\boldsymbol{\alpha}, \boldsymbol{\beta}]=-1$，则 $[P\boldsymbol{\alpha}, P\boldsymbol{\beta}]=$ ________.

5. 设 $\boldsymbol{A}$ 为实对称矩阵，$\boldsymbol{\alpha}_1=(-1, 1, 1)^{\mathrm{T}}$, $\boldsymbol{\alpha}_2=(3, -1, a)^{\mathrm{T}}$ 分别是属于 $\boldsymbol{A}$ 的相异特征值 λ_1 与 λ_2 的特征向量，则 $a=$ ________.

6. 已知矩阵 $\boldsymbol{A}=\begin{pmatrix}0 & b & -\frac{1}{\sqrt{2}}\\ -\frac{1}{\sqrt{6}} & \frac{1}{\sqrt{6}} & c\\ a & \frac{1}{\sqrt{3}} & \frac{1}{\sqrt{3}}\end{pmatrix}$ 是正交阵，则 $a=$ ________，$b=$ ________，$c=$ ________.

二、选择题

1. 同阶方阵 $\boldsymbol{A}$, $\boldsymbol{B}$ 相似的充分必要条件是(　　).

A. 存在可逆矩阵 $\boldsymbol{P}$，使 $\boldsymbol{P}^{-1}\boldsymbol{A}\boldsymbol{P}=\boldsymbol{B}$

B. 存在可逆矩阵 $\boldsymbol{P}$，使 $\boldsymbol{P}^{\mathrm{T}}\boldsymbol{A}\boldsymbol{P}=\boldsymbol{B}$

C. 存在两个可逆矩阵 $\boldsymbol{P}$ 和 $\boldsymbol{Q}$，使 $\boldsymbol{P}\boldsymbol{A}\boldsymbol{Q}=\boldsymbol{B}$

D. $\boldsymbol{A}$ 可以经过有限次初等变换变成 $\boldsymbol{B}$

2. 设 $\boldsymbol{A}$ 是一个 $n\,(\geqslant 3)$ 阶方阵，下列陈述中正确的是(　　).

A. 如存在数 λ 和向量 $\boldsymbol{\alpha}$ 使 $\boldsymbol{A}\boldsymbol{\alpha}=\lambda\boldsymbol{\alpha}$，则 $\boldsymbol{\alpha}$ 是 $\boldsymbol{A}$ 的属于特征值 λ 的特征向量

B. 如存在数 λ 和非零向量 $\boldsymbol{\alpha}$，使 $(\lambda\boldsymbol{E}-\boldsymbol{A})\boldsymbol{\alpha}=\boldsymbol{0}$，则 λ 是 $\boldsymbol{A}$ 的特征值

C. $\boldsymbol{A}$ 的 2 个不同的特征值可以有同一个特征向量

D. 如 λ_1, λ_2, λ_3 是 $\boldsymbol{A}$ 的 3 个互不相同的特征值，$\boldsymbol{\alpha}_1$, $\boldsymbol{\alpha}_2$, $\boldsymbol{\alpha}_3$ 依次是 $\boldsymbol{A}$ 的属于 λ_1, λ_2, λ_3 的特征向量，则 $\boldsymbol{\alpha}_1$, $\boldsymbol{\alpha}_2$, $\boldsymbol{\alpha}_3$ 有可能线性相关

3. 若方阵 $\boldsymbol{A}$ 与对角矩阵 $\boldsymbol{\Lambda}=\begin{pmatrix}-1 & & \\ & 1 & \\ & & -1\end{pmatrix}$ 相似，则 $\boldsymbol{A}^6=$ (　　).

A. $\boldsymbol{A}$　　B. $-\boldsymbol{E}$　　C. $\boldsymbol{E}$　　D. $6\boldsymbol{E}$

4. 设$\boldsymbol{A}$是正交矩阵,则下列结论错误的是(　　).

A. $|\boldsymbol{A}|^2$ 必为 1　　B. $|\boldsymbol{A}|$必为 1

C. $\boldsymbol{A}^{-1}=\boldsymbol{A}^{\mathrm{T}}$　　D. $\boldsymbol{A}$的行(列)向量组是正交单位向量组

5. $\boldsymbol{A}$为实对称矩阵,$\boldsymbol{A}\boldsymbol{x}_1=\lambda_1\boldsymbol{x}_1$,$\boldsymbol{A}\boldsymbol{x}_2=\lambda_2\boldsymbol{x}_2$,且$\lambda_1\neq\lambda_2$,则$[\boldsymbol{x}_1, \boldsymbol{x}_2]=$(　　).

A. 1　　B. -1　　C. 0　　D. 2

三、综合题

1. 求下列矩阵的特征值与特征向量.

(1) $\begin{pmatrix}0&1\\1&2\end{pmatrix}$;(2) $\begin{pmatrix}4&-3&-3\\-2&3&1\\2&1&3\end{pmatrix}$;(3) $\begin{pmatrix}1&2&3\\2&1&3\\3&3&6\end{pmatrix}$.

2. 设$\boldsymbol{A}=\begin{pmatrix}5&-3&2\\6&-4&4\\4&-4&5\end{pmatrix}$,求$\boldsymbol{A}^{50}$.

3. 下列向量组是否为$\mathbf{R}^3$中的正交向量组?是否为正交规范基?

(1) $\{(1, 1, 1), (1, 1, 0), (1, 0, 0)\}$;

(2) $\left\{\left(\frac{6}{7}, -\frac{3}{7}, \frac{2}{7}\right), \left(\frac{2}{7}, \frac{6}{7}, \frac{3}{7}\right), \left(-\frac{3}{7}, -\frac{2}{7}, \frac{6}{7}\right)\right\}$.

4. 用施密特正交化过程将下列各组向量正交规范化.

(1) $(2, 0), (1, 1)$;

(2) $(2, 0, 0), (0, 1, -1), (5, 6, 0)$;

(3) $(2, -1, -3), (-1, 5, 1), (14, 1, 9)$.

5. 已知向量$\boldsymbol{\alpha}_1=(1, 1, 1)^{\mathrm{T}}$,$\boldsymbol{\alpha}_2=(1, -2, 1)^{\mathrm{T}}$正交,求一个三维单位列向量$\boldsymbol{\alpha}_3$,使得$\boldsymbol{\alpha}_3$与$\boldsymbol{\alpha}_1$、$\boldsymbol{\alpha}_2$都正交.

6. 设三阶方阵$\boldsymbol{A}$的三个特征值为$\lambda_1=1$, $\lambda_2=0$, $\lambda_3=-1$,$\boldsymbol{A}$的属于λ_1, λ_2, λ_3的特征向量依次为$\boldsymbol{\alpha}_1=\begin{pmatrix}2\\0\\0\end{pmatrix}$,$\boldsymbol{\alpha}_2=\begin{pmatrix}0\\1\\2\end{pmatrix}$,$\boldsymbol{\alpha}_3=\begin{pmatrix}0\\2\\5\end{pmatrix}$,求方阵$\boldsymbol{A}$.

7. 设向量$\boldsymbol{\alpha}_1=(1, 2, 1)^{\mathrm{T}}$和$\boldsymbol{\alpha}_2=(1, 1, 2)^{\mathrm{T}}$都是方阵$\boldsymbol{A}$的属于特征值$\lambda=2$的特征向量,又向量$\boldsymbol{\beta}=\boldsymbol{\alpha}_1+2\boldsymbol{\alpha}_2$,求$\boldsymbol{A}^2\boldsymbol{\beta}$.

8. 设$\boldsymbol{A}=\begin{pmatrix}0&1&-1\\1&0&1\\-1&1&0\end{pmatrix}$,求一个正交阵$\boldsymbol{P}$,使$\boldsymbol{P}^{-1}\boldsymbol{A}\boldsymbol{P}=\boldsymbol{\Lambda}$为对角阵.

9. 已知三阶实对称矩阵$\boldsymbol{A}$的三个特征值为$\lambda_1=2$, $\lambda_2=\lambda_3=1$,且对应于λ_2, λ_3的特征向量为

$$\boldsymbol{\alpha}_2=(1, 1, -1)^{\mathrm{T}}, \quad \boldsymbol{\alpha}_3=(2, 3, -3)^{\mathrm{T}},$$

求:(1) $\boldsymbol{A}$的与$\lambda_1=2$所对应的特征向量;

(2) 矩阵 $\boldsymbol{A}$.

10. 设 $\boldsymbol{H}=\boldsymbol{E}-2\boldsymbol{x}\boldsymbol{x}^{\mathrm{T}}$，这里 $\boldsymbol{E}$ 为 n 阶单位矩阵，$\boldsymbol{x}$ 为 n 维列向，又 $\boldsymbol{x}^{\mathrm{T}}\boldsymbol{x}=1$，求证：

(1) $\boldsymbol{H}$ 是对称矩阵；

(2) $\boldsymbol{H}$ 是正交矩阵.

11. 已知 $\boldsymbol{A}$，$\boldsymbol{B}$ 都是 n 阶正交矩阵，且 $|\boldsymbol{A}|+|\boldsymbol{B}|=0$，证明：$|\boldsymbol{A}+\boldsymbol{B}|=0$.

第 5 章　二　次　型

本章的主要内容是化二次型为标准形、正定二次型判定. 二次型在数学的很多分支里都有着广泛应用.

◆ **应用实例:判断二次曲线的形状**

不用画出图形,试判断二次曲线 $x^2+4y^2-2-2xy+2x=0$ 的形状.

§5.1　二次型及其矩阵表示

一、二次型及其矩阵表示

设 P 是一个数域,一个系数在数域 P 中的 $x_1, x_2, \cdots, x_n$ 的二次齐次多项式

$$f(x_1, x_2, \cdots, x_n)=a_{11}x_1^2+2a_{12}x_1x_2+\cdots+2a_{1n}x_1x_n+ a_{22}x_2^2+\cdots+2a_{2n}x_2x_n+\cdots+a_{nn}x_n^2 \tag{1}$$

称为数域 P 上的一个 **n 元二次型**,简称**二次型**.

定义 1　设 $x_1, \cdots, x_n$; $y_1, \cdots, y_n$ 是两组变量,系数在数域 P 中的一组关系式

$$\begin{cases} x_1=c_{11}y_1+c_{12}y_2+\cdots+c_{1n}y_n, \\ x_2=c_{21}y_1+c_{22}y_2+\cdots+c_{2n}y_n, \\ \vdots \\ x_n=c_{n1}y_1+c_{n2}y_2+\cdots+c_{nn}y_n \end{cases} \tag{2}$$

称为由 $x_1, \cdots, x_n$ 到 $y_1, \cdots, y_n$ 的一个线性替换,或简称线性替换. 如果系数行列式 $|c_{ij}|\neq 0$,那么线性替换关系式(2)就称为非退化的.

线性替换把二次型变成二次型.

令 $a_{ij}=a_{ji}$, $i<j$. 由于 $x_ix_j=x_jx_i$,所以二次型(1)可写成

$$f(x_1, x_2, \cdots, x_n)=a_{11}x_1^2+a_{12}x_1x_2+\cdots+a_{1n}x_1x_n+$$

$$a_{21}x_2x_1 + a_{22}x_2^2 + \cdots + a_{2n}x_2x_n +$$

$$\cdots\cdots\cdots\cdots$$

$$= \sum_{i=1}^{n}\sum_{j=1}^{n} a_{ij}x_ix_j. \tag{3}$$

把二次型(3)的系数排成一个 $n\times n$ 矩阵,即

$$\boldsymbol{A} = \begin{pmatrix} a_{11} & a_{12} & \cdots & a_{1n} \\ a_{21} & a_{22} & \cdots & a_{2n} \\ \vdots & \vdots & & \vdots \\ a_{n1} & a_{n2} & \cdots & a_{nn} \end{pmatrix}, \tag{4}$$

称它为二次型(3)的矩阵. 因为 $a_{ij} = a_{ji}$, $i, j = 1, 2, \cdots, n$, 所以

$$\boldsymbol{A}^{\mathrm{T}} = \boldsymbol{A}.$$

把这样的矩阵称为对称矩阵,因此,二次型的矩阵都是对称的. 令

$$\boldsymbol{x}^{\mathrm{T}}\boldsymbol{A}\boldsymbol{x} = (x_1, x_2, \cdots, x_n)\begin{pmatrix} a_{11} & a_{12} & \cdots & a_{1n} \\ a_{21} & a_{22} & \cdots & a_{2n} \\ \vdots & \vdots & & \vdots \\ a_{n1} & a_{n2} & \cdots & a_{nn} \end{pmatrix}\begin{pmatrix} x_1 \\ x_2 \\ \vdots \\ x_n \end{pmatrix}$$

$$= (x_1, x_2, \cdots, x_n)\begin{pmatrix} a_{11}x_1 + a_{12}x_2 + \cdots + a_{1n}x_n \\ a_{21}x_1 + a_{22}x_2 + \cdots + a_2x_n \\ \vdots \\ a_{n1}x_1 + a_{n2}x_2 + \cdots + a_{nn}x_n \end{pmatrix}$$

$$= \sum_{i=1}^{n}\sum_{j=1}^{n} a_{ij}x_ix_j$$

或

$$f(x_1, x_2, \cdots, x_n) = \boldsymbol{x}^{\mathrm{T}}\boldsymbol{A}\boldsymbol{x}.$$

应该看到二次型(1)的矩阵 $\boldsymbol{A}$ 的元素,当 $i\neq j$ 时, $a_{ij} = a_{ji}$ 正是它的 x_ix_j 项的系数的一半,而 a_{ii} 是 x_i^2 项的系数,因此二次型和它的矩阵是相互唯一决定的. 由此可得,若二次型

$$f(x_1, x_2, \cdots, x_n) = \boldsymbol{x}^{\mathrm{T}}\boldsymbol{A}\boldsymbol{x} = \boldsymbol{x}^{\mathrm{T}}\boldsymbol{B}\boldsymbol{x},$$

且 $\boldsymbol{A}^{\mathrm{T}} = \boldsymbol{A}$, $\boldsymbol{B}^{\mathrm{T}} = \boldsymbol{B}$,则 $\boldsymbol{A} = \boldsymbol{B}$.

令

$$C=\begin{pmatrix} c_{11} & c_{12} & \cdots & c_{1n} \\ c_{21} & c_{22} & \cdots & c_{2n} \\ \vdots & \vdots & & \vdots \\ c_{n1} & c_{n2} & \cdots & c_{nn} \end{pmatrix}, \quad y=\begin{pmatrix} y_1 \\ y_2 \\ \vdots \\ y_n \end{pmatrix},$$

于是线性替换矩阵(4)可以写成

$$\begin{pmatrix} x_1 \\ x_2 \\ \vdots \\ x_n \end{pmatrix}=\begin{pmatrix} c_{11} & c_{12} & \cdots & c_{1n} \\ c_{21} & c_{22} & \cdots & c_{2n} \\ \vdots & \vdots & & \vdots \\ c_{n1} & c_{n2} & \cdots & c_{nn} \end{pmatrix}\begin{pmatrix} y_1 \\ y_2 \\ \vdots \\ y_n \end{pmatrix}$$

或

$$\boldsymbol{x}=\boldsymbol{C}\boldsymbol{y}.$$

经过一个非退化的线性替换，二次型还是变成二次型，替换后的二次型与原来的二次型之间有什么关系，即找出替换后的二次型的矩阵与原二次型的矩阵之间的关系.

设

$$f(x_1, x_2, \cdots, x_n)=\boldsymbol{x}^{\mathrm{T}}\boldsymbol{A}\boldsymbol{x}, \quad \boldsymbol{A}=\boldsymbol{A}^{\mathrm{T}} \tag{7}$$

是一个二次型，作非退化线性替换

$$\boldsymbol{x}=\boldsymbol{C}\boldsymbol{y}, \tag{8}$$

得到一个 $y_1, y_2, \cdots, y_n$ 的二次型

$$\boldsymbol{y}^{\mathrm{T}}\boldsymbol{B}\boldsymbol{y}.$$

二、矩阵的合同关系

现在来看矩阵 $\boldsymbol{A}$ 与 $\boldsymbol{B}$ 的关系.

把式(8)代入式(7)，有

$$\begin{aligned} f(x_1, x_2, \cdots, x_n) &= \boldsymbol{x}^{\mathrm{T}}\boldsymbol{A}\boldsymbol{x}=(\boldsymbol{C}\boldsymbol{y})^{\mathrm{T}}\boldsymbol{A}(\boldsymbol{C}\boldsymbol{y})=\boldsymbol{y}^{\mathrm{T}}\boldsymbol{C}^{\mathrm{T}}\boldsymbol{A}\boldsymbol{C}\boldsymbol{y} \\ &= \boldsymbol{y}^{\mathrm{T}}(\boldsymbol{C}^{\mathrm{T}}\boldsymbol{A}\boldsymbol{C})\boldsymbol{y}=\boldsymbol{y}^{\mathrm{T}}\boldsymbol{B}\boldsymbol{y}. \end{aligned}$$

易看出，矩阵 $\boldsymbol{C}^{\mathrm{T}}\boldsymbol{A}\boldsymbol{C}$ 也是对称的，由此即得

$$\boldsymbol{B}=\boldsymbol{C}^{\mathrm{T}}\boldsymbol{A}\boldsymbol{C}.$$

这是前后两个二次型的矩阵的关系.

定义 2 数域 P 上两个 n 阶矩阵 $\boldsymbol{A}$，$\boldsymbol{B}$ 称为合同的，如果有数域 P 上可逆的 $n\times n$ 矩阵 $\boldsymbol{C}$，使得

$$\boldsymbol{B}=\boldsymbol{C}^{\mathrm{T}}\boldsymbol{A}\boldsymbol{C}.$$

合同是矩阵之间的一个关系，具有以下性质：

(1) **自反性** 任意矩阵 $\boldsymbol{A}$ 都与自身合同；

(2) **对称性** 如果 $\boldsymbol{B}$ 与 $\boldsymbol{A}$ 合同，那么 $\boldsymbol{A}$ 与 $\boldsymbol{B}$ 合同；

(3) **传递性** 如果 $\boldsymbol{B}$ 与 $\boldsymbol{A}$ 合同，$\boldsymbol{C}$ 与 $\boldsymbol{B}$ 合同，那么 $\boldsymbol{C}$ 与 $\boldsymbol{A}$ 合同.

因此，经过非退化的线性替换，新二次型的矩阵与原来二次型的矩阵是合同的. 这样把二次型的变换通过矩阵表示出来，为以下的讨论提供了有力的工具.

最后指出，在变换二次型时，总是要求所作的线性替换是非退化的. 从几何上看，这一点是自然的，因为坐标变换一定是非退化的. 一般地，当线性替换

$$\boldsymbol{x}=\boldsymbol{C}\boldsymbol{y}$$

是非退化时，由于上面的关系即得

$$\boldsymbol{y}=\boldsymbol{C}^{-1}\boldsymbol{x}.$$

这也是一个线性替换，它把所得的二次型还原. 这样就使我们从所得二次型的性质可以推知原来二次型的一些性质.

§5.2 标 准 形

一、二次型的标准型

二次型中最简单的一种是只包含平方项的二次型

$$d_1x_1^2+d_2x_2^2+\cdots+d_nx_n^2. \tag{1}$$

定理 1 数域 P 上任意一个二次型都可以经过非退化线性替换变成平方和式(1)的形式.

易知，二次型(1)的矩阵是对角矩阵

$$d_1x_1^2+d_2x_2^2+\cdots+d_nx_n^2=(x_1,\ x_2,\ \cdots,\ x_n)\begin{pmatrix}d_1 & 0 & \cdots & 0\\ 0 & d_2 & \cdots & 0\\ \vdots & \vdots & & \vdots\\ 0 & 0 & \cdots & d_n\end{pmatrix}\begin{pmatrix}x_1\\ x_2\\ \vdots\\ x_n\end{pmatrix}.$$

反过来,矩阵为对角形的二次型就只包含平方项.按§5.1的讨论,经过非退化的线性替换,二次型的矩阵变到一个合同的矩阵,因此用矩阵的语言,定理1可以叙述为:

定理2 在数域 P 上,任意一个对称矩阵都合同于一对角矩阵.

定理2也就是说,对于任意一个对称矩阵 $\boldsymbol{A}$ 都可以找到一个可逆矩阵 $\boldsymbol{C}$,使

$$\boldsymbol{C}^{\mathrm{T}}\boldsymbol{A}\boldsymbol{C}$$

成对角矩阵.

二次型 $f(x_1, x_2, \cdots, x_n)$ 经过非退化线性替换所变成的平方和称为 $f(x_1, x_2, \cdots, x_n)$ 的**标准形**.

二、配方法

1. $a_{11}\neq 0$

这时的变量替换为

$$\begin{cases} x_1 = y_1 - \sum\limits_{j=2}^{n} a_{11}^{-1} a_{1j} y_j, \\ x_2 = y_2, \\ \vdots \\ x_n = y_n. \end{cases}$$

令

$$\boldsymbol{C}_1 = \begin{pmatrix} 1 & -a_{11}^{-1}a_{12} & \cdots & -a_{11}^{-1}a_{1n} \\ 0 & 1 & \cdots & 0 \\ \vdots & \vdots & & \vdots \\ 0 & 0 & \cdots & 1 \end{pmatrix},$$

则上述变量替换相应于合同变换

$$\boldsymbol{A} \to \boldsymbol{C}_1^{\mathrm{T}}\boldsymbol{A}\boldsymbol{C}_1.$$

为计算 $\boldsymbol{C}_1^{\mathrm{T}}\boldsymbol{A}\boldsymbol{C}_1$,可令

$$\boldsymbol{\alpha} = (a_{12}, \cdots, a_{1n}), \quad \boldsymbol{A}_1 = \begin{pmatrix} a_{22} & \cdots & a_{2n} \\ \vdots & & \vdots \\ a_{n2} & \cdots & a_{nn} \end{pmatrix},$$

于是 $\boldsymbol{A}$ 和 $\boldsymbol{C}_1$ 可写成分块矩阵

$$\boldsymbol{A} = \begin{pmatrix} a_{11} & \boldsymbol{\alpha} \\ \boldsymbol{\alpha}^{\mathrm{T}} & A_1 \end{pmatrix}, \quad \boldsymbol{C}_1 = \begin{pmatrix} 1 & -a_{11}^{-1}\boldsymbol{\alpha} \\ \boldsymbol{O} & E_{n-1} \end{pmatrix}.$$

式中，$\boldsymbol{\alpha}^{\mathrm{T}}$ 为 $\boldsymbol{\alpha}$ 的转置，$\boldsymbol{E}_{n-1}$ 为 $n-1$ 级单位矩阵. 这样

$$\begin{aligned}\boldsymbol{C}_1\boldsymbol{A}\boldsymbol{C}_1 &= \begin{pmatrix} 1 & \boldsymbol{O} \\ -a_{11}^{-1}\boldsymbol{\alpha}^{\mathrm{T}} & \boldsymbol{E}_{n-1}\end{pmatrix}\begin{pmatrix} a_{11} & \boldsymbol{\alpha} \\ \boldsymbol{\alpha}^{\mathrm{T}} & \boldsymbol{A}_1\end{pmatrix}\begin{pmatrix} 1 & -a_{11}^{-1}\boldsymbol{\alpha} \\ \boldsymbol{O} & \boldsymbol{E}_{n-1}\end{pmatrix} \\ &= \begin{pmatrix} a_{11} & \boldsymbol{\alpha} \\ \boldsymbol{O} & \boldsymbol{A}_1 - a_{11}^{-1}\boldsymbol{\alpha}^{\mathrm{T}}\boldsymbol{\alpha}\end{pmatrix}\begin{pmatrix} 1 & -a_{11}^{-1}\boldsymbol{\alpha} \\ \boldsymbol{O} & \boldsymbol{E}_{n-1}\end{pmatrix} \\ &= \begin{pmatrix} a_{11} & \boldsymbol{O} \\ \boldsymbol{O} & \boldsymbol{A}_1 - a_{11}^{-1}\boldsymbol{\alpha}^{\mathrm{T}}\boldsymbol{\alpha}\end{pmatrix}.\end{aligned}$$

矩阵 $\boldsymbol{A}_1 - a_{11}^{-1}\boldsymbol{\alpha}^{\mathrm{T}}\boldsymbol{\alpha}$ 是一个 $(n-1)\times(n-1)$ 对称矩阵，由归纳法假定，有 $(n-1)\times(n-1)$ 可逆矩阵 $\boldsymbol{G}$ 使

$$\boldsymbol{G}^{\mathrm{T}}(\boldsymbol{A}_1 - a_{11}^{-1}\boldsymbol{\alpha}^{\mathrm{T}}\boldsymbol{\alpha})\boldsymbol{G} = \boldsymbol{D}$$

为对角形，令

$$\boldsymbol{C}_2 = \begin{pmatrix} 1 & \boldsymbol{O} \\ \boldsymbol{O} & \boldsymbol{G}\end{pmatrix},$$

于是

$$\boldsymbol{C}_2^{\mathrm{T}}\boldsymbol{C}_1^{\mathrm{T}}\boldsymbol{A}\boldsymbol{C}_1\boldsymbol{C}_2 = \begin{pmatrix} 1 & \boldsymbol{O} \\ \boldsymbol{O} & \boldsymbol{G}^{\mathrm{T}}\end{pmatrix}\begin{pmatrix} a_{11} & \boldsymbol{O} \\ \boldsymbol{O} & \boldsymbol{A}_1 - a_{11}^{-1}\boldsymbol{\alpha}^{\mathrm{T}}\boldsymbol{\alpha}\end{pmatrix}\begin{pmatrix} 1 & \boldsymbol{O} \\ \boldsymbol{O} & \boldsymbol{G}\end{pmatrix} = \begin{pmatrix} a_{11} & \boldsymbol{O} \\ \boldsymbol{O} & \boldsymbol{D}\end{pmatrix}.$$

这是一个对角矩阵，我们所要的可逆矩阵就是

$$\boldsymbol{C} = \boldsymbol{C}_1\boldsymbol{C}_2.$$

2. $a_{11}=0$ 但只有一个 $a_{ii}\neq 0$

这时，只要把 $\boldsymbol{A}$ 的第一行与第 i 行互换，再把第一列与第 i 列互换，就归结成上面的情形，根据初等矩阵与初等变换的关系，取

$$\boldsymbol{C}_1 = \boldsymbol{P}(1,\, i) = \begin{pmatrix} 0 & 0 & \cdots & 0 & 1 & 0 & \cdots & 0 \\ 0 & 1 & \cdots & 0 & 0 & 0 & \cdots & 0 \\ & & \ddots & & & & & \\ 0 & 0 & \cdots & 1 & 0 & 0 & \cdots & 0 \\ 1 & 0 & \cdots & 0 & 0 & 0 & \cdots & 0 \\ 0 & 0 & \cdots & 0 & 0 & 1 & \cdots & 0 \\ & & & & & & \ddots & \\ 0 & 0 & \cdots & 0 & 0 & 0 & \cdots & 1\end{pmatrix}. \ i\text{行}$$

i 列

显然

$$P(1,\ i)^{\mathrm{T}} = P(1,\ i).$$

矩阵

$$C_1^{\mathrm{T}} A C_1 = P(1,\ i) A P(1,\ i)$$

就是把 A 的第一行与第 i 行互换,再把第一列与第 i 列互换. 因此,$C_1^{\mathrm{T}} A C_1$ 左上角第一个元素就是 a_{ii},这样就归结到第一种情形.

3. $a_{ii}=0,\ i=1,\ 2,\ \cdots,\ n$,但有 $a_{1j}\neq 0,\ j\neq 1$

与上一情形类似,作合同变换

$$P(2,\ j)^{\mathrm{T}} A P(2,\ j).$$

可以把 a_{1j} 搬到第一行第二列的位置,这样就变成了配方法中的第二种情形. 与那里的变量替换相对应,取

$$C_1 = \begin{pmatrix} 1 & 1 & 0 & \cdots & 0 \\ 1 & -1 & 0 & \cdots & 0 \\ 0 & 0 & 1 & \cdots & 0 \\ \vdots & \vdots & \vdots & & \vdots \\ 0 & 0 & 0 & \cdots & 1 \end{pmatrix},$$

于是 $C_1^{\mathrm{T}} A C_1$ 的左上角就是

$$\begin{pmatrix} 2a_{12} & 0 \\ 0 & -2a_{12} \end{pmatrix}.$$

也就归结到第一种情形.

4. $a_{1j}=0,\ j=1,\ 2,\ \cdots,\ n$

由对称性,$a_{1j}=0,\ j=1,\ 2,\ \cdots,\ n$ 也全为零. 于是

$$A = \begin{pmatrix} 0 & O \\ O & A_1 \end{pmatrix},$$

A_1 是 $n-1$ 级对称矩阵. 由归纳法假定,有 $(n-1)\times(n-1)$ 可逆矩阵 G 使

$$G^{\mathrm{T}} A_1 G = D$$

成对角形. 取

$$C = \begin{pmatrix} 1 & O \\ O & G \end{pmatrix},$$

$C^{T}AC$ 就成对角形.

§5.3　唯　一　性

经过非退化线性替换,二次型的矩阵变成一个与之合同的矩阵. 由于合同的矩阵有相同的秩,这就是说,经过非退化线性替换后,二次型矩阵的秩是不变的. 标准形的矩阵是对角矩阵,而对角矩阵的秩就等于它对角线上不为零的元素的个数. 因此,在一个二次型的标准形中,系数不为零的平方项的个数是唯一确定的,与所作的非退化线性替换无关,二次型矩阵的秩有时就称为二次型的秩.

至于标准形中的系数,就不是唯一确定的. 在一般数域内,二次型的标准形不是唯一的,而与所作的非退化线性替换有关.

下面只就复数域与实数域的情形来进一步讨论唯一性的问题.

设 $f(x_1, x_2, \cdots, x_n)$ 是一个复系数的二次型,由本章定理 1,经过一适当的非退化线性替换后,$f(x_1, x_2, \cdots, x_n)$ 变成标准形,不妨假定变化后的标准形是

$$d_1y_1^2+d_2y_2^2+\cdots+d_ry_r^2,\quad d_i\neq 0,\ i=1,\ 2,\ \cdots. \tag{1}$$

易知,r 就是 $f(x_1, x_2, \cdots, x_n)$ 的矩阵的秩. 因为复数总可以开平方,再作一非退化线性替换

$$\begin{cases} y_1=\dfrac{1}{\sqrt{d_1}}z_1, \\ \quad\vdots \\ y_r=\dfrac{1}{\sqrt{d_r}}z_r, \\ y_{r+1}=z_{r+1}, \\ \quad\vdots \\ y_n=z_n. \end{cases} \tag{2}$$

式(1)就变成

$$z_1^2+z_2^2+\cdots+z_r^2. \tag{3}$$

式(3)就称为复二次型 $f(x_1, x_2, \cdots, x_n)$ 的规范形. 显然,规范形完全被原二次型矩阵的秩所决定,因此有

定理 1 任意一个复系数的二次型经过一适当的非退化线性替换可以变成规范形,且规范形是唯一的.

以上定理换个说法就是,任一复数的对称矩阵合同于一个形式为

$$\begin{pmatrix} 1 & & & & & \\ & \ddots & & & & \\ & & 1 & & & \\ & & & 0 & & \\ & & & & \ddots & \\ & & & & & 0 \end{pmatrix}$$

的对角矩阵.从而有两个复数对称矩阵合同的充要条件是它们的秩相等.

设 $f(x_1, x_2, \cdots, x_n)$ 是一实系数的二次型.由本章定理 1,经过某一个非退化线性替换,再适当排列文字的次序,可使 $f(x_1, x_2, \cdots, x_n)$ 变成标准形

$$d_1y_1^2 + d_2y_2^2 + \cdots + d_py_p^2 - d_{p+1}y_{p+1}^2 - \cdots - d_ry_r^2, \tag{4}$$

其中,$d_i > 0$, $i = 1, 2, \cdots, r$; r 是 $f(x_1, x_2, \cdots, x_n)$ 的矩阵的秩.因为在实数域中,正实数总可以开平方,所以再作一非退化线性替换

$$\begin{cases} y_1 = \dfrac{1}{\sqrt{d_1}}z_1, \\ \quad\vdots \\ y_r = \dfrac{1}{\sqrt{d_r}}z_r, \\ y_{r+1} = z_{r+1}, \\ \quad\vdots \\ y_n = z_n. \end{cases} \tag{5}$$

式(4)就变成

$$z_1^2 + z_2^2 + \cdots + z_p^2 - z_{p+1}^2 - \cdots - z_r^2. \tag{6}$$

式(6)就称为实二次型 $f(x_1, x_2, \cdots, x_n)$ 的规范形.显然,规范形完全被 r, p 这两个数所决定.

定理 2 任意一个实数域上的二次型,经过一适当的非退化线性替换可以变成规范形,且规范形是唯一的.

定理 2 通常称为**惯性定理**.

定义 在实二次型 $f(x_1, x_2, \cdots, x_n)$ 的规范形中,正平方项的个数 p 称为

$f(x_1, x_2, \cdots, x_n)$的**正惯性指数**;负平方项的个数 $r-p$ 称为 $f(x_1, x_2, \cdots, x_n)$ 的**负惯性指数**;它们的差 $p-(r-p)=2p-r$ 称为 $f(x_1, x_2, \cdots, x_n)$的**符号差**.

应该指出,虽然实二次型的标准形不是唯一的,但是由上面化成规范形的过程可以看出,标准形中系数为正的平方项的个数与规范形中正平方项的个数是一致的,因此,惯性定理也可以叙述为:实二次型的标准形中系数为正的平方项的个数是唯一的,它等于正惯性指数,而系数为负的平方项的个数就等于负惯性指数.

定理 3 (1) 任一复对称矩阵 $\boldsymbol{A}$ 都合同于一个下述形式的对角矩阵:

$$\begin{bmatrix} 1 & & & & \\ & \ddots & & & \\ & & 1 & & \\ & & & 0 & \\ & & & & \ddots \end{bmatrix} = \begin{bmatrix} \boldsymbol{E}_r & \boldsymbol{O} \\ \boldsymbol{O} & \boldsymbol{O} \end{bmatrix}.$$

其中,对角线上 1 的个数等于 $\boldsymbol{A}$ 的秩.

(2) 任一实对称矩阵 $\boldsymbol{A}$ 都合同于一个下述形式的对角矩阵:

$$\begin{bmatrix} \boldsymbol{E}_p & 0 & 0 \\ 0 & -\boldsymbol{E}_{r-p} & 0 \\ 0 & 0 & 0 \end{bmatrix}.$$

其中,对角线上 1 的个数及 -1 的个数(等于 $\boldsymbol{A}$ 的秩)都是唯一确定的,分别称为 $\boldsymbol{A}$ 的正、负惯性指数,它们的差称为**实二次型的符号差**.

§5.4 正定二次型

一、正定二次型

定义 1 实二次型 $f(x_1, x_2, \cdots, x_n)$称为**正定的**,如果对于任意一组不全为零的实数 $c_1, c_2, \cdots, c_n$ 都有 $f(c_1, c_2, \cdots, c_n)>0$.

实二次型

$$f(x_1, x_2, \cdots, x_n)=d_1x_1^2+d_2x_2^2+\cdots+d_nx_n^2$$

是正定的,当且仅当 $d_i>0$, $i=1, 2, \cdots, n$.

设实二次型

$$f(x_1, x_2, \cdots, x_n) = \sum_{i=1}^{n}\sum_{j=1}^{n} a_{ij}x_ix_j, \quad a_{ij} = a_{ji} \tag{1}$$

是正定的,经过非退化实线性替换

$$\boldsymbol{x} = \boldsymbol{C}\boldsymbol{y}, \tag{2}$$

变成二次型

$$g(y_1, y_2, \cdots, y_n) = \sum_{i=1}^{n}\sum_{j=1}^{n} b_{ij}y_iy_j, \quad b_{ij} = b_{ji}, \tag{3}$$

则 $y_1, y_2, \cdots, y_n$ 的二次型 $g(y_1, y_2, \cdots, y_n)$ 也是正定的,或者说,对于任意一组不全为零的实数 $k_1, k_2, \cdots, k_n$ 都有 $g(k_1, k_2, \cdots, k_n) > 0$.

因为二次型(3)也可以经非退化实线性替换 $\boldsymbol{x} = \boldsymbol{C}^{-1}\boldsymbol{y}$ 变到二次型(1),所以按同样理由,当式(3)正定时式(1)也正定. 这就是说,非退化实线性替换保持正定性不变.

二、正定二次型的判别

定理 1 实数域上二次型 $f(x_1, x_2, \cdots, x_n)$ 是正定的充分必要条件为它的正惯性指数等于 n.

这个定理说明,正定二次型 $f(x_1, x_2, \cdots, x_n)$ 的规范形为

$$y_1^2 + y_2^2 + \cdots + y_n^2. \tag{4}$$

定义 2 实对称矩阵 $\boldsymbol{A}$ 称为正定的,如果二次型 $\boldsymbol{x}^{\mathrm{T}}\boldsymbol{A}\boldsymbol{x}$ 正定.

因为二次型(4)的矩阵是单位矩阵 $\boldsymbol{E}$,所以一个实对称矩阵是正定的充分必要条件为它与单位矩阵合同.

推论 正定矩阵的行列式大于零.

定义 3 行列式

$$\boldsymbol{P}_i = \begin{vmatrix} a_{11} & a_{12} & \cdots & a_{1i} \\ a_{21} & a_{22} & \cdots & a_{2i} \\ \vdots & \vdots & & \vdots \\ a_{i1} & a_{i2} & \cdots & a_{ii} \end{vmatrix} \quad (i = 1, 2, \cdots, n)$$

称为矩阵 $\boldsymbol{A} = (a_{ij})_{nn}$ 的顺序主子式.

定理 2 实二次型

$$f(x_1, x_2, \cdots, x_n) = \sum_{i=1}^{n}\sum_{j=1}^{n} a_{ij}x_ix_j = \boldsymbol{x}^{\mathrm{T}}\boldsymbol{A}\boldsymbol{x}$$

是正定的 $\Leftrightarrow$ 矩阵 $\boldsymbol{A}$ 的顺序主子式全大于零.

例 1 判定二次型

$$f(x_1, x_2, x_3) = 5x_1^2 + x_2^2 + 5x_3^2 + 4x_1x_2 - 8x_1x_3 - 4x_2x_3$$

是否正定.

解 二次型的矩阵为 $\boldsymbol{A} = \begin{pmatrix} 5 & 2 & -4 \\ 2 & 1 & -2 \\ -4 & -2 & 5 \end{pmatrix}$，其各阶顺序主子式 $|5| = 5 > 0$，$\begin{vmatrix} 5 & 2 \\ 2 & 1 \end{vmatrix} = 1 > 0$，$\begin{vmatrix} 5 & 2 & -4 \\ 2 & 1 & -2 \\ -4 & -2 & 5 \end{vmatrix} = 1 > 0$，所以二次型是正定的.

定义 4 设 $f(x_1, x_2, \cdots, x_n)$ 是一实二次型，如果对于任意一组不全为零的实数 $c_1, c_2, \cdots, c_n$ 都有 $f(c_1, c_2, \cdots, c_n) < 0$，那么 $f(x_1, x_2, \cdots, x_n)$ 称为**负定的**；如果都有 $f(c_1, c_2, \cdots, c_n) \geqslant 0$，那么 $f(x_1, x_2, \cdots, x_n)$ 称为**半正定的**；如果都有 $f(c_1, c_2, \cdots, c_n) \leqslant 0$，那么 $f(x_1, x_2, \cdots, x_n)$ 称为**半负定的**；如果它既不是半正定又不是半负定，那么 $f(x_1, x_2, \cdots, x_n)$ 就称为**不定的**.

由定理 2 不难看出负定二次型的判别条件. 这是因为当 $f(x_1, x_2, \cdots, x_n)$ 是负定时，$-\mathrm{f}(x_1, x_2, \cdots, x_n)$ 就是正定的.

定理 3 对于实二次型 $f(x_1, x_2, \cdots, x_n) = \boldsymbol{x}^{\mathrm{T}}\boldsymbol{A}\boldsymbol{x}$，其中 $\boldsymbol{A}$ 是实对称的，下列条件等价：

(1) $f(x_1, x_2, \cdots, x_n)$ 是半正定的；

(2) 它的正惯性指数与秩相等；

(3) 有可逆实矩阵 $\boldsymbol{C}$，使

$$\boldsymbol{C}^{\mathrm{T}}\boldsymbol{A}\boldsymbol{C} = \begin{pmatrix} d_1 & & & \\ & d_2 & & \\ & & \ddots & \\ & & & d_n \end{pmatrix}, \quad \text{其中 } d_i \geqslant 0,\ i = 1, 2, \cdots, n;$$

(4) 有实矩阵 $\boldsymbol{C}$ 使

$$\boldsymbol{A} = \boldsymbol{C}^{\mathrm{T}}\boldsymbol{C};$$

(5) $\boldsymbol{A}$ 的所有主子式皆大于或等于零.

注意 在(5)中，仅有顺序主子式大于或等于零是不能保证半正定性的. 比如

$$f(x_1, x_2) = -x_2^2 = (x_1, x_2)\begin{pmatrix} 0 & 0 \\ 0 & -1 \end{pmatrix}\begin{pmatrix} x_1 \\ x_2 \end{pmatrix}$$

就是一个反例.(证明略.)

例 2 设 $\boldsymbol{A}$ 为 $n\times m$ 实矩阵,则 $\boldsymbol{A}^{\mathrm{T}}\boldsymbol{A}$, $\boldsymbol{A}\boldsymbol{A}^{\mathrm{T}}$ 都是半正定矩阵.

证明 $\boldsymbol{A}^{\mathrm{T}}\boldsymbol{A}$ 是实对称矩阵,$\forall \boldsymbol{x}\in\mathbf{R}^n$,令 $\boldsymbol{U}=\boldsymbol{A}\boldsymbol{x}$,则 $\boldsymbol{U}$ 是 m 维实向量,$\boldsymbol{U}=(u_1, u_2, \cdots, u_m)^{\mathrm{T}}$. 因为 $\boldsymbol{x}^{\mathrm{T}}(\boldsymbol{A}^{\mathrm{T}}\boldsymbol{A})\boldsymbol{x}=(\boldsymbol{x}^{\mathrm{T}}\boldsymbol{A}^{\mathrm{T}})\boldsymbol{U}=\boldsymbol{U}^{\mathrm{T}}\boldsymbol{U}=u_1^2+u_2^2+\cdots+u_m^2\geqslant 0$,所以 $\boldsymbol{A}^{\mathrm{T}}\boldsymbol{A}$ 是半正定矩阵,同理可证 $\boldsymbol{A}\boldsymbol{A}^{\mathrm{T}}$ 是半正定矩阵.

例 3 设 $\boldsymbol{A}$ 是 m 级正定矩阵,则 $k>0$ 时,$\boldsymbol{A}^{-1}$, $k\boldsymbol{A}$, $\boldsymbol{A}^*$, $\boldsymbol{A}^n$ 都是正定矩阵.

证明 由于 $\boldsymbol{A}$ 正定,存在可逆矩阵 $\boldsymbol{C}$,使 $\boldsymbol{C}^{\mathrm{T}}\boldsymbol{A}\boldsymbol{C}=\boldsymbol{E}$,及 $\boldsymbol{C}^{-1}\boldsymbol{A}^{-1}(\boldsymbol{C}^{\mathrm{T}})^{-1}=\boldsymbol{E}$,从而 $\boldsymbol{A}^{-1}$ 为正定矩阵.

$\forall O\neq \boldsymbol{x}\in\mathbf{R}^n$, $\boldsymbol{x}^{\mathrm{T}}\boldsymbol{A}\boldsymbol{x}>0$,因此 $\boldsymbol{x}^{\mathrm{T}}(k\boldsymbol{A})\boldsymbol{x}>0\ (k>0)$,所以 $k\boldsymbol{A}$ 正定.

又 $\boldsymbol{A}$ 正定,$|\boldsymbol{A}|>0$, $\boldsymbol{A}^{-1}$ 正定,$\boldsymbol{A}^*=|\boldsymbol{A}|\boldsymbol{A}^{-1}$ 正定.

因为 $|\boldsymbol{A}^k|=|\boldsymbol{A}|^k\neq 0$, $\boldsymbol{A}^k$ 对称,当时 $m=2k$, $\boldsymbol{A}^m=\boldsymbol{A}^{2k}=(\boldsymbol{A}^k)^{\mathrm{T}}\boldsymbol{E}\boldsymbol{A}^k$,从而 $\boldsymbol{A}^m$ 正定.

当 $m=2k+1$ 时,$\boldsymbol{A}^m=\boldsymbol{A}^{2k+1}=(\boldsymbol{A}^k)^{\mathrm{T}}\boldsymbol{A}(\boldsymbol{A}^k)$,所以 $\boldsymbol{A}^m$ 与 $\boldsymbol{A}$ 合同,因而 $\boldsymbol{A}^m$ 正定.

◆ 应用实例解答

化简二次曲线并判断曲线类型所用的坐标变换就是二次型中的非退化线性替换,因此可以利用二次型来判断二次曲线的形状.

设 $f(x, y)=x^2+4y^2-2-2xy+2x$,令 $g(x, y, z)=x^2+4y^2-2z^2-2xy+2xz$,则 $f(x, y)=g(x, y, 1)$,对 $g(x, y, z)$ 实施非退化线性替换:

$$\begin{cases}x_1=x-y+z,\\ y_1=y+\dfrac{z}{3},\\ z_1=z,\end{cases}\quad 即\begin{cases}x=x_1+y_1-\dfrac{4}{3}z,\\ y=y_1-\dfrac{z_1}{3},\\ z=z_1,\end{cases}$$

则 $g(x, y, z)=x_1^2+3y_1^2-\dfrac{10}{3}z_1^2$,从而 $f(x, y)=g(x, y, 1)=x_1^2+3y_1^2-\dfrac{10}{3}=0$. 即 $\dfrac{3}{10}x_1^2+\dfrac{9}{10}y_1^2=1$,因此二次曲线 $x^2+4y^2-2-2xy+2x=0$ 表示椭圆.

习 题 5

1. 用矩阵记号表示下列二次型.

(1) $f=x^2+4xy+4y^2+2xz+z^2+4yz$;

(2) $f=x^2+y^2-7z^2-2xy-4xz-4yz$.

2. 用正交变换化下列二次型为标准型.

(1) $f = 5x_1^2 + 4x_1x_2 + x_2^2$；

(2) $f = 2x_1x_2 + 2x_1x_3 + 2x_2x_3$.

3. 设实二次型 $f(x_1, x_2, x_3) = (1-a)x_1^2 + (1-a)x_2^2 + 2x_3^2 + 2(1+a)x_1x_2$ 的秩为 2. 求：

(1) a 的值；

(2) 正交变换 $\boldsymbol{Z} = \boldsymbol{QY}$，把 $f(x_1, x_2, x_3)$ 化为标准形；

(3) 方程 $f(x_1, x_2, x_3) = 0$ 的解.

4. 设实二次型 $f(x_1, x_2, x_3) = 2x_1^2 + 3x_2^2 + 3x_3^2 + 2ax_2x_3 (a > 0)$，通过正交变换 $(x_1, x_2, x_3)^{\mathrm{T}} = \boldsymbol{P}(y_1, y_2, y_3)^{\mathrm{T}}$ 化为标准型 $y_1^2 + 2y_2^2 + 5y_3^2$，求参数 a 及正交矩阵 $\boldsymbol{P}$.

5. 设 $\boldsymbol{A}$，$\boldsymbol{B}$ 都是 n 阶正定矩阵，证明：

(1) $\boldsymbol{AB}$ 的特征值全大于零；

(2) 若 $\boldsymbol{AB} = \boldsymbol{BA}$，则 $\boldsymbol{AB}$ 是正定矩阵.

6. 判别下面二次型是否正定的.

(1) $x_1^2 + 2x_2^2 + 2x_1x_2 - 2x_1x_3$；

(2) $-10x_1^2 + 12x_1x_2 - 4x_2^2 - x_3^2$.

7. t 取何值，$\boldsymbol{A} = \begin{pmatrix} 1 & t & 1 \\ t & 2 & 0 \\ 1 & 0 & 1-t \end{pmatrix}$ 是正定的？

8. 实二次型 $f(x_1, x_2, x_3) = \boldsymbol{Z}^{\mathrm{T}}\boldsymbol{AZ} = ax_1^2 + 2x_2^2 - 2x_3^2 + 2bx_1x_3 (b > 0)$，其中二次型的矩阵 $\boldsymbol{A}$ 的特征值之和为 1，特征值之积为 -12，求 a，b.

9. 用配方法化下列二次型成规范形，并写出所用变换的矩阵.

(1) $f(x_1, x_2, x_3) = x_1^2 + 3x_2^2 + 5x_3^2 + 2x_1x_2 - 4x_1x_3$；

(2) $f(x_1, x_2, x_3) = x_1^2 + 2x_3^2 + 2x_1x_3 + 2x_2x_3$.

10. 写出二次型 $f = x_1^2 + 2x_2^2 + 3x_3^2 + 4x_4^2 + 2x_1x_3 + x_2x_4$ 的符号差.

11. 设 $\boldsymbol{A}$ 是 n 阶非奇异的实对称阵，证明：$\boldsymbol{A}^2$ 伴随阵 $(\boldsymbol{A}^2)^*$ 是正实阵.

12. 设 $\boldsymbol{A}$ 是 n 阶正定矩阵，$\boldsymbol{B}$ 为 n 阶实方阵，证明：

(1) 若 $\boldsymbol{B}^1 = \boldsymbol{B}$，则 $\boldsymbol{AB}$ 的特征值为实数；

(2) 若 $\boldsymbol{B}$ 正定，则 $\boldsymbol{AB}$ 的特征值皆大于零；

(3) 若 $\boldsymbol{B}$ 正定，且 $\boldsymbol{AB} = \boldsymbol{BA}$，则 $\boldsymbol{AB}$ 正定.

13. 设分块矩阵 $\boldsymbol{D} = \begin{pmatrix} \boldsymbol{A} & \boldsymbol{B} \\ \boldsymbol{B}^{\mathrm{T}} & \boldsymbol{C} \end{pmatrix}$ 也是正定矩阵，证明 $\boldsymbol{C} - \boldsymbol{B}^{\mathrm{T}}\boldsymbol{A}^{-1}\boldsymbol{B}$ 也是正定矩阵.

14. (1) 证明对任一实正定对称矩阵 $\boldsymbol{B}$，存在实可逆阵 $\boldsymbol{C}$，使 $\boldsymbol{B} = \boldsymbol{CC}^{\mathrm{T}}$；

(2) 设 $\boldsymbol{B}_1$，$\boldsymbol{B}_2$ 均为实对称矩阵，且 $\boldsymbol{B}_2$ 为正定的，则矩阵 $\boldsymbol{A} = \boldsymbol{B}_1\boldsymbol{B}_2$ 的特征值均为实数，并可相似于对角阵.

15. 设分块矩阵 $\boldsymbol{D} = \begin{pmatrix} \boldsymbol{A} & \boldsymbol{B} \\ \boldsymbol{B}^{\mathrm{T}} & \boldsymbol{C} \end{pmatrix}$ 也是正定矩阵，证明 $\boldsymbol{C} - \boldsymbol{B}^{\mathrm{T}}\boldsymbol{A}^{-1}\boldsymbol{B}$ 也是正定矩阵，其中 $\boldsymbol{B}^{\mathrm{T}}$ 表示 $\boldsymbol{B}$ 的转置矩阵.

参考答案

习 题 1

一、填空题

1. 5,奇. 2. $i=5$, $j=4$. 3. $-bcdf$. 4. -8.

5. $-2(a-1)(a-2)(a-3)$.

6. 0, 0. 7. 3. 8. $a^{n-2}(a^2-b^2)$. 9. 零解. 10. 0 或 ± 2.

二、选择题

1. C. 2. D. 3. D. 4. C. 5. A.

三、计算题

1. (1) 4,偶排列; (2) k^2,当 k 为奇数,奇排列;当 k 为偶数,偶排列.

2. $a_{13}a_{25}a_{31}a_{42}a_{54}$, $a_{13}a_{25}a_{34}a_{41}a_{52}$, $a_{13}a_{25}a_{32}a_{44}a_{51}$.

3. (1) -18; (2) 1; (3) -1; (4) $[x+(n-1)a](x-a)^{n-1}$.

4. 略.

5. (1) $x_1=-\frac{1}{2}$, $x_2=\frac{1}{2}$, $x_3=\frac{3}{2}$;

(2) $x_1=\frac{1\,507}{665}$, $x_2=-\frac{1\,145}{665}$, $x_3=\frac{703}{665}$, $x_4=-\frac{395}{665}$, $x_5=\frac{212}{665}$.

6. $\lambda=0, 2, 3$.

7. 13.48.

习 题 2

一、填空题

1. 1, $\begin{pmatrix}1&0&4\\1&0&4\\0&0&0\end{pmatrix}$. 2. $\begin{pmatrix}0&-1&0\\2&-3&0\\3&-3&-1\end{pmatrix}$. 3. $\boldsymbol{AB}=\boldsymbol{BA}$.

4. $-\frac{2}{3}$.

5. $\begin{pmatrix}3&0&0\\0&6&0\\0&0&15\end{pmatrix}$. 6. $\frac{1}{2}\begin{pmatrix}1&5&4\\0&2&4\\1&3&1\end{pmatrix}$.

7. $\begin{pmatrix} A^{-1} & O \\ O & B^{-1} \end{pmatrix}$，$\begin{pmatrix} O & B^{-1} \\ A^{-1} & O \end{pmatrix}$.

二、选择题

1. C. 2. C. 3. D. 4. B. 5. D. 6. A. 7. B. 8. A. 9. C. 10. B.

三、综合题

1. $\begin{pmatrix} -11 & 0 & 5 & 5 \\ -10 & 15 & -6 & 1 \\ 10 & -4 & 19 & 6 \end{pmatrix}$.

2. $3AB-2A=\begin{pmatrix} -2 & 13 & 22 \\ -2 & -17 & 20 \\ 4 & 29 & -2 \end{pmatrix}$，$A^{T}B=\begin{pmatrix} 0 & 5 & 8 \\ 0 & -5 & 6 \\ 2 & 9 & 0 \end{pmatrix}$.

3. (1) $\begin{pmatrix} 35 \\ 6 \\ 49 \end{pmatrix}$； (2) 10； (3) $\begin{pmatrix} -2 & 4 \\ -1 & 2 \\ -3 & 6 \end{pmatrix}$； (4) $\begin{pmatrix} 6 & -7 & 8 \\ 20 & -5 & -6 \end{pmatrix}$.

4. (1) $\begin{pmatrix} 1 & 0 \\ n & 1 \end{pmatrix}$； (2) $\begin{pmatrix} 1 & & \\ & 2^n & \\ & & 3^n \end{pmatrix}$； (3) $\begin{pmatrix} 1 & 0 & n \\ 0 & 1 & 0 \\ 0 & 0 & 1 \end{pmatrix}$.

6. (1) $\begin{pmatrix} 0 & -2 \\ -1 & 3 \end{pmatrix}$； (2) $\begin{pmatrix} -2 & 0 \\ 0 & 6 \end{pmatrix}$； (3) $\begin{pmatrix} -4 & 17 & -8 \\ 26 & -4 & -19 \\ -3 & -5 & -6 \end{pmatrix}$.

8. $A^{-1}=\dfrac{1}{2}(A-E)$，$(A+2E)^{-1}=\dfrac{1}{4}(3E-A)$.

9. (1) $\begin{pmatrix} 5 & -2 \\ -2 & 1 \end{pmatrix}$； (2) $\begin{pmatrix} \cos\theta & \sin\theta \\ -\sin\theta & \cos\theta \end{pmatrix}$；

(3) $\begin{pmatrix} -2 & 1 & 0 \\ -\dfrac{13}{2} & 3 & -\dfrac{1}{2} \\ -16 & 7 & -1 \end{pmatrix}$； (4) $\begin{pmatrix} \dfrac{1}{a_1} & & & 0 \\ & \dfrac{1}{a_2} & 0 & \\ & & \ddots & \\ 0 & & & \dfrac{1}{a_n} \end{pmatrix}$.

10. (1) $\dfrac{1}{7}\begin{pmatrix} 6 & -29 \\ 2 & 9 \end{pmatrix}$； (2) $\begin{pmatrix} 1 & -3 & 3 \\ 0 & 1 & -2 \end{pmatrix}$； (3) $\begin{pmatrix} 1 & 1 \\ \dfrac{1}{4} & 0 \end{pmatrix}$.

11. $\begin{pmatrix} 3 & -8 & -6 \\ 2 & -9 & -6 \\ -2 & 12 & 9 \end{pmatrix}$. 12. $\begin{pmatrix} 6 & 0 & 0 \\ 0 & 2 & 0 \\ 0 & 0 & 1 \end{pmatrix}$.

13. $\boldsymbol{A}^{11} = \begin{pmatrix} -1 & -4 \\ 1 & 1 \end{pmatrix} \begin{pmatrix} -1 & 0 \\ 0 & 2^{11} \end{pmatrix} \begin{pmatrix} \frac{1}{3} & \frac{4}{3} \\ -\frac{1}{3} & -\frac{1}{3} \end{pmatrix} = \begin{pmatrix} 2\,731 & 2\,732 \\ -683 & -684 \end{pmatrix}$.

14. $|\boldsymbol{A}^8| = 10^{16}$, $\boldsymbol{A}^4 = \begin{pmatrix} 5^4 & 0 & 0 & 0 \\ 0 & 5^4 & 0 & 0 \\ 0 & 0 & 2^4 & 0 \\ 0 & 0 & 2^6 & 2^4 \end{pmatrix}$.

15. (1) $\begin{pmatrix} 1 & 0 & 0 & 0 \\ 0 & 0 & 1 & 0 \\ 0 & 0 & 0 & 1 \end{pmatrix}$; (2) $\begin{pmatrix} 0 & 1 & 0 & 5 \\ 0 & 0 & 1 & 3 \\ 0 & 0 & 0 & 0 \end{pmatrix}$; (3) $\begin{pmatrix} 1 & -1 & 0 & 2 & -3 \\ 0 & 0 & 1 & -2 & 2 \\ 0 & 0 & 0 & 0 & 0 \\ 0 & 0 & 0 & 0 & 0 \end{pmatrix}$.

16. $\begin{pmatrix} 4 & 5 & 2 \\ 1 & 2 & 2 \\ 7 & 8 & 2 \end{pmatrix}$.

17. (1) $\begin{pmatrix} \frac{7}{6} & \frac{2}{3} & -\frac{3}{2} \\ -1 & -1 & 2 \\ -\frac{1}{2} & 0 & \frac{1}{2} \end{pmatrix}$; (2) $\begin{pmatrix} 1 & 1 & -2 & -4 \\ 0 & 1 & 0 & -1 \\ -1 & -1 & 3 & 6 \\ 2 & 1 & -6 & -10 \end{pmatrix}$.

18. (1) 秩为 2； (2) 秩为 3.

19. (1) $k=1$； (2) $k=-2$； (3) $k \neq 1$ 且 $k \neq -2$.

习 题 3

一、填空题

1. $\frac{1}{2}, -4\frac{1}{2}$. 2. 0 或 2. 3. $a \neq -2$. 4. -1.

5. 3. 6. 3. 7. 1. 8. n. 9. 1. 10. 0.

11. 2, 2, 2.

12. $k(1, 1, 1, 1)^{\mathrm{T}}$($k$ 为任意实数).

13. -3.

14. $\lambda \neq -2$ 且 $\lambda \neq 1$. 15. 2.

16. 1. 17. 0. 18. $a_1 + a_2 + a_3 + a_4 = 0$.

二、选择题

1. A.　2. A.　3. A.　4. D.　5. C.　6. A.　7. B.　8. C.

9. B.　10. B.　11. D.　12. C.　13. C.　14. B.　15. C.

三、计算题

1. (1) $b \neq 2$，a 为任意实数.

(2) $b = 2$，$a \neq 1$ 时，唯一表示，$\boldsymbol{\beta} = -\boldsymbol{\alpha}_1 + 2\boldsymbol{\alpha}_2$；

$b = 2$，$a = 1$ 时，$\boldsymbol{\beta} = -(2c+1)\boldsymbol{\alpha}_1 + (c+2)\boldsymbol{\alpha}_2 + c\boldsymbol{\alpha}_3$（$c$ 为任意常数）.

2. (1) $a = -4$ 时，α_1，α_2 线性相关；$a \neq 4$ 时，线性无关.

(2) $a = -4$ 或 $\frac{3}{2}$ 时，线性相关；$a \neq -4$ 且 $a \neq \frac{3}{2}$ 时，线性无关.

(3) a 为任意实数时，线性相关.

3. a_1，a_3 构成一个极大无关组，而 $\boldsymbol{\alpha}_2 = 2\boldsymbol{\alpha}_1 - \boldsymbol{\alpha}_3$，$\boldsymbol{\alpha}_4 = 3\boldsymbol{\alpha}_1 - 2\boldsymbol{\alpha}_3$.

4. 略.

5. 等价.

6. $k = 1$.

7. (1) 秩$(\boldsymbol{A}) = 3$；(2) 第 1、2、4 列构成一个最大无关组.

8. 9. 略.

10. $\boldsymbol{\xi}_1 = (1, -1, 0, 0, 0)^{\mathrm{T}}$，$\boldsymbol{\xi}_2 = (0, 1, 1, 0, -1)^{\mathrm{T}}$（注意：此处基础解系不唯一）.

11. $\boldsymbol{B} = \begin{pmatrix} 1 & -1 & 0 \\ -1 & 1 & 1 \\ 0 & 0 & -1 \end{pmatrix}$.

12. (1) $\lambda \neq 1$，$\lambda \neq -2$ 时有唯一解 $\begin{cases} x_1 = -\dfrac{\lambda+1}{\lambda+2}, \\ x_2 = \dfrac{1}{\lambda+2}, \\ x_3 = \dfrac{(\lambda+1)^2}{\lambda+2}; \end{cases}$

(2) $\lambda = 1$ 时有无穷多解 $\begin{pmatrix} x_1 \\ x_2 \\ x_3 \end{pmatrix} = K_1 \begin{pmatrix} -1 \\ 1 \\ 0 \end{pmatrix} + K_2 \begin{pmatrix} -1 \\ 0 \\ 1 \end{pmatrix} + \begin{pmatrix} 1 \\ 0 \\ 0 \end{pmatrix}$（其中 K_1，K_2 为任意常数）；

(3) $\lambda = -2$ 时无解.

13. 略.

14. (1) 略；(2) $a = 2$，$b = -3$，通解为 $x = (2, -3, 0, 0)^{\mathrm{T}} + k_1(-2, 1, 1, 0)^{\mathrm{T}} + k_2(4, -5, 0, 1)^{\mathrm{T}}$.

15. (1) $\lambda = -1$，$a = -2$；

(2) $x = \frac{1}{2}\begin{pmatrix} 3 \\ -1 \\ 0 \end{pmatrix} + k\begin{pmatrix} 1 \\ 0 \\ 1 \end{pmatrix}$.

16. $x=(1,1,1,1)^{\mathrm{T}}+k(1,-2,1,0)^{\mathrm{T}}$.

习　题　4

一、填空题

1. $k\lambda_i$, λ_i^k, $\dfrac{1}{\lambda_i}i=1,2,\cdots,n$.

2. $\dfrac{1}{6}$, $\dfrac{1}{6}$, $\dfrac{1}{3}$.

3. $n!$.　4. -1.　5. 4.　6. $\dfrac{1}{\sqrt{3}}$, $\dfrac{1}{\sqrt{2}}$, $\dfrac{1}{\sqrt{6}}$.

二、选择题

1. A.　2. B.　3. C.　4. B.　5. C.

三、综合题

1. (1) $\lambda_1=1+\sqrt{2}$, $\lambda_2=1-\sqrt{2}$; $x_1=(1,1+\sqrt{2})^{\mathrm{T}}$, $x_2=(1,1-\sqrt{2})^{\mathrm{T}}$.

(2) $\lambda_1=\lambda_2=4$, $\lambda_3=2$;分别为 $x_1=k_1(1,-1,1)^{\mathrm{T}}$, $x_3=k_2(0,-1,1)^{\mathrm{T}}$;

(3) $\lambda_1=0$, $\lambda_2=-1$, $\lambda_3=9$;分别为 $x_1=k_1(1,1,-1)^{\mathrm{T}}$, $x_2=k_2(1,-1,0)^{\mathrm{T}}$, $x_3=k_3(1,1,2)^{\mathrm{T}}$.

2. $\begin{pmatrix} 3^{10}+2(2^{10}-1) & 2-2^{10}-3^{10} & 3^{10}-1 \\ 2(2^{10}+3^{10})-4 & 4-2^{10}-2(3^{10}) & 2(3^{10}-1) \\ 2(3^{10}-1) & 2(1-3^{10}) & 2(3^{10}-1) \end{pmatrix}$.

3. (1) 否; (2) 是.

4. (1) $(1,0)$, $(0,1)$; (2) $(1,0,0)$, $\left(0,\dfrac{1}{\sqrt{2}},-\dfrac{1}{\sqrt{2}}\right)$, $\left(0,\dfrac{1}{\sqrt{2}},\dfrac{1}{\sqrt{2}}\right)$;

(3) $\dfrac{1}{\sqrt{3}}(1,-1,-1)^{\mathrm{T}}$, $\dfrac{1}{\sqrt{78}}(2,-5,7)^{\mathrm{T}}$, $\dfrac{1}{\sqrt{26}}(4,3,1)^{\mathrm{T}}$.

5. $\dfrac{1}{\sqrt{2}}(1,0,-1)^{\mathrm{T}}$.

6. $\begin{pmatrix} 1 & 0 & 0 \\ 0 & 4 & 10 \\ 0 & -2 & -5 \end{pmatrix}$.

7. $4(3,4,5)^{\mathrm{T}}$.

8. $\begin{pmatrix} \dfrac{1}{\sqrt{2}} & -\dfrac{1}{\sqrt{6}} & \dfrac{1}{\sqrt{3}} \\ \dfrac{1}{\sqrt{2}} & \dfrac{1}{\sqrt{6}} & -\dfrac{1}{\sqrt{3}} \\ 0 & \dfrac{2}{\sqrt{6}} & \dfrac{1}{\sqrt{3}} \end{pmatrix}$.

9. (1) $(0, 1, 1)^T$； (2) $\begin{pmatrix} 1 & 0 & 0 \\ 0 & \frac{3}{2} & \frac{1}{2} \\ 0 & \frac{1}{2} & \frac{3}{2} \end{pmatrix}$.

10. 11. 略.

习　题　5

1. (1) $f=(x, y, z)\begin{pmatrix} 1 & 2 & 1 \\ 2 & 4 & 2 \\ 1 & 2 & 1 \end{pmatrix}\begin{pmatrix} x \\ y \\ z \end{pmatrix}$；

(2) $f=(x, y, z)\begin{pmatrix} 1 & -1 & -2 \\ -1 & 1 & -2 \\ -2 & -2 & -7 \end{pmatrix}\begin{pmatrix} x \\ y \\ z \end{pmatrix}$.

2. (1) $\begin{pmatrix} x_1 \\ x_2 \\ x_3 \end{pmatrix}=\begin{pmatrix} \frac{1}{\sqrt{5}} & \frac{2}{\sqrt{5}} & 0 \\ \frac{-2}{\sqrt{5}} & \frac{1}{\sqrt{5}} & 0 \\ 0 & 0 & 1 \end{pmatrix}\begin{pmatrix} y_1 \\ y_2 \\ y_3 \end{pmatrix}$，$f=y_1^2+6y_2^2$；

(2) $\begin{pmatrix} x_1 \\ x_2 \\ x_3 \end{pmatrix}=\begin{pmatrix} \frac{-1}{\sqrt{2}} & -\frac{1}{\sqrt{6}} & \frac{1}{\sqrt{3}} \\ \frac{1}{\sqrt{2}} & -\frac{1}{\sqrt{6}} & \frac{1}{\sqrt{3}} \\ 0 & \frac{2}{\sqrt{6}} & \frac{1}{\sqrt{3}} \end{pmatrix}\begin{pmatrix} y_1 \\ y_2 \\ y_3 \end{pmatrix}$，$f=-y_1^2-y_2^2+2y_3^2$.

3. (1) $a=0$； (2) $\begin{pmatrix} x_1 \\ x_2 \\ x_3 \end{pmatrix}=\begin{pmatrix} \frac{1}{\sqrt{2}} & \frac{1}{\sqrt{2}} & 0 \\ -\frac{1}{\sqrt{2}} & \frac{1}{\sqrt{2}} & 0 \\ 0 & 0 & 1 \end{pmatrix}\begin{pmatrix} y_1 \\ y_2 \\ y_3 \end{pmatrix}$，$f=2y_2^2+2y_3^2$；

(3) $k(1, -1, 0)^T$.

4. $a=2$，$\boldsymbol{P}-\begin{pmatrix} 0 & 1 & 0 \\ \frac{1}{\sqrt{2}} & 0 & \frac{1}{\sqrt{2}} \\ -\frac{1}{\sqrt{2}} & 0 & \frac{1}{\sqrt{2}} \end{pmatrix}$.

6. (1) 既不是正定，也不是负定； (2) 负定.

7. $-1<t<0$.

8. $a=1, b=2$.

9. (1) $f(cy)=y_1^2-y_2^2+y_3^2$, $\boldsymbol{C}=\begin{pmatrix}1 & \frac{-5}{\sqrt{2}} & 2\\ 0 & \frac{1}{\sqrt{2}} & 0\\ 0 & -\sqrt{2} & 1\end{pmatrix}\left(|\boldsymbol{C}|=\frac{1}{\sqrt{2}}\right)$;

(2) $f(cy)=y_1^2-y_2^2-y_3^2$, $\boldsymbol{C}=\begin{pmatrix}1 & 1 & -1\\ 0 & 1 & 0\\ 0 & -1 & 1\end{pmatrix}(|\boldsymbol{C}|=1)$.

10. 4.　11—15. 略.